暨南大学本科教材资助项目
广东省高水平大学建设经费资助出版

高级写作实用教程

主 编 罗执廷

Advanced Writing Course

SPM 南方传媒 花城出版社
中国·广州

图书在版编目（CIP）数据

高级写作实用教程 / 罗执廷主编. -- 广州：花城出版社，2019.9（2025.2重印）
ISBN 978-7-5360-8936-5

Ⅰ. ①高… Ⅱ. ①罗… Ⅲ. ①汉语－写作－高等学校－教材 Ⅳ. ①H15

中国版本图书馆CIP数据核字（2019）第125077号

出 版 人：张 懿
策划编辑：张 瑛
责任编辑：张 瑛
特邀编辑：张灵舒
技术编辑：凌春梅
封面绘图：加 菲
装帧设计：杨亚丽 张睿晨

书　　名	高级写作实用教程
	GAOJI XIEZUO SHIYONG JIAOCHENG
出版发行	花城出版社
	（广州市环市东路水荫路11号）
经　　销	全国新华书店
印　　刷	佛山市迎高彩印有限公司
	（佛山市顺德区陈村镇广隆工业区兴业七路9号）
开　　本	787毫米×1092毫米 16开
印　　张	18.25 1插页
字　　数	350,000字
版　　次	2019年9月第1版 2025年2月第6次印刷
印　　数	8,001－9,000册
定　　价	52.00元

如发现印装质量问题，请直接与印刷厂联系调换。
购书热线：020－37604658 37602954
花城出版社网站：http://www.fcph.com.cn

编委会

主编
罗执廷

副主编
盛永生　聂巧平

编写组（按姓氏笔画）
闫秋红　花宏艳　罗执廷　胡　伟
聂巧平　盛永生　梁建先　曾庆江　戴爱明

前 言

在二十世纪八九十年代,"基础写作"或"写作"曾经是中国高校里普遍设立的公共必修课程,至少文科各专业的本科生是必须修习这门课程的。后来,随着各种动机或目标的课程改革,为了给时髦热门的各色课程让路,基础写作这门课程的地位逐渐下降:先是课时数被大量压缩,然后是由公共必修课程变成了选修课程,而且教学内容也窄化为实用文体的教学,课程名称相应改为"应用写作""公文写作"等等,而它们的选修人数也不容乐观。

写作是一门科学,也是一种素质和修养,绝不只是工具或技能。因此,只搞"应用写作"和"文体写作"的教学,而忽视写作伦理、写作理念、写作思维等方面的熏陶和训练,只能是本末倒置,事倍而功半,并不能真正训练出现代社会所需要的高素质的写作人才。以探讨和传授写作的基本理念,启发和训练学生的写作思维和思想能力等为目标的"基础写作",是写作教学活动的根本,绝不能被牺牲掉。"基础写作"和"应用写作"是"道"和"器"、"体"和"用"的关系。有鉴于此,我们这本教程便同等重视"基础写作"和"应用写作"这两个方面,力争在有限的课时中,精简而高效地完成这两方面的教学任务。

我们这套教程以"高级"和"实用"为目标。书名题为"高级",理由有二:其一,写作活动不仅有"技"和"艺"这个层面的因素,还有更高层面的"道"的因素,本教程力求在写作的理念、思维和文章的价值标准这些高层次的写作之"道"方面多作探讨;其二,就写作的产品来看,有各式各样的文章,如日常生活中的书信、请柬,职业活动中的求职信、自荐信,公文中的命令、公告,等等,属于相对简单的文体,本教程则偏向于需要更多方面的能力、技巧和知识的文体的教学。换言之,所谓"高级",一是指教学内容设计上,尽量少讲或不讲粗浅的写作技巧、知识和技术含量低的文体品种,同时又尽量加入最新的学科知识和理论;二是指教学目标和效果追求方面,我们希望帮助学生形成比较高级的写作理念、思维和写作技能，在某些高级文体的写作上获得训练机会。所谓"实用"，不只是指实用（社会应用较广）的文体品种，更是强调"教"与"学"的实用，既方便老师"教"，也方便学生"学"。为此，我们精炼了教学内容，以突出重点和强化教学效果；我们加强了教材的版式设计，以体现活力和增强接受效果；我们加强了"范文和导读"板块，尤其是新设了"思维与写作训练"板块，为课堂教学和课后练习提供材料和案例。"思维与写作训练"是本教程的最大特色和重中之重，有助于形成互动型、活动型的写作课堂，让学生多动脑和动手，防止教师满堂灌而学生却无事可做的课堂现象。

这些年来，虽陆续有新的大学写作类教材出版面世，但大都体系僵化、内容雷同、少有创新，而且大都各自为政，只在一校的狭小圈子里流转，很少有全国广泛使用的知名教材。为避免这类问题，本教程除了在体例和内容设计方面加大创新力度外，也试图邀约全国重点大学的教师同行加盟写作，但结果是不能如愿。如今，科研压倒教学，帽子、头衔、科研项目收益远高于教材编写，所以没多少教师愿意干这种吃力不讨好的教材编写工作了。但我们暨南大学还设有大学写作这门文科生的必修课程，还保留有大学写作的专业教研室，还要每年面对近3000名学生，所以我们任其事尽其心，还是努力于编写教材的工作。因此，本教材的编写主要依赖暨南大学大学写作教研室的同仁们，此外，我们还有幸邀请到海南师范大学新闻传播与影视学院的曾庆江教授（现任职于苏州大学）加盟。

兹将各章编写者记述于下：

第一章　写作活动概论（罗执廷）

第二章　主题的设置与传达（闫秋红）

第三章　材料的筛选、加工和组织（闫秋红）

第四章　思路与结构的安排（梁建先）

第五章　语言文字的运用（戴爱明）

第六章　叙述的方法和艺术（罗执廷）

第七章　描写和抒情（聂巧平、罗执廷）

第八章　说明和议论（盛永生）

第九章　中国大陆常用公文（胡伟）

第十章　新闻通稿、消息与简报（花宏艳）

第十一章　调查问卷与调查报告（胡伟）

第十二章　申论及其写作（曾庆江）

第十三章　学术论文写作（聂巧平）

第十四章　　文学文体写作（胡伟）

本教程的体例和各章要点由主编设计，参加编写的同仁们也贡献了各自的建议，并独立完成各章的写作任务，最后由主编统稿。

本书主要供高校写作类课程教学之需，也可供对写作有兴趣和需要的社会人士翻阅和参考。欢迎读者们的反馈意见，以利于我们改进。

罗执廷

2019年8月

2023年8月重订

目 录

上编　基础理论

第一章　写作活动概论 / 2

　第一节　写作活动的两种类型 / 3
　第二节　写作所需的诸种素质 / 6
　第三节　写作的源泉：生活与思想 / 9

第二章　主题的设置与传达 / 16

　第一节　"主题"与"立意" / 16
　第二节　立意的原则和要求 / 17
　第三节　提炼主题的方法 / 21
　第四节　主题的传达方式 / 25
　思维与写作训练 / 27
　范文和导读 / 28
　　作文秘诀/鲁迅 / 28

第三章　材料的筛选、加工和组织 / 31

　第一节　材料的类别与作用 / 31
　第二节　材料的获取与筛选 / 33
　第三节　材料的加工与编织 / 37
　思维与写作训练 / 41
　范文和导读 / 42
　　耍货/周作人 / 42

第四章 思路与结构的安排 / 45

- 第一节 思路与结构的关系 / 45
- 第二节 思路的控制：提纲、线索、焦点 / 47
- 第三节 结构的安排原则和要点 / 49
- 思维与写作训练 / 56
- 范文和导读 / 57
  - 谈谈中国思想史 / 胡适 / 57

第五章 语言文字的运用 / 60

- 第一节 文言、欧化语、方言俗语 / 61
- 第二节 基本要求：准确、简洁、明晰 / 66
- 第三节 语体要求：科技、文艺语体等 / 72
- 第四节 几种常见的语言艺术风格 / 78
- 思维与写作训练 / 82

第六章 叙述的方法和艺术 / 84

- 第一节 叙述的要素与叙述线索 / 84
- 第二节 叙述中的时间处理艺术 / 86
- 第三节 叙述者、叙述角度与人称使用 / 89
- 第四节 情节设计的艺术 / 96
- 思维与写作训练 / 98
- 范文和导读 / 98
  - 史记·项羽本纪（节录）/ 司马迁 / 98

第七章 描写和抒情 / 103

- 第一节 人物、环境、场面描写 / 103
- 第二节 白描、细描与侧面描写 / 111
- 第三节 抒情的方式与技巧 / 114
- 思维与写作训练 / 120
- 范文和导读 / 120
  - 我的母亲 / 老舍 / 120

第八章　说明和议论 / 124
　　第一节　说明的种类、要求和方法 / 124
　　第二节　议论的类型和论证方法 / 132
　　思维与写作训练 / 136
　　范文和导读 / 137
　　　　老子哲学（节选）/梁启超 / 137
　　　　文学和出汗/鲁迅 / 143

下编　实用文体

第九章　中国大陆常用公文 / 146
　　第一节　党政机关公文概述 / 146
　　第二节　下行文：通知、通告、通报 / 151
　　第三节　上行文：请示、报告 / 163
　　第四节　平行文：函的写作 / 169
　　思维与写作训练 / 172

第十章　新闻通稿、消息与简报 / 175
　　第一节　新闻通稿的写作 / 175
　　第二节　消息的写作 / 179
　　第三节　简报的写作 / 188
　　思维与写作训练 / 193
　　范文和导读 / 193
　　　　毛主席在天安门城楼庄严宣告中华人民共和国成立　首都三十万人齐集天安门广场隆重举行庆祝典礼 / 193

第十一章　调查问卷与调查报告 / 195
　　第一节　调查与调查报告 / 195
　　第二节　调查问卷的设计 / 197
　　第三节　调查报告的写作 / 203
　　思维与写作训练 / 205
　　范文和导读 / 206
　　　　香港语言景观调查研究/胡伟 / 206

第十二章　申论及其写作 / 215

第一节　《申论》考试的常见内容 / 215
第二节　《申论》的命题特征 / 218
第三节　《申论》中的论说文写作 / 221
思维与写作训练 / 223
范文和导读 / 227
　　放慢脚步　自在有为 / 227
　　学礼明礼，筑牢民族复兴根基 / 229
　　岁月失语，惟石能言——传承非物质文化遗产，维护国家文化安全 / 230

第十三章　学术论文写作 / 233

第一节　学术论文的类别和特点 / 233
第二节　学术论文的选题 / 237
第三节　学术论文的写作步骤 / 239
第四节　学术规范与文体格式 / 240
思维与写作训练 / 246
范文和导读 / 247
　　端午考·龙的节日/闻一多 / 247

第十四章　文学文体写作 / 253

第一节　旧体诗词写作 / 253
第二节　新诗的写作 / 261
第三节　话剧剧本的编制 / 267
第四节　影视剧本的编制 / 272
思维与写作训练 / 276

附录："思维与写作训练"参考答案 / 277

上编
基础理论

第一章 写作活动概论

"盖文章，经国之大业，不朽之盛事。年寿有时而尽，荣乐止乎其身，二者必至之常期，未若文章之无穷。是以古之作者，寄身于翰墨，见意于篇籍，不假良史之辞，不托飞驰之势，而声名自传于后。"（曹丕《典论·论文》）

这是三国时代著名政治家、文学家曹丕的一段话，高度评价了写作活动的价值和意义。他这种说法并非夸张，而是恰切地指出了文章在处理国家事务（"经国"）方面的重要性以及对于写作者个人而言的"不朽"的荣誉。试想，无论是古代社会还是现代社会，一个国家要维持正常运转，能离得开各种政令公文（比如古代的奏议、策论、章制和现代的公文、法律文书等）吗？而对于个人而言，通过写作和文章传世而享有千古荣誉的情形也并不少见。

"经国之大业，不朽之盛事"是从大处着眼对于写作活动的价值认定，若从小处来看，从写作者个人来看，写作活动也是一种人生的必需。

首先，写作活动是个体智力和精神发育的途径。我们之所以从小学生时代起就开始写作文，就是要借此来进行经常的和高强度的智力与精神训练，以迅速提升思维、表达和生活感知等方面的能力。美国的写作教育家威廉·W·韦斯特在《提高写作技能》一书中即指出："……写作过程能帮助你把零乱的思想条理化，使你的想法经过提炼而清晰起来，并且进一步发展你的思想。"写作"有助于使你的思想具体化，并且用最有效的方式表达出来。"①在写作活动中，写作者不仅思维处于高度的活跃状态，情感体验也处于最为细腻和敏感的状态，因此，经常性的写作活动不仅有助于心智的训练和滋养，也有助于加强对于生活的感知和认识，这是我们个体的精神成长的重要途径。

其次，写作活动也是个体精神生活的方式。比如我们需要写日记来记录自己日常的经历或感受，我们需要写信、邮件与亲朋好友联系事务或是分享自己的一些经历、心情与见解……即以写日记而言，我们每天记录下自己当天的所见所

---

① ［美］威廉·W·韦斯特：《提高写作技能》，章熊、章学淳译，福州：福建教育出版社，1984年，第2—3页。

闻、所言所行、所思所想，这个过程本身就是一种生活经验和思想情感的积累过程，也是一种情绪情感的宣泄或净化过程，极有益于心理和情绪的调节，有益于身心健康。而且往后，我们还可以反复重读这些日记，在重读过程中又一次获得经验体认和自我认知，长此以往，自我修养就会显著提高，人际关系、处世能力、心理承受能力等等都会显著提升。

再次，写作能力是个人的职业发展的需要。 在现代社会，大多数行业的中高级岗位都需要相应的写作能力，都需要经常写作各种文章或编制各种文书。如果具有较强的写作能力，就具有了竞争的优势。试想，在公司里，上司让你起草一篇文稿或一份文书，你能推托说这不是你的本职工作，请找文秘去写吗？你如果勉强接受又完成得不好，就会让上司觉得你没有才华，而如果你完成得很漂亮，上司就会青睐有加。如今各种媒体迅猛发展，大量的报纸、杂志、网站甚至是自媒体都需要各类型的文章来充实版面和内容，这导致写作成为一种非常有市场和前景的行当，许多职业写手的写稿收入十分丰厚。可以说，如今写作已经成为一种文化产业，有庞大的读者市场，也有广阔的发表空间。对于拥有较强写作能力的人，这无疑是广阔天地。

总之，写作是我们每个人一生中的大部分时候都需要的，甚至是一种日常性的需要。正如著名作家、语文教育家夏丏尊、叶圣陶所指出的："作文同吃饭、说话、做工一样，是生活中间缺少不来的事情。生活中间包含许多项目，作文也是一个。""**作文是生活，而不是生活的点缀。**"①

第一节　写作活动的两种类型

所谓的"经国之大业，不朽之盛事"实际上还指涉了两种不同类型或性质的写作活动——实际应用性的文章写作与个人表达性质的文章写作。这两种不同性质的写作活动实际上体现为一种"本体"和"应用"、源头与发展的关系。

人类最初的写作活动，如编歌谣、讲故事之类，都并无社会功利性的追求，而只是出于个体的表达欲望和精神的需要而自发产生的。只是到了较晚的时期，随着人际交往的日益频繁、族群与国家的形成和社会生活的日益扩张，才产生了适应社会生活需要和国家治理需要的各种实际应用性的写作活动和文章体式。

---

① 夏丏尊、叶圣陶：《文心》，北京：生活·读书·新知三联书店，1991年，第17—18页。

就写作者个体而言，最经常的写作活动，比如古代文人们的作诗作词，现代人的博客、网络发帖等等，还是属于那种有感而发、不吐不快性质的个人表达，而并非是为了实际应用才写作的。因此可以说，写作活动从根本上说还是人的精神活动通过语言文字传达和呈现出来，这种个体的自由表达就是写作活动的本来状态，是为"**本体性写作**""**自由表达性写作**"。当然，因为学习、工作、交际等等方面的实际需要，人们也要写各种各样的文章，这时就进入了实用写作或应用写作的领域。这种应用写作当然跟自由表达性质的写作很不相同。下面分述之。

一、自我表达与本体性写作

每个人都有表达自我（情感、认识、态度等等）的需要与欲望：碰到高兴的事总想找人分享，遇到不快的事总想对人倾诉，看到一些现象总忍不住想评价议论一番……我们的生活中最常遭遇到的就是这种有感而发、因事而发、不吐不快性质的写作，比如网络聊天和发帖、留言、评论、写博客、写日记等等。这是一种个体自由表达性质的写作，自由、随心，"我手写我心"，是写作的最佳状态。这种状态往往能够写出最具个性和性情、最具想象力的好作品。当然，过于自由和缺乏规范，也容易产生大量倾泻不良情绪或偏激态度的垃圾性质的低劣文字。

自我表达性质的写作以个体为本位，应该体现出**个性、真诚**，不受社会公共价值观等因素的束缚。这种写作越是能体现个性和独立思想见解，就越是具有价值，因为它能以写作者个体的独家经验、个性见解而为读者提供其所不具备的东西，对读者具有极明显的经验、知识方面的弥补价值或思想观念方面的参考、启发作用。

一般地说，日记、网络发帖、评论、文学创作等多属于此类写作。文学创作是此类写作的高端形态，很多著名文学家都曾以这样的自我表达的状态来从事文学活动。

巴金说，他年轻时"做梦也想不到自己会成为小说家"，只不过是因为亲身经历和遭遇了许多事情，"有感情无法倾吐，有爱憎无处宣泄"，于是"一有空就借助纸笔倾吐我的感情"（《文学生活五十年》）。

大诗人艾青也说："我只是发出我内心的声音。""我只是设法把我感受得最深的，用最自然的方式表达出来。""首先，为自己而写，其次，才通向别人。"（《〈艾青诗选〉法文本序》）

巴西著名作家若热·亚马多说："我写作，首先是为了满足内心的需要和一

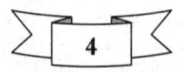

种不可战胜的欲望。"[1]

确实,写作的最高境界是为"我"而写,写出自己。

> 我常觉得文章只有三种,最上乘的是自言自语,其次是向一个人说话,再其次是向许多人说话。第一种包含诗和大部分文学,它自然也有听众,但是作者用意第一是要发泄自己心中所不能不发泄的,这就是劳伦斯所说的"为我自己而艺术"。这一类的文章永远是真诚朴素的。第二种包含书信和对话,这是向知心的朋友说的话,你知道我,我知道你,用不着客气,也用不着装腔作势,像法文中一个成语所说的"在咱们俩中间"(entre nous)。这一类的文章的好处是家常而亲切。第三种包含一切公文讲义宣言以至于《治安策》《贾谊论》之类,作者的用意第一是劝服别人,甚至于在别人面前卖弄自己。他原来要向一切人说话,结果是向虚空说话,没有一个听者觉得话是向他自己说的。这一类的文章有时虽然也有它的实用,但是很难使人得到心灵默契的乐趣。(朱光潜《论小品文》)

二、应用性写作

不同于自我表达性质的写作,应用形态的写作指向社会和他人,需要得到他人和社会的回应与反馈,因此要考虑他人和社会的可接受性,要遵循一定的社会共通规则。这种应用性写作主要包括作为**交际工具**的书信,作为**表达工具**的讲话稿、演讲稿,作为**业务活动工具**的行政公文、事务文书、司法文书、经济文书、新闻报道以及学术论文、商品说明书等等。

应用性写作一般都有固定的写作模式、套路和写作规范,包括文体格式、语言风格、套语等。比如公文、文书、论文。

应用写作中的许多品种属于社会公共性写作,即是为公共事务而写的,写作主体的身份是群体、社团或机构,即使是由个人起草,也常常不署个人姓名而署机构或团体的名称,是一种"代言体"。

---

[1] 堵军主编:《世界百位作家谈写作》,延吉:延边人民出版社,2004年,第66页。

应用型写作大都强调社会公共价值准则，不要求甚至是要尽量避免写作者的个性化表达。比如公文、学术论文和各种应用文书中，就不允许有个人化的主观情绪、情感或态度的流露，不允许使用抒情、描写之类的表达方式和语态。

第二节　写作所需的诸种素质

写作主要不是表现为死记硬背的知识，也不只是表现为单纯的理论或技巧、方法，而是包含了这些成分在内的一种综合素质。著名语言学家朱德熙说："写作和别的学科不同，如数学和历史，都是知识性的东西，它们可以传授，你不知道我可以告诉你，但写文章就不可以传授。写文章是一种修养，不是一种知识。它具有综合性，牵扯的东西非常多，比如运用文字的能力、知识面、文化水平，等等。"（朱德熙《写作和写作教学》）这里所谓的"修养"其实就是"素质"的同义语。

"素质"是一种内在的东西，要在日积月累、潜移默化中才能滋生、发育。写作能力的养成也是如此，它不可能一下子就通过传授获得，而只能依靠长期的经验与积累。大体可以说，**素质=知识+技巧+理念（意识）+实践（行为）**。写作素质要以必要的知识（文体知识、语文知识、语法知识等）为前提，以基本的写作技巧或方法（如谋篇布局的技巧、修辞的技巧）为辅助，以正确的写作理念和意识（为什么要写，为谁而写，什么样的文章才是有价值的好文章，等等）为指导，以经常性的、大量的写作实践为基础才能获得和逐步提升。

在上述等式中，越是靠后的项越是权重大：没有**写作的实践**，再多的知识、技巧，再正确的理念和意识都没有用；若是没有正确的理念和意识，费再大的劲写出的文章也可能毫无价值……总之，素质乃是知识、技巧、认识与态度、行为的结合，而态度与行为才是关键。一个人如果不爱写作、极少写作，其写作技巧与能力是不可能很高的。

一、写作素质养成的途径

1. 从欲望到兴趣

叶圣陶说："写作的根源是发表的欲望；正同说话一样，胸中有所积蓄，不吐不快。"①著名作家余秋雨也说："我们教写作课，不是仅仅让学生学会写各种各样的作品，而是要培养一种具有**想对外部世界进行表述的欲望和能力**。我们教学生，不是要他们做一种封闭式的人，而是要使他们具有非常希望，并善于向外部世界来表述自己的欲望和能力。这是一个人，一个现代人的非常重要的素质。"②这话很有道理，也是对写作教学的一个很好的定位。

由刺激写作的欲望再到培养写作的兴趣，这是写作素质养成的起步阶段。孔子说过："知之者不如好之者，好之者不如乐之者。"（《论语》）爱因斯坦也有一句名言："热爱才是最好的老师，它远远超过责任感。"热爱写作，才愿意经常写，才能养成写作的习惯，而写得多了，熟能生巧，自然也就掌握了技巧，提高了写作能力。因此，激发学生的写作兴趣，促其养成经常写作的良好习惯，这是写作教学的根本。

然而长期以来，我们把写作教学搞成了文章模式与框框、技巧的灌输，而忽略了对学生的写作兴趣与个性的培养和发掘。结果，学生在中小学阶段学到了不少作文的章法、技巧，也看了不少范文，写了不少"八股文"，却唯独没有培养出对写作的爱好和兴趣，反而是产生了对写作的厌烦、恐惧心态。这样，学生除了应付老师和考试，是很少自愿写文章的，写得少，能力和水平自然低得可怜。

所以应该加强写作欲望的刺激和写作兴趣的培养，采用种种方法鼓励和刺激学生写作，让学生们化被动写作为主动写作。为了培养学生的写作兴趣，首先就要给学生写作的自由，多给其自由选题作文的机会和任务，评改其作文时也应尽量尺度宽松，标准多元，而不是布置给他们种种命题作文或是灌输给他们种种作文的规范或标准，限制他们的自由，损伤他们的兴趣。

2. 从兴趣到习惯

著名语文教育家叶圣陶先生明确指出："……写作教学的目的，在养成学生两种习惯：（一）有所积蓄，须尽量用文字发表；（二）每逢用文字发表，须尽力在技术上用功夫。"③前一种习惯强调的是"勤于写"，一有所见所闻，所思所感，就要用文字表达出来；后一种习惯强调的是"用功写"，每写一篇，务必认真，每写一篇必有所收获。

叶圣陶又说："能力不是一会儿就能从无到有的，看看小孩养成走路跟说话的能力多麻烦。阅读跟写作不会比走路跟说话容易，一要得其道，二要经常地历

---

① 叶圣陶：《论写作教学》，《怎样写作》，北京：中华书局，2007年，第127页。

② 余秋雨：《写作是构建现代文明的重要素质》，《写作》1994年第5期。

③ 叶圣陶：《论写作教学》，《怎样写作》，第128页。

练,历练到成了习惯,才算有了这种能力。"[1]因此,"自己有了意思情感便能动手写出来,这是**生活上必要的习惯**,迟至中学时代须得把它养成。"[2] "应该随时动笔,写日记,写信,写笔记,写自己的种种想要写的。这才可以使写作能力越来越强。"[3] "凡遇有需要写作的机会,决不放过,这也是应该而且必须做的。"(叶圣陶《略谈学习国文》)

俄国作家果戈理也认为:"写作的人像画家不应该停止画笔一样,也是不应该停止笔头的。随便他写什么,必须每天写。"(果戈理《致契诃夫》)

3. 从习惯到技能

有了对写作的兴趣和爱好,又常常在这种兴趣与爱好驱使下练习写作,写成了习惯,时间久了,写得多了,自然从中摸索到了写作的窍门,什么写作技巧、方法之类都会自然掌握,熟练使用,写作的能力和水平自然也水涨船高,日益提升。

二、写作素质的表现

1. 写作知识与写作技巧

主要包括语言文字的知识、文章体式和语体风格的知识、遣词造句的技巧、谋篇布局的技巧、修辞的技巧,等等。

2. 写作意识与写作理念

包括动笔意识、选题意识、价值意识、读者意识等,包括对于写作的意义和价值、写作的类型、文章的好坏标准等问题的认识和理解。要树立正确的写作观念、动机和健康的写作趣味,懂得什么样的写作才是有价值的写作,什么样的文章才是好文章。要懂得假大空的写作、人云亦云的写作是无价值的写作,片面追求形式技巧和华丽词句等炫耀性的写作也并非健康的写作趣味,等等。

---

[1] 叶圣陶:《大一国文·序》,《开明新编国文读本》,北京:经济日报出版社,2000年,第2页。

[2] 叶圣陶:《作自己要作的题目》,中学生社编:《写作的健康与疾病》,上海:开明书店,1935年,第14页。

[3] 叶圣陶:《中学国文学习法》,《语文随笔》,北京:中华书局,2007年,第12页。

3. 写作实践和写作经验

写作的要害就在"写"这个字上，只有通过不断地写和大量地写，才能训练和提升自己的写作技能，也只有常常写才能熟能生巧。关于这一点，鲁迅有很真切的体验："文章应该怎样做，我说不出来，因为自己的作文，是由于多看和练习，此外并无心得或方法的。"①因此，在掌握必要的文体知识、语言技巧和大量阅读的基础上，还要多写，在经常性的写作和修改活动中提升自己的写作能力。

第三节 写作的源泉：生活与思想

作家刘白羽说："勤于思想、勤于生活、勤于写作。"可见生活、思想与写作关系的密切。写作是对人的综合素质与能力的检验，它需要写作者具有广博深厚的生活积累、知识积累以及活跃的思维、新颖或深刻的思想见解，等等。所谓"功夫在诗外"，写作的根本不在写作活动本身，而在于生活，生活出作家，大学教不出作家。同样，写作价值的高低主要也不取决于技巧、语言等次要方面，而是取决于写作者的思想、感受、体验能力。因此**生活感知能力和思想能力的训练是写作训练的根本**。

生活与思想是先于技巧的，也是技巧的来源。苏联作家法捷耶夫说："重要的艺术技巧问题，是要依赖作者人生观的深度，和他包罗生活现象的广度，来解决的。"②这说明，写作技巧并不能独立存在，而是依附于生活感知和思想能力的。因此著名作家茅盾说，"应当从提高思想水平、继续深入生活来求得解决，乞灵于技巧是无补于事的"③。作家柳青也说："有一个问题，技巧是从哪里来的呢？一般地认为，技巧是从别人书里学来的，前人的书或者是现代人的书。其实呢？其实，技巧主要的也是从研究生活来的。所以叫作创作。每一个时代的文学，都有新的手法。谁来创造这种新的手法呢？就是那些认真研究了生活的人。而不是认真研究了各种文学作品的手法，就可以创造出一种新的手法。"（柳青

---

① 鲁迅：《致赖少麒》，《鲁迅全集》第13卷，北京：人民文学出版社，2005年，第493页。

② ［苏联］法捷耶夫：《谈文学》，《文艺报》1955年第19期。

③ 茅盾：《关于艺术的技巧》，《作家谈创作》编辑组编：《作家谈创作》上册，广州：花城出版社，1981年，第209页。

《生活是创作的基础》）

比如**讽刺**、**幽默**作为一种技巧就不是能够传授和模仿的，而是依赖于作者对生活现象的观察和思考，依赖于作者对这些生活现象的评价与态度。

下面具体分析生活和思想与写作的关系。

一、生活的经验与感知

生活是写作决策的依据。作者往往是"避生就熟"，偏爱写自己熟悉的东西。若是碰到不熟悉的对象，作者往往要亲自去调查、了解、打听，然后才敢下笔。

生活也是写作的动力与触媒。作者往往是因了生活中某个事件或某种现象的触动、引发，才产生写作的动机与愿望的。巴金在谈到《家》的创作时说："我不是为要做作家才写小说，是过去的生活逼着我拿起笔来。"（《〈家〉后记》）

既然生活是写作的源泉和基础，那我们写作者就应养成良好的观察生活与感知、体验生活的意识、习惯和能力，加强生活经验的积累。

生活经验可分两种，一种是**直接生活经验**，即写作者自己亲身经历、亲眼所见，一种是**间接生活经验**，即通过阅读或与人交谈等方式得来的知识、信息、故事等。写作者应该既扩展直接生活经验的领域和广度，做到多参与、多尝试、多实践，同时又注意拓展直接生活经验的深度，即亲力亲为，沉潜下去而不是浮在生活的表层，浅尝辄止。叶圣陶就指出："**好文章是深度生活的产品，生活的深度不够，是勉强不来的。**"[①]此外，写作者也同时要扩展间接生活经验的广度，即加大阅读量和社会交际面，争取获得更多、更丰富的间接生活知识、信息等等。

首先，要"事事关心"，要对身边的事保持敏感度，留心细微之处，要多阅读或与人交流，以获取信息，或是借此了解自己未曾经验的东西。

其次，要积极参与、亲身实践。不仅指行动上的参与，还指思想上、精神上的参与，即对身边的事情或现象保持关注，同时还要多动脑分析、研究，然后可以写成文章，表达自己的看法或态度。要有意识地向外部世界发声，积极参与各类写作活动（如参与各种征文活动、给报刊投稿），寻求公开发表或在一定范围内传播，追求以个人的发声（文章）对他人和社会有所影响，把写作当成参与社会、服务社会的一种途径。

再次，要有热情。在生活中，一个感情冷漠的人，他的感觉往往是迟钝的；

[①] 叶圣陶：《中学国文学习法》，《语文随笔》，北京：中华书局，2007年，第18页。

而一个感情热烈的人，他的感觉常常是敏锐的。鲁迅说过这样一句话："创作总根于爱。"这里的"爱"是广义的说法，是指对自然、对社会、对宇宙、对人生、对生活的热爱，包括积极的态度、热情的投入。如果对生活无动于衷，是不能从中发现什么的，也自然写不出文章。

最后，要**善于从生活中的平凡细微之处发现有价值的东西**。法国思想家、雕塑家罗丹说，生活中不是缺少美而是缺少发现。因此要做生活的有心人，要善于从平凡的日常生活中发现有价值的东西。梁实秋就是一位善于将日常生活经验转化为写作资源的著名作家，他常常从日常生活中寻找写作的材料，写下了《理发》《洗澡》《喝茶》《饮酒》《吸烟》等散文。

写作者应该达到如下状态：写作的生活化、习惯化、日常化。所谓**写作的生活化**，是说要把写作活动和生活同一起来，生活的经历和经验迅即成为写作的素材，转化成写作的成果——文章，要把写作当成自己日常修身养性的途径。这样，生活与写作就同一了。

二、思想的态度与方法

"生活并不能直接化为创作，只有经过作家心灵的汲取、选择、消化、感应、酝酿、裂变、升华、飞跃，变成作家心灵的一种负载、力量、火焰以后，作家才有可能进入创作过程。"[①]写作"是人在生活中有了发现之后，通过我们作家主观的哲学、美感、追求、理想，给生活增加了一点东西，把生活发展了一步。"（王蒙《漫谈小说创作》）这就是说，作者的思想和精神投入在写作活动中发挥着决定性的作用。

写作者一方面要养成良好的思维习惯、科学的思维方法，以提升自己的思想能力，另一方面也要树立积极的思想态度和价值观念。粗略地说，有如下思维习惯、方法和思想态度值得我们有意识地去培养和训练。

1. 问题意识与怀疑精神

西方哲学史上有一个著名的故事：

在剑桥大学，维特根斯坦是大哲学家穆尔的学生。有一天，大哲学家罗素问穆尔："谁是你最好的学生？"

穆尔毫不犹豫地回答："维特根斯坦。"

---

① 王蒙：《也说主体》，《光明日报》1985年9月19日。

"为什么?"

"因为,在我的所有学生中,只有他一个人在听我的课时,老是流露出迷茫的神色,老是有一大堆问题。"

后来维特根斯坦的名气超过了罗素。有一次有人问维特根斯坦:"罗素为什么落伍了?"他回答说:"因为他没有问题了。"

正如苏格拉底所言:问题是接生婆,它能帮助新思想的诞生。因此强烈的问题意识是人思维的动力,它能促使人们去思索和发现。只有经常对生活保持兴趣与关注,经常从中产生疑问,才能促使着我们去思考,也才可能有话想说。

问题意识的养成与怀疑精神紧密相关,要敢于怀疑,勇于探究。在我们现有的知识体系和思想体系、观念体系、价值体系以及现实生活中,都存在许多似是而非的东西,或是并非合理的东西,这都需要我们大胆地质疑和小心地求证。就像辩证法哲学中所说,世界上没有绝对真理,只有相对真理,真理总是有条件的。所以对一切既有的观念、既定的结论、流行的说法,哪怕是那些高大上的东西,我们都应该保持质疑与求证的意识。孟子所谓"尽信书,则不如无书",亚里士多德所说"吾爱吾师,吾更爱真理",都是在提倡这种怀疑精神。

2. 自由之思想,独立之精神

法国著名哲学家笛卡尔说:"我思故我在。"马克思也说:"自由是人类的天性。""是全部精神存在的类的本质。"(马克思《关于出版自由和公布等级会议的记录的辩论》)人的精神存在以大脑活动的方式呈现,而大脑的脑电波和神经活动是不分日夜永不停止的,除非死亡。所以,人的精神存在的根本特征就是自由。然而,实际上我们每个人都会因为某些外力因素或内力因素而懒于思想(因为思想很费脑力,很累),或是害怕思想(因为思想决定言行,而这有可能招致不好的后果)。

正是由于人类常常懒于思想或害怕思想,欧洲启蒙运动时期的大思想家康德才提出自我"启蒙"的命题。康德说:"要有勇气运用你自己的理智!这就是启蒙运动的口号。"(康德《答复这个问题:"什么是启蒙运动?"》)他还说,大多数人无力运用自己的头脑,需要和乐于由别人来引导,习惯于将自己交给监护他们的保护人,因懒惰和怯懦听从于他们。而我们要破除思想的惰性与依赖性,不迷信权威,不盲信已有的结论,要善于独立思考,同时也要有敢于自由思想的勇气,不怕思想出错,敢于承担思想的后果。总之,像著名历史学家陈寅恪先生所要求的那样,有"自由之思想,独立之精神"。

3. 换位思考与多元化思维

在对待事物，对待他人时，要富于同情和理解，要有"同情的了解"的态度。当遇到与自己的观点或利益相冲突的情形时，要变换一下立足点，尝试着设身处地，从别人的角度来看待，这也就是我们常常所说的"换位思考"。

比如中学语文里有《守财奴》和《项链》两篇课文，老师往往告诉我们前者是在讽刺主人公的贪财吝啬，批判资本主义的金钱观，后者则是讽刺小资产阶级的虚荣心。可是正如有人所说："为什么一个人勤俭到了吝啬的地步就要受这么多的指责，而我们为什么就不能体谅葛朗台在'吝啬'的背后有着值得同情的辛酸苦楚？"同样的，"虚荣心又有谁没有，为什么虚荣心要被我们所鄙夷？"

换位思考就很容易导向一种宽容思想。宽容思想，就是要容许别人有与你不同的意见、观点或利益诉求。法国大思想家伏尔泰说过，"尽管我不同意你说的每一个字，但我愿誓死捍卫你说话的权利"。这就是我们所应该学习的宽容精神。

换位思考和宽容思想背后必然联系着多元化价值观。在看待同一事物时不同的人会有不同的看法，而这些看法可能都是有道理的，谁也不能否定谁。这种认识的多元化现象经常可以见到。

> 英国谚语曰："有一千个读者就会有一千个哈姆雷特。"

> 鲁迅谈及《红楼梦》时也说过："……单是命意，就因读者的眼光而有种种：经学家看见《易》，道学家看见淫，才子看见缠绵，革命家看见排满，流言家看见宫闱秘事……"（鲁迅《〈绛洞花主〉小引》）

这反映的就是不同的人看问题的不同角度和价值观上的多元化问题。

大体上可以说，所谓的**多元化思想**，至少包含两个层面的意思：其一，对同一事物，从不同的角度或不同的价值标准、眼光出发，就会有不同的看法；其二，每一事物，其本身都蕴含着多种解释的可能，因为它本身可能就是个复杂的多面体。

> 有一年的CCTV新丝路模特大赛，最后决赛时是一道问答题："在财富、知识、美丽这三者中，你选择哪一样？为什么？"如果是你，你会如何回答？

因为世界是多样化的，许多事物、问题本身也是丰富、复杂的，所以我们的价值尺度理应是多元化的，观察的角度也应是多样的。我们也应该养成多元化思维的习惯，不要总是固守一种价值尺度，而是要因时因地因事，灵活地调整自己的观念，有时要敢于自我否定。

4. 创新思维

要大胆创新，不要受**常规思维**与**思维定式**的束缚，不要受传统思维方法或思维观念的束缚。比如在大多数人的心目中，老鼠是极讨厌的一种动物。可是迪士尼公司却在动画片《猫和老鼠》中把老鼠设计成了一个令人喜欢的动物：它依靠聪明机智屡次打败了强大而愚蠢的猫。在这部动画片中，猫成了一个集愚蠢、凶暴、欺负弱小等众多负面品德于一身的反派角色，而老鼠却成为一个集聪明、机智、善良、勇敢等优美品德于一身的正面形象。这完全是颠覆了人们传统的赋予猫和老鼠的角色形象，但我们观众却并没有对这部动画片产生抵触情绪，而是欣然地观赏它。

创新思维的方法主要有**求异思维**、**逆向思维**等。很多命题，如"开卷有益/开卷未必有益""近墨者黑/近墨者未必黑""旁观者清/旁观者未必清""知足者常乐/不知足者常乐"都是这种求异思维或逆向思维的反映。

5. 辩证思维

所谓"辩证思维"，就是要用一分为二的观点、两点论基础上的重点论的观点、发展与联系的观点、对立面相互促进和转化的观点来看待事物、分析问题。而不能用单一的、相对论或绝对化的、静止的、孤立的、一成不变的眼光看问题。

（1）**两点论**基础上的**重点论**

人和事物往往具有两面性，人们在看待这些人和事物时，也往往产生分歧。比如鸦片，既是毒品可以害人性命，也可以用作药品救人性命。比如秦始皇，是出名的暴君，但他也有勤政、有为的一面。正是由于世界上的事物往往都具有两面性，所以我们在确立自己的观点与态度时，也要注意分析比较，"两利相权取其重，两害相较取其轻"。我们要抓住问题的重点与主要方面，但又不能忽视次要的方面。在表达自己的倾向与评价时，既要一分为二，又要突出重点。

（2）**发展**与**联系**的思维

人与事物总是处于发展变化之中。因此我们不能总是用老眼光看问题，而是应该与时俱进，按照新的时代条件、新的价值尺度来分析和评价它们。同时，事物常常是处于一定的关系网络之中的，常常受到周围事物或关联事物的影响与牵连，我们分析这类事物或是解决相关问题时完全可以从这些关联因素入手，采用旁敲侧击之类的方法，间接而高效地解决问题。

（3）**对**立面相互**促进**和**转化**的思维

在适当的条件下，事物也会发生质变，坏事能变成好事，好事也能变成坏事。我国古代就有祸福相倚、利弊相伴相生的认识，老子说："祸兮，福之所倚；福兮，祸之所伏。"（《道德经》）"塞翁失马，焉知非福"和"失败乃成功之母"的说法也是对立面相互转化的思维观点。而"道高一尺，魔高一丈""魔高一尺，道高一丈"的说法，就是对立面相互促进的观点的体现。

养成了上述良好的思维意识、思想态度和思维方法，我们将不仅能够写出更周全、更新颖、更深刻、更有价值的文章，也能够在生活处世方面获益。

第二章　主题的设置与传达

主题是一篇文章的灵魂和统帅，是作者构思、行文、修改的依据，决定着作者如何构思选材、谋篇布局以及遣词造句等等。

一篇文章的质量和价值与它的主题有很大关系。如果一篇文章没有主题，或是主题模糊不明，那么它就会显得芜杂、混乱，无异于一盘散沙。

第一节　"主题"与"立意"

"主题"一词源于德国，最初是一个音乐术语，指乐曲中最具特征的并处于显著地位的旋律，即"主旋律"，是乐曲的核心。后来这一概念广泛地用于各类写作当中，成为写作学的术语之一。

我国古代文论中没有"主题"这个词，与"主题"含义大致相当的有"意""义""理""志""旨""意旨""主旨""主脑"等词语。《庄子》中说："语之贵者，意也。"杜牧在《答庄充书》中说："凡为文以意为主，气为辅，以辞采章句为之兵卫。"《尚书》中说："诗言志。"白居易在《新乐府序》中也说："首局标其目，卒章显其志。"这里所说的"意"和"志"，指的主要是作者的思想观点、理想追求和情感倾向等。

所谓主题，可以从两个角度来理解：其一，指**写作的主题**，是从写作主体的角度而言的，即作者的"立意"——作者的写作意图、动机和观点、倾向等，作者希望通过文章传达给读者的一些东西（知识、信息、体验或观点、态度等等）。其二，从**阅读和接受的角度**，指读者对一篇文章的大意的把握，对文章内容的解读或是对作者用意的揣测，等等。一般来说，作者之"立意"未必等同于读者所理解之作品"意思"或"意义"。作者所设置的主题通常是比较明确的、单一的，不会含糊或是杂乱，否则"意多则乱"，难以写下去。而读者对文章的理解及对作者用意的猜测却可能是多样的，因为"一千个读者就有一千个哈姆雷特"。作者的立意（主题设置）可能被读者正确把握和领悟，也可能被读者忽视或误解，由于读者数量很多，千差万别，他们解读出来的作品主题（含义）可能远远超出作者原初的设想（立意）。

这一章，我们主要是从写作的角度，即从作者"立意"的角度来谈。

一般来说，写作之前作者都有其意图和目的考虑：或者是为了表达某种思想观点（如议论文）；或者是表现某种情感、情绪和某种意念或志趣，甚至是一种氛围（如抒情文）；或者是为了传达某种知识或信息（如说明文）；或者是讲述有趣的、有意义的故事或重要的事件（如叙述文）；或者是安排与处理某项事务（比如公文、文书），等等。作者的这些意图和打算通过文字来传达，形成文章，然后传递到读者那里。可以说，文章的价值虽然离不开读者的解读，但最根本的还是来源于作者。

"文以意为主"。一篇文章虽然包括主题（立意）、材料、结构、语言（文字）这四大要素，但文章的主要价值体现于主题与立意方面。无论时代如何变化，人们的审美观念如何更新，**主题有无价值或价值高低，一直是衡量文章价值和水平的主要标准**。无论文章的语言和形式多么优美，结构多么巧妙，材料多么有趣，一旦思想内涵较弱或存在着严重问题，那么，这篇文章仍然难以称得上是有价值的成果。

"意定而文定"。主题设想好了，文章也就大致成型了。中国传统写作理论始终强调谋定而后动，在动笔行文之前多多构思谋划，而在构思谋划阶段最首要的任务就是设想和确定一个好的主题。为此，写作者要舍得花时间和脑力去反复思索、酝酿。

总之，作者在动笔行文之前就应该想清楚、想明白，要设立一个什么样的主题，它对读者有何价值？

第二节 立意的原则和要求

立意，即设定写作的主题，限定文章的内容。立意一般在构思阶段完成。为了实现写作的意义和提升文章的价值，满足读者的较高期待，应该遵循如下原则来立意和设计主题：

一、真诚

真诚，是写文章的基本原则，是**写作伦理学**的首要标尺。文章是有实际的社会功用的，也能对读者的认知和精神方面施加影响，所以绝不可用虚假的东西来欺骗人、愚弄人。我们的古人即强调"修辞立其诚"（《周易·文言》）。意即，作者要有诚心，说真心话，落在纸上的文字是自己的真实见闻和思想，有真情实感，有真知灼见。庄子说："真者，精诚之至也。不精不诚，不能动人。"（《庄子·渔父》）很难想象，一篇虚情假意、言不由衷的文章能够真正打动读者和让读者信服。

写作是作者与读者之间的精神交流，作者真诚为文才能获得读者的共鸣，受到读者的尊重和喜爱。与真诚相对的就是假、大、空，即说假话、大话和空话，**假大空**的文章是最令人厌恶的。

二、正确

除了说真心话之外，还要求作者追求和探索真理，认真研究对象，努力把握客观存在的事物的规律和法则。一个人虽然说的是真心话，但未必就有真知灼见，未必就符合客观事实与规律。古人常讲："博学之，审问之，慎思之，明辨之，笃行之。"（《礼记·中庸》）唯其如此，作者才能有开阔的视野和正确的认知，在写作中才能传达正确的思想观念和情感意识以及科学的认知，给读者以有益的东西。

立意的正确，主要体现于三个方面：其一，**认知上的正确**，即要认清对象、问题的要害和本质、真相，不能被表面的东西所蒙蔽，这样才能得出正确的认识。其二，**价值观上的正确**，要传达"真、善、美"的正面的价值观念，而不要传播假丑恶的负面的价值观，要传达代表人类进步方向和健康趣味的价值观念。其三，**法律上的正确**，即尽量不违背现行法律法规（尽管现行法律法规也难免有缺陷），否则就构成违法了。

当下，很多新闻媒体都表现了过于娱乐化的倾向。例如，对"两会"的报道，本应该关注国家政策的调整以及有关老百姓衣食住行的各种提案，但有些媒体的报道却把焦点投向"两会"的明星委员（如电影明星和体育明星），其内容不外乎明星的衣着打扮、笑容灿烂等并不重要的事情。还有一些媒体，在报道新闻时，很喜欢做"标题党"，其用意无非是让新闻更有吸引力，博人眼球而已。

媒体理应代表社会的理性、正义和良知，而有的"标题党"却故意误导受众，混淆事实，甚或宣扬某种负面的价值观。

当然，不可否认，作者的思想认识往往具有特定的时代性和局限性，任何一种思想观念都很难超越特定时代和生活背景的局限。因此，**"立意正确"这个标准只是相对而言的，并不排斥时代性、地域性和民族性的差异**。比如，某些观点和现象在不久之前还很难为人们接受（比如同性恋婚姻），如今在某些国家和地区则已经合法化了。又比如，中国家长信奉棍棒底下出孝子，相信必须对过于顽劣和犯了大错的孩子进行严厉的惩罚（包括体罚），才能让其长点记性，以免过后再犯；而美国家长可能不会认同这种管教孩子的方式，美国社会认为父母体罚孩子是犯罪行为。像这样的时代、地域、民族差异屡见不鲜。

必须强调，提出"立意正确"这一标准，并不是要束缚写作者们的思想自由和个性见解，而是要让写作者们在写作时更慎重、更严肃、更加注意文章的社会效果。一般来说，**实用性文章，如公文、新闻报道、说明书、论文之类，对于认知正确、价值倾向正确和遵纪守法等有非常严格的要求，而非实用性文章，比如文学作品，在"立意正确"这个标准上要宽松得多**，只要不违背现行的法律，不违背公认的社会道德规则，怎样大胆立意都是可以的。实际上，有很多文学作品的立意并不正确，但并不影响它们的文学价值和艺术魅力。例如，《红楼梦》有很多篇幅宣扬了作家的宿命论观念和佛道思想的影响，这不能说是正确的健康的，但也无损其文学价值。文学作品主要靠形象和情感感染人，而不是靠讲道理来说服人。反过来，一篇思想看似正确的作品也未必给人以心灵上的震撼。因此很多时候，文学作品的立意正确与否并不是特别重要。即使《水浒传》所蕴含的某些思想观念（如男权主义、暴力主义、哥们义气）受到很多人的批评指责，也无损于它作为古代四大名著小说的艺术价值和地位。毕竟，我们不能用今天的价值标准来衡量和苛责古人。

"今我国民，绿林豪杰，遍地皆是，日日有桃园之拜，处处为梁山之盟，所谓'大碗酒，大块肉，分秤称金银，论套穿衣服'等思想，充塞于下等社会之脑中，遂成为哥老、大刀等会，辛至有如义和拳者起，沦陷京国，启召外戎，曰惟小说之故。呜呼！小说之陷溺人群，乃至如是！乃至如是！"（梁启超《论小说与群治之关系》）

三、深刻

所谓深刻,是指要**揭示事物的本质与真相,反映事物的内部规律,挖掘出引人深思的思想意义**。要想立意深刻,应该从以下几个方面入手:一是要辨清源流。弄明白事物的来龙去脉,找到问题的实质或要害所在;二是要分析因果。通过因果关系的分析,找出原因,对症下药。三是要兼顾左右。要从事物之间的联系出发,由此及彼,全面考量。四是要比较异同。要从事物的异同分析中探究本质,得出意义。

四、新颖

立意新颖,既包括**新的观点和认识**,也包括**新的视野和角度**。立意新颖意味着不人云亦云,思想不落俗套,观念鲜活独特,令人耳目一新。立意新颖的文章才能新鲜活泼,富有灵气和吸引力,给人以启示。

一时代有一时代的文学,写作必须与时俱进,站在时代的前沿,敏锐地感应时代的新变,从中形成自己的写作立意。另外,还要求作者独具慧眼,见人所未见,发人所未发。

例如,过去很长时间,人们赞赏那些隐忍和奉献型的传统女性,文学作品中具有正面价值的女性形象也往往自带勤劳贤惠、甘愿为家庭牺牲的光环。在人们的印象中,所谓理想的女性,无异于为家庭"奉献"和"牺牲"的化身。随着时代的进步,女性价值观不断地发生变化,作家也更喜欢塑造具有鲜明的自我意识的现代女性形象。

五、集中

一篇文章不可能面面俱到、包罗万象,因此,它只能通过个别反映一般,通过个性反映共性。作者在立意时应该懂得取和舍,**要注意抓重点和要害而不及其余**,不求面面俱到,否则分散笔力,只会让文章显得肤浅和芜杂,难以给读者较深的印象。特别是短篇的文章写作,一两千字,几千上万字篇幅的文章只能算是小文章,不能贪大求全,要凝聚中心和焦点,限制内容和深化主题,做到以"精""细"和"深"来取胜。

只有较长篇幅的文章（数万字以上）才不必强调立意的集中和主题设置的单一。此外，某些文学类作品（比如诗歌、小说、戏剧）可以追求"复调"风格和主题的多义性，但一般来说，除文学之外的实用文章，大都力求主题高度集中，一篇文章只能有一个主题，而不能出现多个主题。否则就杂乱无章，或平均用力，难有深度和力度了。

第三节　提炼主题的方法

一般来说，主题（"意"）的生成有以下几种情况：

其一，长期积累，自然生成。作者在长期的社会实践中积累了大量的生活素材，不断地感悟和思考社会人生，经过时间的推移和认识的发展，思想逐渐生成，最终用这些思想来观照各种事物，形成写作之时的立意。

其二，偶然触发，顿悟得之。作者先前并没有什么明确的思想要表达，但是因为某种特殊的机缘受到刺激或触动，突然产生某种思想或情感表达的冲动，于是写成文章。或者是，某些特殊机缘之下，作者灵感突发，头脑中产生以往不曾有过的新的意念或见解等，然后写成文章。

其三，依据需要，研究得之。作者有了具体的写作任务之后，带着任务有针对性地去调查取证、搜集材料，然后分析材料和归纳材料，从而形成写作的主题。

根据生活经验或所得材料来提炼和设计写作主题，即通常所说的**炼意**。这是写作过程中非常重要的一个环节。炼意的主要方法有以下几种：

一、追根究底法

作者要善于由现象探寻本质，由现实探寻历史，由结果追问原因，在逐层深入的推求与追索中，才能达到对事物尽可能深刻的认识。

新闻记者要深入生活并如实反映生活，不能停止于社会热点的表层，要善于分析热点所隐含的实质问题，作"深度报道"。在"全媒体"时代，热点新闻在短时间内就可以得以传播，但很多读者并不满足于人云亦云的新闻表象，他们更愿意思考新闻事件背后的问题和症结。

五四时期，挪威作家易卜生的戏剧《玩偶之家》在中国颇受欢迎，女主人公娜拉毅然决然地离家出走，得到了很多人的赞赏和共鸣。当时表现反封建思想的作品中，有很多新女性为了反抗封建家庭的束缚，追求婚姻自由和个性解放，选择了离家出走。但是，鲁迅并不赞同依靠一走了之的方式解决问题。鲁迅认为，只有解决好自身的生存问题，具有经济自主的能力，妇女才有可能走向解放之路。"她还须更富有，提包里有准备，直白地说，就是要有钱。"否则，她"只有两条路：不是堕落，就是回来。"①鲁迅通过追根究底法，找到了妇女解放的根本条件——经济自立。

二、以小见大法

写作主体必须具备"一叶知秋""见微知著"的反应能力，把生活中被忽略的却能反映某些发展趋势的现象揭示出来。例如，新闻记者不但要关注国内外重大事件，而且对日常生活细节也要保持一定的敏感度，要善于从生活的细枝末节中捕捉到时代的新变化。当然，在实际生活中，并不是任意一件小事都有"以小见大"的效果。生活中的小事时时发生，只有那些具有典型意义的部分才可以写进新闻报道中。

又如，短篇小说往往截取生活的横断面，即使写普通人的平凡生活小事，也要发现其中潜藏的玄机，从日常生活的涟漪中知晓整个社会生活中的"主旋律"。

三、创新思维法

创造性是人类智能的高级体现，创新思维是写作主体创造性的核心过程，求异性是创新思维追求的品质个性。虽然目前对创新思维并没有统一的界定，但是从思维方式的类型上看，创新思维与变异性、多向性的思维有着密切的联系。创新思维往往与逆向思维、发散思维、比较思维融合在一起，密不可分。逆向思维、发散思维和比较思维都具有求新求异的特点，没有逆向思维、发散思维和比较思维，创新思维也很难有立足之地。古往今来，人们经常通过逆向思维、发散思维和比较思维等思维方式，以实现立意的新颖和深刻。

1. 逆向思维

逆向思维指的是突破常规，对惯性思维模式的反叛，从反面进行思考的思维方式。逆向思维以大胆创新为追求目标。在写作中，面对同样一则材料，如果能

---

① 鲁迅：《娜拉走后怎样》，《鲁迅全集》第1卷，第167页。

够抛开其传统意义上趋同性的理解，另辟蹊径，反其意而用之，就可以得到更新鲜独到的观点和结论。

关于"美"的来源的说法不一，但其中一个很盛行的观点就是，"美"字由"羊"和"大"组成，羊大则美。因此，人们往往更喜欢气势磅礴的名山大川。而刘禹锡的《陋室铭》则反其意而行之：

> 山不在高，有仙则名。水不在深，有龙则灵。斯是陋室，惟吾德馨。苔痕上阶绿，草色入帘青。谈笑有鸿儒，往来无白丁。可以调素琴，阅金经。无丝竹之乱耳，无案牍之劳形。南阳诸葛庐，西蜀子云亭。孔子云："何陋之有？"

屡遭贬谪、命运多舛的唐代诗人刘禹锡始终淡然乐观，借陋室以表达主人处惊不变的淡泊高洁的心态，寄托自己坚毅执着的人生追求。"山不在高""水不在深"之类观点就是逆向思维的结果。

2. 发散思维

发散思维指由一个中心点向周围辐射，沿着不同的角度思考，探求多种结论的思维方式。其概念是由美国心理学家吉尔·福特首先提出来的。吉尔·福特认为发散思维与创造力和想象力具有直接的关系。发散思维拓展了思维的空间，使思维的角度更加灵活多变。在写作中，发散思维可以大大拓宽文章的视野，丰富文章的内容，弥补单向度思考所带来的局限性。

如果用线性的思维方式看问题、写文章，自然思想呆板，缺乏新意。苏轼在描写庐山胜景时说："横看成岭侧成峰，远近高低各不同。"（《题西林壁》）从不同的角度看庐山，眼前的美景就会变化多端。

3. 比较思维

比较思维是指确定对象之间的共同点和不同点，从而获得一种更明确和深刻的认识的思维方法。人们认识事物往往是从区别开始的，想区别事物就要对其进行比较，有比较才能辨别出事物之间的相同点和不同点。同类对象之间，异类对象之间，或者同一对象的不同方面、部分之间，都可以运用比较思维的方法考察其异同、特征，从而获得相应的认知。比较思维可分为纵向思维和横向思维两种形式。

纵向思维，是指按照时间顺序或事物发展的顺序来思考问题。纵向思维具有如下几个特点：

第一，历时性。纵向思维是按照时间的先后顺序来考察事物的，即由过去到现在，由现在到未来。

第二，同一性。所谓同一性，指的是所考察的事物必须是同一的，具有自身的稳定性和可比性。

第三，预测性。纵向思维遵循由过去到现在，由现在到未来的顺序，可以揭示事物整体发展规律和趋势，因此，它具有一定的预测性。

横向思维，是截取历史长河中的某一横断面，研究同一事物不同时期中的发展状况，并从同周围事物的相互关系和相互比较中，找出该事物在不同历史时期、不同的环境背景中的异同的一种思维活动。横向思维是把所关注的事物置放到普遍联系和相互作用的过程中，考察事物运动特点和规律性。

横向思维具有以下特点：

第一，共时性。这种思维方式是先把时间概念的范围确定下来，然后再研究在这同一时段中事物各方面的相互关系。

第二，横断性。对事物进行横向比较，把研究的事物置放到相互联系的系统中考察其特性，即为横向思维的横断性。横向思维不但经常运用于各体作品的写作中，而且它离我们的日常生活并不遥远，我们每个人在日常生活中也会有横向思维的实践和体验。例如，我们买东西时，经常会多跑几家商场，比较一下同类商品哪家商场价格最合理，就在哪家商场购买。

第三，开放性。横向思维除了严格限定时间范围以外，其余限制不多，它具有"眼观六路，耳听八方"、放眼世界的胸怀。因此，横向思维比纵向思维更具有开放性。

史铁生的散文《我与地坛》，写"我"把地坛看作精神家园，"我"在这里感悟生生不息的生命力，理解人生的价值。作者还写了与自己一样经常出现在地坛中的几个人物：15年里，一对中年夫妇在这里散步，直到变成老年；一位爱唱歌的小伙子，在这里唱歌；一个女工程师上下班在这里出入；一个爱饮酒的老人在这里寻找一种罕见的小鸟；一位运气不佳的长跑者在这里跑步；一个漂亮而弱智的小女孩由她的哥哥带到这里玩耍。在作者眼中，地坛不仅仅是一个废弃的园子，而是种种命运共同上演的人生舞台。这篇散文中横向思维的运用，扩大了作者对百味人生思索与感悟的视界，增加了这篇散文的思想深度。

很多客观事物既有历史、现实和未来的历时性发展过程，又同周围事物有共时性的联系，在考察这些客观事物的时候，纵向思维与横向思维可以同时使用，使二者优势互补相得益彰。

第四节　主题的传达方式

主题的传达方式是多种多样的，既可以是直接的呈现，也可以是间接含蓄的暗示。议论文、说明文以及其他实用文体的主题往往是一种直接的呈现，而文学作品的主题则多采用间接委婉的方式传达出来。

一、直接传达法

实用文（公文、新闻文、论文等）、普通文（一般所谓的记叙文、议论文、说明文之类）较多采用直接传达法。实用文经过长久的历史积淀，已经内化出实用性、全民性、逻辑性和现代性等多种特质，其立意和主旨始终强调鲜明和集中。

直接表意，其方式与手法也是多种多样的。作者可以利用**文章的标题**直接传达主题（如新闻消息），可以使用**主题句**在文中点明主旨，也可以采用**开门见山**、**卒章显志**、铺垫与扬抑法等结构形式，还可以运用**对比**、**类比**、**引申**等手法来传达和强化主题。鲁迅的《一件小事》就是用"所谓国家大事""文治武力"的无价值和人力车夫这件小事的有价值来对比，强化表达一种痛恨军阀政客的祸国殃民和歌颂底层人民的勇气与担当的立场。《邹忌讽齐王纳谏》拿个人生活中的事情（比美）与国家政事类比，以说明纳谏的重要性。柳宗元的《捕蛇者说》则是用"赋敛之毒"与猛虎之害、毒蛇之毒来类比，劝诫统治者们善待百姓。

二、间接传达法

文艺性文章是感性的传达，所以通常不像实用文、普通文那样直接表达主题，而是采用含蓄的、委婉暗示的手法。恩格斯说，文学作品的倾向"不应该由作者把它特别地点出来"，而应该"通过情节和场面自然而然地流露出来"（《致敏·考茨基》）。这是对于小说、戏剧这些文学体裁的思想主题传达的要求。

间接表意的方式与手段也是多种多样的。比如诗歌多用**比兴手法**，借助于**意象**、**比喻（隐喻）**、**典故**、**双关语**等手段曲折表现诗人的意思；小说、散文、戏剧也常常用意象或隐喻、象征手法来曲折地表达作者的立场或态度。《红楼梦》里的"太虚幻境"就是一个表达小说主题的意象或隐喻。除了意象、隐喻、象征、暗示等手法，**正话反说**、**反话正说**（皮里阳秋）也是巧妙的间接表意法，比如鲁迅的《作文秘诀》（见本章"范文和导读"）。

中国文学和传统诗学非常重视具象思维，因此习惯于通过隐喻性的意象来表达意思和主题。"由于作家的主观情志即'意'与客观对象即'象'互感，而创造出的具有双重意义即字面意义和隐意的艺术形象称为意象。""就审美表现而言，意象是寄托隐含手法的创造成果。"[①]宋代文豪苏轼笔下很多意象都传达了对个人生命的悲剧性体验，以及对这种悲剧性体验的超越。他在《次韵仲殊雪中游西湖二首》中写道："共为竹林会，身与孤鸿轻。"表明自己像离群的孤鸿一样无所寄托，"孤鸿"这个意象和"竹林"这个用典表明，苏轼虽有天涯倦客的惆怅心境，却不乏孤高自持的文人情怀。

"今人常说的象征、用典、出处、双关、比喻、借代、暗示、以貌写神等表现手法都是古代文论中的概念或者将其现代化。尽管概念不一，但实质上却都有一个共同点——都是诗人为达寄托隐含之目的、寻求意与象之间的联系而运用的手段。用意象理论说，都是诗人为了创造意象而运用的表现手法。这样，意象这一个概念，就有可能将从来也没有认识到有某种联系的诸多概念统摄起来，在这个意义上说，诗歌中的创造意象就和叙事文学中的塑造人物形象具有相似的艺术地位。"[②]

语言在本质上是隐喻的。人们所认识的世界总是通过语言这一中介来表述的，隐喻通过"用此言彼"的艺术方式，将原本物象的内涵和外延大大拓展，使读者产生更丰富和深邃的联想和想象。由此看来，隐喻不仅是语言现象，而且也是一种思维现象。钱钟书的小说《围城》的题目取义于"被围困的城堡"，它隐喻的不仅仅是婚姻关系，而且也隐喻了理想与现实的关系，涵盖了人生普遍存在的两难处境。主人公方鸿渐的学业和事业一直处于"围城"困境之中，他的爱情和婚姻也是如此。

作为一种文学表现手法，**影射**可看成是隐喻的一种，是贬义化的隐喻，影射中含有对所指对象的讥讽、嘲弄等否定意向。影射是一种智性叙事。鲁迅的小说《药》影射秋瑾等晚清革命者，钱钟书的小说《猫》影射某些京派文人，刘禹锡《戏赠看花诸君子》里用"桃千树""看花人"影射当朝新贵和趋炎附势的小人。影射和象征一样借此说彼，但不及象征那样蕴含更多的寓意。影射往往指比较确定的具体的人事，比较浅近平直。

---

① 屈光：《中国古典诗歌意象论》，《中国社会科学》2002年第3期。

② 同上。

思维与写作训练

一、请根据以下这个材料（故事），运用**多角度思维**，提炼（设计）出几个不同的写作主题来（不少于三个，每个请用一句话加以概括）。

有两家皮鞋厂，各派一个推销员到太平洋上的某个岛屿去推销本厂的产品。上岛以后，两人各自向工厂发回一份电报。一位的电文是："此岛上的人都不穿鞋子，明天我就回去。"另一位的电文是："太好了！这个岛上的人都还没有穿上鞋子，我打算长驻此岛。"

二、古人说："宁得罪君子，不得罪小人。"这句话流传已久，已成为某些中国人的生存哲学。请用**逆向思维**反驳这一说法，写一篇议论性的短文，注意论述的逻辑性，题目自拟。

三、请赏析这首诗的表意（主题表达）特点：

别丢掉

别丢掉，
这一把过往的热情，
现在流水似的，
轻轻
在幽冷的山泉底，
在黑夜，在松林，
叹息似的渺茫，
你仍要保存着那真！
一样是月明，
一样是隔山灯火，
满天的星，
只使人不见，
梦似的挂起，
你问黑夜要回
那一句话——你仍得相信
山谷中留着
有那回音！

范文和导读

作文秘诀
鲁迅

  现在竟还有人写信来问我作文的秘诀。

  我们常常听到：拳师教徒弟是留一手的，怕他学全了就要打死自己，好让他称雄。在实际上，这样的事情也并非全没有，逢蒙杀羿就是一个前例。逢蒙远了，而这种古气是没有消尽的，还加上了后来的"状元瘾"，科举虽然久废，至今总还要争"唯一"，争"最先"。遇到有"状元瘾"的人们，做教师就危险，拳棒教完，往往免不了被打倒，而这位新拳师来教徒弟时，却以他的先生和自己为前车之鉴，就一定留一手，甚而至于三四手，于是拳术也就"一代不如一代"了。

  还有，做医生的有秘方，做厨子的有秘法，开点心铺子的有秘传，为了保全自家的衣食，听说这还只授儿妇，不教女儿，以免流传到别人家里去。"秘"是中国非常普遍的东西，连关于国家大事的会议，也总是"内容非常秘密"，大家不知道。但是，作文却好像偏偏并无秘诀，假使有，每个作家一定是传给子孙的了，然而祖传的作家很少见。自然，作家的孩子们，从小看惯书籍纸笔，眼格也许比较的可以大一点罢，不过不见得就会做。目下的刊物上，虽然常见什么"父子作家""夫妇作家"的名称，仿佛真能从遗嘱或情书中，密授一些什么秘诀一样，其实乃是肉麻当有趣，妄将做官的关系，用到作文上去了。

  那么，作文真就毫无秘诀么？却也并不。我曾经讲过几句做古文的秘诀，是要通篇都有来历，而非古人的成文；也就是通篇是自己做的，而又全非自己所做，个人其实并没有说什么；也就是"事出有因"，而又"查无实据"。到这样，便"庶几乎免于大过也矣"了。简而言之，实不过要做得"今天天气，哈哈哈……"而已。

  这是说内容。至于修辞，也有一点秘诀：一要蒙胧，二要难懂。那方法，是：缩短句子，多用难字。譬如罢，作文论秦朝事，写一句"秦始皇乃始烧书"，是不算好文章的，必须翻译一下，使它不容易一目了然才好。这时就用得着《尔雅》，《文选》了，其实是只要不给别人知道，查查《康熙字典》也不妨的。动手来改，成为"始皇始焚书"，就有些"古"起来，到得改成"政俶燔典",那就简直有了班马气,虽然跟着也令人不大看得懂。但是这样的做成一篇以至一部,是可以被称为"学者"的,我想了半天,只做得一句,所以只配在杂志上投稿。

我们的古之文学大师,就常常玩着这一手。班固先生的"紫色蛙(蛙)声,余分闰位",就将四句长句,缩成八字的;扬雄先生的"蠢迪检柙",就将"动由规矩"这四个平常字,翻成难字的。《绿野仙踪》记塾师咏"花",有句云:"媳钗俏矣儿书废,哥罐闻焉嫂棒伤。"自说意思,是儿妇折花为钗,虽然俏丽,但恐儿子因而废读;下联较费解,是他的哥哥折了花来,没有花瓶,就插在瓦罐里,以嗅花香,他嫂嫂为防微杜渐起见,竟用棒子连花和罐一起打坏了。这算是对于冬烘先生的嘲笑。然而他的作法,其实是和扬班并无不合的,错只在他不用古典而用新典。这一个所谓"错",就使《文选》之类在遗老遗少们的心眼里保住了威灵。

做得蒙胧,这便是所谓"好"么?答曰:也不尽然,其实是不过掩了丑。但是,"知耻近乎勇",掩了丑,也就仿佛近乎好了。摩登女郎披下头发,中年妇人罩上面纱,就都是蒙胧术。人类学家解释衣服的起源有三说:一说是因为男女知道了性的羞耻心,用这来遮羞;一说却以为倒是用这来刺激;还有一种是说因为老弱男女,身体衰瘦,露着不好看,盖上一些东西,借此掩掩丑的。从修辞学的立场上看起来,我赞成后一说。现在还常有骈四俪六,典丽堂皇的祭文,挽联,宣言,通电,我们倘去查字典,翻类书,剥去它外面的装饰,翻成白话文,试看那剩下的是怎样的东西呵!?

不懂当然也好的。好在那里呢?即好在"不懂"中。但所虑的是好到令人不能说好丑,所以还不如做得它"难懂":有一点懂,而下一番苦功之后,所懂的也比较的多起来。我们是向来很有崇拜"难"的脾气的,每餐吃三碗饭,谁也不以为奇,有人每餐要吃十八碗,就郑重其事的(地)写在笔记上;用手穿针没有人看,用脚穿针就可以搭帐篷卖钱;一幅画片,平淡无奇,装在匣子里,挖一个洞,化为西洋镜,人们就张着嘴热心的(地)要看了。况且同是一事,费了苦功而达到的,也比并不费力而达到的可贵。譬如到什么庙里去烧香罢,到山上的,比到平地上的可贵;三步一拜才到庙里的庙,和坐了轿子一径抬到的庙,即使同是这庙,在到达者的心里的可贵的程度是大有高下的。作文之贵乎难懂,就是要使读者三步一拜,这才能够达到一点目的的妙法。

写到这里,成了所讲的不但只是做古文的秘诀,而且是做骗人的古文的秘诀了。但我想,做白话文也没有什么大两样,因为它也可以夹些僻字,加上蒙胧或难懂,来施展那变戏法的障眼的手巾的。倘要反一调,就是"白描"。

"白描"却并没有秘诀。如果要说有,也不过是和障眼法反一调:有真意,去粉饰，少做作，勿卖弄而已。

十一月十日。

（原载1933年12月15日《申报月刊》第2卷第12号，收于《鲁迅全集》第4卷）

【导读】

注意本文反话正说的主题表达技巧。作者先陈述反面的说法（表面的正说）——作文的秘诀是拟古和修辞上的蒙胧、难懂——实际上（内里）讽刺和否定了这些所谓的作文秘诀（反面说法），在文章的末尾才正面提出自己的主张和观点：作文的真正秘诀是"有真意，去粉饰，少做作，勿卖弄"。

第三章　材料的筛选、加工和组织

材料，是指被写作者用来提炼和表现写作主题、构成文章的主要内容的那些事实、现象、理论、言论、数据等。就写作来讲，材料是引发写作冲动的契机，是形成写作主题的依据；从写作的结果——文章的角度来讲，材料是文章的血肉，与主题（思想）、结构（形式）、语言（文字）一起，共同构成所谓的文章"四大要素"。

第一节　材料的类别与作用

材料的概念有广义和狭义之分。广义的材料泛指被作者搜集积累以备写作选用的一切原始资料，也被称为素材。狭义的材料则是指经过作者的选择和加工，已被使用到文章之中，成为文章的构成要素之一的那一部分素材。

写作的过程，就是一个不断摄取、理解、选择和加工材料，最终运用语言文字把加工的成果艺术性地表现出来的过程。"巧妇难为无米之炊"。没有足够的写作材料，作者就会感到捉襟见肘、无话可说，即使绞尽脑汁、挖空心思，也不知要写些什么，从哪里写起。只有那些有充分的材料积累的人，才可能有一个左右逢源、游刃有余的写作状态，也才可能写出上乘之作。

一、材料的类别

从形态上看，材料主要分为三大类，即事实性材料、虚构性材料和观念性材料。

事实性材料，是指客观存在的具体事物和现象，也包括文字载体所提供的具体事实，包括人物、事件、统计数据和历史记载等。事实性材料是实际发生过和存在过的事物。

虚构性材料，是指并非实际存在过或发生过的事物，如神话传说、科学幻想和编造的故事等。

观念性材料，是指被社会实践证明了的理论知识和方法，包括各种理论、观念、常识和法则等。譬如，名人名言、论断、定理、规律、公式，以及民间谚语、俗语等。观念性材料主要通过阅读和学习等途径获得，但这些材料很多时候还需要通过自己的亲身实践去验证。即使是名人说的、书上写的，也并非全部正确可信，有待于进一步验证和去伪存真。

二、材料的作用

古人强调写文章要源于生活体验，要凭借事实构思文章。可见材料作用之显著。在实用性文章中，科学的思想和正确的观点不是凭空产生的，而是从大量可靠的材料中分析和归纳出来的。在学术论文写作中，材料的意义也格外重要，如果不占有大量的丰富的材料，就无法科学选题，如果搜集材料掌握材料不够充分，不熟悉已有研究成果就擅自选题，就会导致重复选题、低水平研究的弊病。同样，文学作品的主题也不是天外之物，它也是建立于丰富多彩的生活素材基础上的。

材料的作用，具体有以下几点：

（1）材料触发写作意愿。作者往往是在某种偶然的机缘之下，受到某些材料的刺激而产生想法或情感，于是将其诉诸文字，写成文章。

（2）材料产生写作的主旨。文章的主题不是凭空虚造的，而是来自作者对写作材料的分析研究和感悟体会。

（3）材料表现主题思想。文章的主题思想，不论其具体形态表现为思想观念、知识信息还是情感意识，都需要通过材料传达出来。材料是文章思想的载体。

（4）材料充实文章内容。材料是一篇文章的物质基础。很多文章内容空洞，说服力或感染力不强，原因就在于缺乏足够的材料。

第二节　材料的获取与筛选

一、材料的获取和积累

材料是一切写作活动的基础，要使文章言之有物、言之成理，就必须有足够的准确翔实的材料来支持。一个人的写作素养往往与占有材料的多少有着密切的关系，要想写出好文章，首先要从积累材料做起。

材料的积累大致有两种情况：一种是平时点滴积累，一种是现用现搜集。平时积累，根据自己的兴趣和意向有意识地搜集相关材料，这样占有的材料就量多面广，可以为写作提供大量优质的资源。现用现搜集，有了明确的写作意图，有目的性地搜集相关材料，材料的利用率更高，但有时受制于各种因素的影响，材料的数量和质量可能得不到保障。在实际写作中，两种情况往往是并行不悖、交错发生的。

一般来说，获取和积累材料的途径主要有以下几种：

1. 观察感受

观察是对外界事物或现象的一种直接反映，是一种比较系统的、主动的、有意识的知觉活动。观察是认识世界的前提和基础，是获取第一手材料的主要途径。

人们常说，世界上并不缺少美，而是缺少发现美的眼睛。敏锐而细致的观察，是写作者必备的一种能力和习惯。观察不等同于无意识无目的的"看"。观察不仅是知觉的过程，也是思维活动的过程，思维能力的高下决定了观察质量的差异。婴儿和画家眼中的自然风景相差甚远，一个在长城上信手涂鸦的游客与考察长城历史遗迹的历史学家，他们的观察动机和结果也会迥然不同。

观察的同时，人们也在思考和感悟着自然和人生。观察是感受的前提，感受是在观察的基础上进行的，是观察的进一步深化和提升。观察所要反映的是客观之"物"，而感受所要表现的是主观之"情"。"世事洞明皆学问，人情练达即文章。"观察力和洞察力是相互渗透的。一个长于写作的人理应对外界的事物和现象有着敏锐的感知和反应。

2. 调查采访

调查报告、报告文学、新闻、公文这类实用性文章往往需要调查采访。对新闻写作来说,深入基层,对群众进行调查采访,是记者发现新闻和提炼新闻的一个重要渠道。调查采访对文学写作也同样是很有必要的。路遥为创作《平凡的世界》,不辞辛苦地奔波于西安、延安、榆林、铜川等地的乡镇、矿山、学校和集贸市场之间,熟悉生活和体验生活。他深入农村,与农民同吃同住同劳动,体验他们的苦与乐。他在矿区体验生活,和矿工们一起下到几百米的矿井里挖煤。他和普通矿工交上了朋友,借此了解他们的生活和情感。

3. 日常交流

家人闲聊、邻里会面、朋友谈心、参加聚会、出差旅游等等,都给人们提供了相互交流的机会。过去未来、天上人间、海内海外,事无巨细,无所不谈。这些多姿多彩的海量信息,很可能说者无意听者有心,不知什么时候自己随口所说的话就成为某些人写作的材料来源了。1936年,老舍在济南和朋友聊天的时候,友人谈到北京有个洋车夫,一辈子都想拉上自己的车,可三起三落,末了还是受穷。老舍听后笑着说:"这可以写一篇小说。"然后他用了半年多的时间,搜集材料,潜心揣摩,最终写出了一本"最使自己满意"的作品,这就是《骆驼祥子》。

4. 阅读思考

古人说:"读万卷书,行万里路。"走遍千山万水,领略自然与社会人生,扩大视野和加深阅历,在生活中不断汲取写作的源泉,这是非常重要的。另外,还要阅读古今中外一切有价值的书籍。阅读是求知的主要方式,对积累和获取材料有着重要影响。除了阅读书籍、报刊之外,还可以通过广播、电视、电影、互联网等媒体来获取材料。

5. 上网检索

互联网以其快速高效的特色和优势,使我们进入一个信息"大爆炸"的时代。上网检索可以在最短的时间内获取最大的信息量,大大提高了搜集材料的效率。上网检索所受时间空间的限制较少,人们在家中或图书馆就可以获取世界各地的相关材料。

二、选材的原则和要求

在写作过程中,选择材料这一环节十分关键。选择材料和驾驭材料的能力,直接关系到整个文章写作质量的优劣。朱光潜说:"在作文运思时,最重要而且最艰苦的工作不在搜寻材料，而在有了材料之后，将它们加以选择与安排，这就等于说，给它们一个完整有生命的形式。材料只是生糙的钢铁，选择与安排才显出艺术的锤炼刻画。"[①]

选材的基本原则和要求是：切题、真实、典型、新鲜。

1. 切题

选择材料的首要原则就是切合主题的要求，选择那些最能表现主题的材料。材料就是用来表现文章主旨的，必须围绕写作的主题选择材料。既然主题是文章的灵魂和统帅，那么，所有的材料都要由主题调遣和统领。选哪些材料入文，如何组织材料和聚合材料，都要由一篇文章所要表达的主题来决定。游离于主题之外的多余的材料，哪怕它本身再好，也一定要忍痛割爱坚决放弃。

一般来说，原始材料往往是芜杂的，具有多种含义。因此，在材料的诸多意义内涵中，要尽量发掘和使用其**基本义**、**主导义**。如果只是从材料的**次要含义**、**附属含义**的角度着眼，那么就很容易偏离主题，甚至于消解主题。例如，某国有企业的老总专程赴德国为其进修时的导师祝寿，该单位将此事写成一篇报道，赞扬老总尊师重教，尊重知识和人才，结果却引发职工们对该老总涉嫌"腐败"的猜疑。职工们认为老总出国的花费很可能是公款，即使老总自掏腰包，在正常工作时间里出国办私事，也是疏忽职守的表现。这样，一篇原本赞扬性的报道却适得其反，引发了很多负面效应。

2. 真实

所谓真实，包含"事实""可能""可接受"这三种情形。"事实"，是历史上确实发生过、存在过或现实生活中实有的。"可能"，即按照普遍的情理和逻辑，在现实生活中很有可能发生的（不一定实有）。"可接受"性质的材料，指既非事实又不可能的纯粹虚构和想象，但读者仍然愿意接受。

不同类型的文章，对材料的真实性的要求也不一样。总的来说，文学创作在选择和使用材料时比较自由，"事实""可能""可接受"这三种类型的材料都可以使用，但更偏向于"可能"与"可接受"的材料。因为有时现实生活中的事情反而显得偶然与不典型，不适合用于文学创作。文学作品追求**艺术的真实**而非生活的真实，不必要求真有其事。梁祝化蝶的故事不符合生活的真实，但却符合读者的愿望与期待，是读者们愿意接受的，是属于艺术的真实。公文、新闻、学术论文等实用文写作则强调**生活的真实**，容不得半点虚构和编造。文学文和实用

[①] 朱光潜：《选择与安排》，《谈文学》，桂林：广西师范大学出版社，2004年，第44页。

文之外的普通文，既可以选择事实性材料，又可以编造"可能"性材料。

3. 典型

鲁迅说："选材要严，开掘要深，不可将一点琐屑的没有意思的事故，便填成一篇。"（《关于小说题材的通信》）写作时，一定要选择那些最具本质意义、最有代表性、最有说服力的材料。这里所说的"典型"，包含本质化与普遍性两重含义。所谓**本质化**，就是选取最能反映事物本质、最能说明问题的材料。所谓**普遍性**，意即所选材料要有大量同类的案例，而不是极少数的案例或孤例，不是偶然性事件、个别化现象、特殊性现象。

我们可以用"**爱国主义**"为例来详加解释。爱国主义是人类普遍具有的一种无私奉献的美好情感，它是不讲条件的。按照我们中国的传统说法，叫作"天下兴亡，匹夫有责"。可见，只有兼具这种本质化（自觉、无私奉献）和普遍性特征的材料才是爱国主义的典型材料。按此，许多以屈原、岳飞、文天祥、郑成功、林则徐等著名历史人物为例来谈爱国主义的文章都不算太典型。屈原是楚国的王族和高官，他劝谏楚王的爱国行为既是他应尽的职责，也难免带有维护自己地位的本然性质。岳飞、文天祥、林则徐都是朝廷高官，其抗击外敌的行为也是一种职务行为。郑成功收复台湾的背景则是由于清朝即将统一全国，他无路可走，只好夺取台湾以作为存身的根据地。他们的爱国行为都与个人利益或职责脱不了干系，都不是"无私奉献"的最佳代表。更重要的是，作为历史名人，他们毕竟只是凤毛麟角的极少数，只是当时社会中的精英，不能代表当时的大众。

相较之下，**曹刿**、**弦高**这两个历史人物就更符合"爱国主义"典型的标准。春秋时代的曹刿本是一介布衣，可是当他的国家鲁国屡屡被敌国齐国打败，而国君、将相们束手无策的时候，他挺身而出，毛遂自荐，参赞军事，打退了敌军（见《左传·曹刿论战》）。当他出面时，其乡里人曾劝阻他说："肉食者谋之，又何间焉？"意即不在其位，不谋其事，何苦去冒险？但曹刿还是为国而出。春秋时代的郑国商人弦高也是一例典型。当时，秦军试图偷袭郑国，结果在行军途中被弦高察觉。弦高一面派人向郑国国君送讯，一面送12头牛到秦军营中，谎称是郑国国君派来犒劳秦军的。这让秦军以为郑国人已有防备，只好放弃偷袭打算（见《左传·殽之战》）。这个商人是见义忘利，牺牲自己的财物，冒着被识破和杀头的风险去敌军阵营，这是真正的自觉奉献的爱国者。显然，曹刿与弦高的例子既符合"爱国"的本质化要求，又合乎普遍性（普通人的代表）要求，是用来说明中华民族的爱国主义传统的最典型的材料。

可见，选择典型材料并不一定要选择已广为人知的知名案例，因为知名的往往少见，并不具有普遍性。而平凡小事往往因其到处都是而典型。我们要善于发现、运用生活中到处都有的那些材料。

4. 新鲜

如果一篇文章所选用的材料陈旧乏味，缺少鲜活的生命力，即使主题正确也很难吸引读者和感染读者。如果选用那些别人没有用过的或很少用的新鲜材料，文章才能使读者耳目一新。新鲜的材料，包括**新发现**或**少为人知**的材料，例如新的考古发现、新发现的文献资料、旧事钩沉等。

第三节 材料的加工与编织

原始材料是芜杂的、零散的，缺乏逻辑与条理，难以避免意义含混、矛盾之处。作者不可能把预先准备好的材料完全照搬到文章中，必须按照主题的需要和艺术效果的需要对材料进行整理加工。材料具有多义性和可塑性的特点，经过加工和处理，同样一则材料也可能反映完全不同的主题思想，呈现出迥然有异的艺术个性和审美追求。

而经过整理和加工的材料，还需要精心地编织进文章中去。材料的编织，也即材料的组织、编排，包括材料的文字表述、材料在文章中的次序安排、详略处理等，以及对材料本身的说明和解释，对材料与主题的逻辑关系的说明与交代，等等。

一、材料的加工

材料的加工主要包括以下几个方面：

1. 综合

是指将原本零碎但性质相同的材料整合在一起，以形成更饱满、更典型的材料。苏联作家高尔基说："假如一个作家能从二十个到五十个，以至从几百个小店铺老板、官吏、工人中每个人的身上，把他们最有代表性的阶级特点、习惯、嗜好、姿势、信仰和谈吐等等抽取出来，再把它们综合在一个小店铺老板、官吏、工人的身上，那么这个作家就能用这种手法创造出'典型'来——而这才是艺术。"（高尔基《谈谈我怎样学习写作》）鲁迅也曾说过，他在塑造人物时往往采取"杂取种种人，合成一个"[①]的办法，往往一个人物形象身上就汇集了好几个模特儿的素材："往往嘴在浙江，脸在北京，衣服在山西，是一个拼凑起来

---

① 鲁迅：《〈出关〉的关》，《鲁迅全集》第6卷，第538页。

的角色。"①鲁迅小说《祝福》中的祥林嫂形象即取自五个生活原型。

2. 概括

概括是指用精炼、简洁的语言归纳原材料的主要内容。公文等应用文中对于情况的综述，议论文中作为论据的材料，说明文中用作举例说明的材料，一般都要求简明扼要，不可像小说、剧本、散文等记叙性、描写性文体那样细细铺排，详尽描写，因此必须对材料进行概括与浓缩，否则文章就会因烦冗的材料而喧宾夺主，影响论证与说明的效果。孟子的论文《生于忧患，死于安乐》，为了证明逆境、困境能成就人才这个观点，一下子举了六个例子："舜发于畎亩之中，傅说举于版筑之间，胶鬲举于鱼盐之中，管夷吾举于士，孙叔敖举于海，百里奚举于市。"这六个著名的历史人物，每个人的发迹史、成功史都有很多内容可说，但这里是议论而不是叙事，他们的事情只是作为例证，提到即可，所以孟子用高度概括的几个字来介绍他们的命运变化，而略去了所有相关的细节和过程。

3. 剪裁

清代戏剧理论家李渔在《闲情偶寄》中说："编戏有如缝衣，其初则以完全者剪碎，其后又以剪碎者凑成。剪碎易，凑成难，凑成之工，全在针线紧密。"这里所谓的"剪碎"就是剪裁，"凑成"则是综合的手法。不但戏剧写作如此，其他写作也同样有一个剪裁缝纫的过程。一个优秀的作者就像一个高明的裁缝，要根据不同主题和构思的需要，细心地"量体裁衣"。

鲁迅在《我怎么做起小说来》中说："所写的事迹，大抵有一点见过或听到过的缘由，但决不全用这事实，只是取其一端，加以改造，或生发开去，到足以几乎完全发表我的意思为止。"②不"全用"而是"取其一端"，这就是剪裁。

果戈理写小说《外套》的灵感源于他听到的一个生活事件：一个穷苦的小官吏，酷爱打猎。他节衣缩食，终于买到一支心爱的猎枪。可是，他第一次乘船外出打猎，不慎猎枪落入水中。他非常心疼自己的猎枪，回家便一病不起。后来幸亏同事们凑钱买了一支猎枪送给他，才救了他一命。果戈理把它写进小说时并没有完全照搬这个材料，而是把"奢侈品"猎枪换成了生活必需品"外套"，把猎枪落入水中改成了外套被抢劫，将小官吏的结局改为悲剧性的命运，从而使整个故事更有思想意义和震撼人心的艺术力量。

---

① 鲁迅：《我怎么做起小说来》，《鲁迅全集》第4卷，第527页。

② 同上。

4. 嫁接

又称移植，就是把发生在别的人身上，或是发生在别的时空背景里的材料借用过来。比如，历史上诸葛亮根本就没干过"草船借箭""空城计"这样的事，草船借箭的是孙权一方。但是为了突出诸葛亮的智慧，罗贯中写《三国演义》就把别人的事迹移植过来安在诸葛亮身上。又如，范仲淹一生从未踏足洞庭湖，但他却写出了著名的《岳阳楼记》，原来他是将自己对鄱阳湖的观察印象移用过来写洞庭湖的风光了。

5. 添枝加叶

或称添油加醋。记叙文体与描写文体（如小说、散文、剧本等）需要的往往是细节性的和生动形象的材料，为了使人物形象生动丰满，故事情节曲折生动，往往就需要将原本简单、粗略的原始素材加以扩充，添枝加叶，添油加醋，补充一些细节或增加一些原本没有的内容。比如历史题材的小说或剧本，所依据的历史文献记载非常有限，不足以支撑长篇创作的需要，因此就要在原始历史记载的基础上做很多添油加醋、添枝加叶的工作。

二、材料的组织与编排

材料的组织、编排主要包括以下几个方面：

1. 材料的表述

根据不同的场合，可以用多种方法，多副笔墨来引入和介绍材料。比如对于观念性材料，可以用节录式，也可以用全引式，还可以用转述式用法；对于事实性材料中的事件、故事，可以用庄重的笔调，也可以用轻松活泼的笔法来叙述和介绍；对于数据性资料的介绍，可以用图表、表格之类的说明方式，也可以用文字的叙述。

2. 次序和穿插

如何合理地组接材料，将其有机地整合进文章中去，这是一项比较复杂的问题，这既体现作者缜密的思考，也反映作者独特的创造能力。好的文章是一个有生命的整体，往往牵一发而动全身，因此要求作者有较理想的统筹和协调能力，按照系统性、整体性原则和材料本身的性质与特点来编排材料。

尽管不同体裁和风格的文章对材料的次序安排有不同层面的要求，但是总的来说，都必须考虑事物本身发展的规律以及读者认识事物的内在逻辑。比如写议论文，是先亮明观点然后再举例论证，还是先叙述事件与现象，然后从其分析中得出观点，这是两种很不相同的写法。前者显得高屋建瓴，但也容易主观化。后者就事论事，实在可靠，更具说服力。有时候，一篇文章要用到几个材料，可以将最精彩、最具新鲜感的材料放在文章的开头来吸引读者，这是先声夺人；有时却将最重要、最精彩的材料放在文章的后半部分，这是渐入佳境式的写法。

3. 详略处理

写文章有如画一幅水墨画，不能平均使用笔墨，要讲究浓淡虚实。材料的详略处理体现了作者剪裁材料的素质和能力。如果材料的简繁、轻重与疏密关系安排得当，那么，一方面有利于充分地反映文章的主题思想和写作意图，另一方面也有利于表现独特的结构艺术和写作旨趣，使文章更富有节奏感和韵律美。

一篇文章中若用到多则材料，要注意分别轻重和主次，不要平均用力，而是对重要的材料多花笔墨去介绍、分析和解释，对于不重要的材料一笔带过即可。有时候，一篇长文章（如论文）可能要反复使用同一则材料，但每次的使用角度或侧重点又是不一样的，那么，每次介绍和引入这则材料时就要紧扣语境和角度，有侧重和趋避地、精炼地进行介绍，力避前后使用重复和啰唆。

4. 释义和说明

释义，是指在使用材料时，不是机械地照抄照搬，而是解释性、分析性、评说性地引用。这有助于读者对某些背景、内涵上较复杂的材料的理解，也有助于主旨的说明，防止材料和观点两张皮。比如议论文中论点和材料之间的联系往往并不是一目了然的，这就需要对材料加以说明和解释，以显示二者间的逻辑联系。

有时候，我们使用的是古代文献记载的材料，这些古代文献中有一些今天的人已经不认识的字，不知道的名词，不懂的典故，那作者引用这则材料的同时就要加以解释和说明。有时候，我们引用了外国的材料，其中有些外国人名、地名、物名、历史背景等，中国读者并不知道，作者也要加以说明和解释。有时候，我们使用了一些数据，也应该交代这些数据的来源或统计方法等等，有时还要分析所引用数据的可靠性。

思维与写作训练

一、思考题

（一）有个记者想写一篇关于"城市难题"的通讯，下面这些材料是这个记者调查采访所得，看哪些适合写进文章中，哪些需要舍弃。

1. 农贸市场涨价，买菜的人怨声载道
2. 年轻人不理解父母，有代沟
3. 很多人家三代同堂，只因住房困难
4. 候车难，道路拥挤，市民上班迟到
5. 中小学生学习压力很大

（二）课堂上，老师让入学不久的大学生谈谈对大学生活的主要感受。下面是学生谈及的各个方面，比较一下，看看哪些更有**典型性**，哪些不够典型。

1. 大学的食堂很美味
2. 大学的图书馆令人惊喜
3. 大学生的学习更自由，也更依赖自律性
4. 大学生追名牌，是校园贷的受害者

二、写作题

下面这则公文是某国有企业向政府主管部门递交的请示，它属于没有具体材料支撑的内容空洞的公文，不合要求。请进行补充与修改（**合理设想**和补充**事实材料**，补充的文字不少于600字）：

关于建宿舍楼的请示

市房管局：

  我公司下属的单位多、职工多，老职工更多。过去因无资金从未建过一间职工宿舍。职工的住房非常困难，再不解决就会影响职工的工作积极性。现在公司经过改革，企业有了活力。自去年来，除上缴国家利税外，还有一些盈余。我们准备用这笔钱，自筹地皮，建一栋三门六层的职工宿舍楼。这样既解决了职工的住宅问题，又可以安定职工情绪，激发其工作积极性，促进我公司的各项工作。

  以上请示，恳请批准。

××公司
2001年6月5日

范文和导读

耍货
周作人

《湖雅》卷九"器用之属"中有这一节：

> 摩侯罗，按即泥孩儿，俗称"泥菩萨"，以毗山泥造人物形，儿嬉所用。有泥猫，置蚕筐中，以辟鼠，曰"蚕猫"。又以五色粉造人物形，曰"粉作"；熬蔗糖和以麦面，就木范中浇成人物形，曰"糖作"，亦呼"糖菩萨"，亦呼"糖人"；熬青糖，就木范中吹成人物形，曰"吹糖"，皆以供儿嬉。酒筵看席或用粉作糖作盛碟，以配粘果。凡小儿戏具，皆以木以锡以纸以泥造成，形式名目甚多，统名耍货。

又查《通俗编》卷三十一"俳优"类有"泥孩儿"一则，今录于下：

> 《老学庵笔记》：鄜州田玘作泥孩儿名天下，一对直至十缣，一床直至三十千。一床者，或五或七也。许棐有咏泥孩儿诗。
> 《方舆胜览》：平江府土人工于泥塑，所造摩侯罗尤为精巧。
> 《白獭髓》：游春黄胖起于金门，地有杏花园，游人取其黄土戏为人形，谓之溯上土宜。
> 按，摩侯罗，游春黄胖，俱泥孩之别称也。又《广异记》载韦训卢赞善事，有帛新妇子磁新妇子，乃即今所谓"美人儿"，而肖婴孩者亦往往剪帛烧磁不一。

范寅著《越谚》（1882），收录方言颇为详备，我以为定有好些耍货的名称，岂知检阅一过，却没有什么，殊出意外。孙锦标的《通俗常言疏证》（1925）虽最近出，但专以古证今，所以也只寥寥几条，不足称引。中国对于儿童及其生活可以说是很是冷淡了。《潜夫论》云，"或作泥车瓦狗诸戏弄之具，以巧诈小儿，皆无益也，"这或者可以代表中国成人们的玩具观罢。

我读了《湖雅》的文章，却引起了好些回忆，虽然我童年的回忆是那么暗淡而且也很有点模胡（糊）了。因为这"耍货"二字很是面善，——是的，这是在从市门阁至青黛桥（据说本字是清道桥，但我是照音写的）的一条街，即所谓鹅项街的中间，有几爿店，在他的招牌或墙上写着这两个字曰"耍货"。卖的是些什么东西呢？也无非是竹木制的全副兵器，纸糊面具，不倒翁称"勃勃倒"，染色的木盘杯碗酒坛，泥青蛙，或老虎及鸭，大抵背上有孔可吹，或是底板的桑皮纸夹层中置叫子，按起来会吱吱地叫。此外自然有"烂泥菩萨"，无论他是状元，老嫚（Laumoen，堕民中之妇女），或"一团和气"，都平等地陈列在架上，但我们喜欢它却别有缘因，并不是它好看，只因为可以从他们的泥背上刮"瘊药"，装在小瓶子里开药铺。全个耍货店的货色，一总不值三五块钱，但是，吓！这店面着实威严，近看远看，已尽够我们的欣美了。倘若这是正月的前三天，再往东走去，可以在从轩亭口（这是丁字街，即秋瑾女士被害的地方）至大善寺的路上发现一两摊做火漆货的。我还记得，青蛙六文，金鱼八文，三脚蟾十二文，果品大约是四文均一罢，至于摸鱼的老渔翁，白须赤背，则要二十四文，要占去我普通所有的压岁钱四分之一，不敢轻易问鼎了。这些火漆货最易融化，譬如一颗杨梅你搁得久一点，一面就平了，再也看不出用鹅毛管印出的圆点，所以须得每天检点，放在冷水里洗个浴才好，可是这也不很容易，因为有时略略多浸，里面的芦干被浸涨了，三脚蟾之类的背上往往生出裂纹。不过这总还可以玩上几天，糖人面人则只能保存一天左右，而且没有补救的方法。糖人还可以吃了，如不嫌那吹糖人的时常用唾沫去润指尖，面人则唯一的去路便是泔水缸，浸软了一并喂鸡，抛到垃圾堆上去是不可的，因为太"罪过人"了。比较起来最有意思的要算是糖菩萨。这实在是用糖"铸"成的各种物事，有鸡，有马，有鳖鱼，有桥亭，有财神，弥勒佛称"哈啦菩萨"等等，而买时以斤论，每斤不过二百文罢，倘若你到大路口的糖色店里去。一斤，大的可以有三四"尊"，小的则二三十个不等，实在便宜极了。只要隔几天一晒，——而且愈晒愈白，——可以保存到上坟时候，不幸而打碎一个，那就可以分吃，味道与"巧糖"一样。《湖雅》说"用糖作盛碟"，这便是巧糖，有红黄白三色，状如贝壳而平面。但是小儿们所喜欢的还有杂色"棋糖"，这不但因为好吃，好玩，实在还是因为杂得有趣，正如茶食里边的百子糕以及"梅什儿"（即"杂拌"）一样。

关于范寅，我在民国四年的笔记里曾记有一则，题曰《范啸风》：

范寅字啸风，别号扁舟子，前清副榜，居会稽皇甫庄，与外祖家邻。儿时往游，闻其集童谣，召邻右小儿，令竞歌唱，酬以果饵，盖时正编《越谚》也。尝以己意造一船，仿水车法，以轮进舟，试之本二橹可行，今须六七壮夫足踏方可，乃废去不用，余后登其舟，则已去轮机仍用篙橹矣。晚年老废，辄坐灶下为家人烧火，乞糕饼炒豆为酬。盖畸人也。《越谚》虽仍有遗漏，用字亦未尽恰当，但搜录方言，不避粗俗，实空前之作，亦难能而可贵。往岁章太炎先生著《新方言》，蔡谷清君以一部进之，颇有所采取。《越谚》中收童谣可五十章，重要者大旨已具，且信口记述，不加改饰，至为有识,贤于吕氏之《演小儿语》远矣。

但是《越谚》出板[①]于光绪壬午(1882),其时我尚未出世,至十岁左右,我听见他的轶事,已在出板十二三年后了,所以上文云"正编《越谚》"不确,盖谈者系述往事,误记为当时的事情也。十五年八月二十七日,于北京苦雨斋。

(原载1926年9月《语丝》第95期,收入周作人《自己的园地》,上海北新书局,1927年,第273—278页)

【导读】
这篇《耍货》,介绍越地(浙江)旧时的各色儿童玩具,极富知识性和趣味性。文章的突出特点是引用资料十分丰富。是周作人所谓的"文抄公体"散文小品的代表作。这种散文注重资料性,但不是简单地堆砌资料,而是将丰富的资料融于一种意趣或观点、见识之中,而且文字的缝合与流转能力也很重要。

---

① 今作"出版"。

第四章　思路与结构的安排

写作者在确立了写作的主题和选定了材料后，就解决了"写什么"的内容问题，接下来就是考虑"怎么写"的问题，其中最重要的就是谋篇布局的考虑，或者说，是要解决一个"言之有序"的问题。

谋篇布局，既表现于行文之前的构思阶段，也表现为行文之后的文章样式与架构。文章写成之后呈现出来的外形特点就是我们通常所说的"文章结构"，大体包括标题（全文标题和章节标题）、章节与层次、段落、开头、结尾等部分。这些文章的结构部分也显示出一些方法和技巧，像开头设置悬念、首尾照应等。这些文章的结构部分与相应形式技巧属于"外结构"；此外还有"内结构"，即作者行文的思路、行文所显示的脉络和逻辑走向，等等。无论是"内结构"还是"外结构"，通常都是在构思阶段来谋划和酝酿，构思阶段如能做到"胸有成竹"，对于文章的篇章布局、行文脉络了然于心，那么在行文时就可以有所遵循，一气呵成，大大提升写作的效率。

第一节　思路与结构的关系

通常来说，文章的结构样式在构思阶段就已大体注定，是谓"格局初定"，行文和修改阶段只是略作调整和完善罢了。在构思阶段，列提纲往往是谋划文章结构和布局的一个重要步骤，应该认真对待这一步骤，舍得花时间于写作提纲的设计和修改完善。在谈论文章的结构安排之前，我们先理清"构思""思路"与"结构"这几个相关的概念。

所谓**"构思"**，是指写作主体从萌发写作动机开始到文章基本样态在大脑中形成为止的一系列思维活动。构思活动，包括对文章主题的提炼和设计、材料的选取和加工、谋篇布局和遣词造句的风格的考虑等，也常常包括对行文中某些重要细节问题（如关键词句的使用）的考虑。在构思阶段的谋篇布局工作，要解决的是结构安排方面的一些主要问题,如层次安排、如何开头、如何结尾等。而像段落设置、过渡、照应的技巧等,通常是在表达阶段处理的。当然,构思阶段对结构所做的一些安排——这些安排无论是精细的,还是大致的——到了表达(行文)阶段,都还要做一些具体的调整,不能机械地不顾行文实际地硬照构思阶段的谋划来实施。

"**思路**",就是作者的思维走向和行文的脉络,也是语言文字表达的根据。叶圣陶在《认真学习语文》中特别强调:"思想是有一条路的,一句一句,一段一段,都是有路的,好文章的作者是决不乱走的。"有了明确的思路,也就把所要表达的基本内容及其基本次序确定下来了。思而有路,这是一个连贯的有条理的思维过程,是作者认识客观事物由表及里、由此及彼、由浅入深的过程。从文章结构安排的角度看,文章的层次(章节)安排,层次或章节之间的关系建构(平行/递进/总分),最能反映思维的路径和走向。可以说,<u>作者的思路决定了文章展开的大体模式</u>,比如提出问题——分析问题——解决问题的思路就会导致议论文的三段式层次结构,比如开端——发展——高潮——结局的情节思维会导致叙述文的顺叙式写法,比如由果溯因的思路会导致侦探小说或悬疑式作品的倒叙式结构,比如由远及近、由外到内、由整体到细部的观察过程会形成相应的说明文、描写文的写作思路,等等。思路确定了文章思想内容的大致走向和基本次序,从整体上奠定了文章结构的基础。接下来的结构安排就是在这一基础上来做一些更细致和具体的工作,比如如何开头,如何结尾,怎样过渡,怎样照应,材料的配置位置……所以,文章的篇章结构是否清晰合理,首先是由思路是否清晰和严谨所决定的。

"**结构**"一词,原是建筑学中的术语,后来借用到文章写作中,指文章各部分按一定的组合关系联结而成的序列形式。结构还可以称之为组织、布局、章法、格局、文序。结构通常具有直观可见的物质外形,即章节、层次、段落、开头、结尾等,它们把作者在构思阶段关于谋篇布局的一些思考具体化了。结构安排,不纯粹是技术问题,它实质上是作者认识和反映客观事物的思想方法问题,是作者的思想认识在写作方法上的反映,是作者思路的体现。

从构思阶段的谋篇布局到思路的形成和结构的雏形渐具,再到行文阶段的思路体现与结构形式呈现,再到修改完善阶段的微调,是一脉相承的。构思,是贯通思路;行文,是展现思路;思路,则是结构形成的基础。全部的文章表达则是思路的一种物化形式。

第二节　思路的控制：提纲、线索、焦点

在从构思到行文的过程中都有一个思路的控制问题。思路的控制，在构思阶段可以通过打腹稿或列提纲来进行，在行文（表达）阶段则可以通过设置叙述的线索、描写的焦点、抒情的对象等具体手法来实施。这些思路的控制办法通常也会体现于成文后的文章结构形式上。

一、打腹稿、拟提纲

凡事预则立，不预则难立。在构思阶段如果没有耐心地谋划篇章布局问题，没有相应的打腹稿或拟提纲的良好习惯，往往会导致行文阶段事倍而功半，甚至出现很明显的差错与弊病。伟大作家鲁迅，他即使写三五百字的短文，也不是摊开纸就动笔。书房中那张躺椅是他运思的好所在；饭前、饭后的休息，是他一言不发，在躺椅上对所要写的文章起腹稿的时候。

千字以内的短小文章，比较容易驾驭，可以只在头脑中打腹稿，而不用形成文字的写作提纲。至于几千字甚至更长的文章，则内容比较庞杂，要考虑的内容很多，打腹稿已不够，而是要拟出文字提纲，并且花时间修改完善，之后才能进入行文阶段。

提纲是构思的成果和外显，又是行文的依据。拟提纲的好处有：

1. 拟提纲的过程就是对谋篇布局的进一步条理化、清晰化的过程。提纲可以直观、一目了然地反映文章的思路与结构，因此通过提纲可以检验思路是否严密、完善，必要的时候可以通过修改提纲来对写作的思路进行调整与完善。

2. 拟提纲可以防止行文中出现偏差，如跑题、主次不分、次序不清等。

3. 打腹稿、拟提纲还可以节省时间，提高写作效率。在限时作文的情况下，比如考试作文、课堂作文这样的场合，是没有时间打草稿的。拟个提纲，就可以免掉起草这一环节，既可节省时间，又不致出错。有了提纲，顶多只需要在草稿上起草一个开头，开头写顺了，找到了感觉就打住，然后直接在试卷上正式作文了。

因此，应该养成写作之前先拟提纲的良好习惯，应该把拟提纲当作行文之前的一个必需步骤。陶铸说过："目的确定以后，最好先拟定简单提纲。写稿提纲和发言提纲的作用一样，是为了文章有组织。按提纲写稿子，有许多好处：第一，可以帮助你组织材料；第二，可以使你想问题更周到；第三，免得一面写一面想，写时吃力不讨好，又可避免遗漏。"（陶铸《关于连队思想工作》）当代

作家李英儒在创作长篇小说《野火春风斗古城》时，因为事前没有写创作提纲，后来遗憾不已：

> 这是因为我写作之前，没有比较完整的写作提纲，脑子里闪耀了一些人，回忆和想象了几件事，就率尔操觚地匆忙动笔了。结果有人被"大材小用"了，有些重要事又遗漏了，等到一锅粥熬熟的时候，虽不适口也不好再加水米。看来要写长篇作品，不能过于草率，应有成熟的创作准备，充分的想象构思，最好有详细的写作提纲，起码也要有个通观全局的故事梗概。①

拟提纲的目的主要就是要解决文章的层次安排问题，使写作者对全文的总体布局成竹在胸，这样再去进行各个局部的精雕细刻，就不会出现顾此失彼的混乱局面。提纲的拟制过程，也就是整理思路，完善构思的过程。而且提纲的拟定也不是一次完成的，而是需要反复修改、不断补充才能确定的。提纲写出来后要反复考虑与修改。主要考虑次序是否得当、层次有否重叠、交叉，材料与主题的逻辑关系是否清楚。如果不是限时作文，时间允许，还应该请别人帮忙看看提纲，毕竟"旁观者清"嘛！

拟提纲有很多种方式，可以拟详细的，也可以拟简略的，视自己的写作需要而定。一般来说，提纲中应该包括以下主要内容：行文的线索与顺序，材料使用的处所，情节或内容的主次安排，关键的细节，等等。

提纲的样式主要有两种：一种是叙述性文章常用的**故事梗概**或**情节提要**式，比如写长篇小说、戏剧（含影视剧）剧本等时，常常要在正式行文前把每一章或每一幕、每一集的主要情节都设计出来，并且斟酌修改，最后确定下来。另一种是适用于说理性文章（如调查报告、论文、说明文）的**逻辑式提纲**，即用简洁的关键词或标题式句子来标明各章节、层次、段落的写作主题或主要内容。逻辑式提纲一般要细化和深化到第三级，即章—节—点，这样才能层层深入地讲清楚一个问题。为了直观和简洁，可以用序码来拟提纲，按层级来标示：第一级是一、二、三、四等序码；第二级是（一）（二）（三）（四）等；第三级是1、2、3、4等；第四级是（1）（2）（3）（4）等。以下还可以有"第一""第二""第三"等。

例如，《GDP与经济发展的正途》一文的写作提纲（主体部分）：

一、中国经济"增长主义"形成的动因

---

① 李英儒：《序》，《野火春风斗古城》，北京：人民文学出版社，2005年，"序言"第4页。

（一）解决贫困者的温饱问题
（二）证明官员的政绩
（三）推动者和参与者从中获利
二、中国经济"增长主义"导致的后果
（一）资源被透支消耗
（二）环境被大范围严重破坏
（三）员工超负荷运转致其幸福指数下降
三、让中国经济回归经济发展的正途
（一）GDP是手段不是目的
（二）企业成为增长的主角
（三）依靠制度变革、结构优化和要素升级

二、线索、焦点的设置

在复杂的叙事文、描写文的写作中，为了控制思路，便于行文，还常常需要设置叙述的线索或叙述、描写的焦点。

线索即贯穿全文的情节发展或思想情感发展演变的链条。线索分单线、复线几种。有两条及以上的情节线索的叫复线，其中又可分**主副线**、**平行线**、**交叉线**、**明暗线**等几种形式。如鲁迅的小说《药》中有明线（华家故事）和暗线（夏家故事），《三国演义》中蜀国故事是主线，魏国、吴国故事是副线。这些线索，有时各自独立演进，有时又会发生交叉与融合，共同推进故事情节的发展。

在叙述文、描写文中又常常通过设置叙述、描写的焦点对象（人或物）来控制行文脉络。比如电视连续剧和长篇小说中，人物众多，事件纷杂，但作品（剧本）常常在宕开去叙述其他人物的故事之后又时时回归到主人公（主角）的故事，始终不忘以主人公为叙述、描写的焦点或中心。

第三节　结构的安排原则和要点

文章结构安排的优劣，直接影响到表达效果。好的结构，会使主题鲜明突出，内容层次清楚，衔接自然，前后照应得当，整篇文章显得集中、完整、统一、和谐，从而增强它的表现力和感染力。如果不讲究结构，杂乱无章，即使主题再好,材料再新颖生动,也很难表达清楚与吸引读者。

一、结构安排的原则

文章的结构安排,既要遵循文体的要求、事理的逻辑和读者的习惯等,有时候又不能拘泥于成规和惯例,而是要有写作者个人的创新和变化。各式各样的文章,大体都有一定的规则、惯例和模式。这些规则或惯例、模式主要表现在:

1. 要正确反映客观事物的发展规律和内外联系

文章是现实生活和客观事物的反映。现实生活和客观事物不管多么曲折复杂、变化多端,都有着自身的内在联系和内在规律。例如,拿一件事来说吧,它总有一个发生、发展到结束的过程。拿一个问题(矛盾的现象或情况)来说吧,它总有其内部的矛盾和外部的联系,有它的成因、现状和影响。文章要正确地反映现实生活、客观事物,就不能忽视事物本身的发展规律和内在联系,就要依据事物的发展规律和内在联系安排结构。比如,说明介绍一座建筑物,就应该按先远观后近观,先整体后局部,先外部后内部的观察顺序来说明介绍;写一篇书评或读后感,就要先大致介绍书的出版信息、主要内容,再谈自己的感受、印象或评价。

2. 要服从主题表达的需要

文章结构安排的根本目的在于更好地表达主题。因此,层次的安排、段落的划分、开头结尾的设计等等,都要服从表达主题的需要。这样文章才会严谨统一,条理井然,才能完满地体现作者的写作意图。如《水浒传》,为了表达"替天行道""造反有理"这个主题或价值立场,作者就设计了一个神话式的开头——第一回《张天师祈禳瘟疫 洪太尉误走妖魔》。梁山好汉原来是天上的天罡地煞星下凡,是替天行道的,他们的造反是合法的、正义的,代表天命。小说又为了表达"官逼民反"这个主题而在描写梁山英雄之前先讲述高俅的发迹史。高俅是逼反梁山众英雄的贪官的代表,贪官们作恶在先,英雄们造反在后,所以先叙高俅。

3. 要适应不同文体的特点

文章的体裁多种多样,不同体裁的文章由于反映生活的角度、容量和表现形式不同,因而结构安排的方法也不同。结构安排对于体裁,有着依从性,两者关系密切。可以说,有什么样的体裁,就有什么样的与之相适应的结构布局。

一般来说，**应用文的文体格式比较固定**，通常都由法律、法规来规定怎样写（比如公文、文书），或是由书写历史和惯例相沿成习、约定俗成（比如学术论文、书信）。应用文体的结构往往是模式化与套路式的。具体举例来说，新闻文体中的"消息"，其结构形式通常表现为导语、主体（穿插背景）、结语几个部分，其中导语是非常重要的，要在一个自然段（重大消息可有多个自然段的导语，甚至把导语单独提出来放在标题之下文头之前，以示重要）中简明扼要地交代消息的五要素（五个W）。学术论文通常由内容摘要、关键词、导言（或绪言、引言、导论、引论）、主体部分、结语部分、参考文献等内容组成。

至于普通文和文学文，其结构安排则比较自由，没有法律法规的规范，也较少惯例或习俗的要求，可以由写作者自主设计和确定。普通文和文学文的结构是"大体须有，定体则无"。一般来说，叙述文（比如小说）比较常用时间结构模式，即以时间演变为线索来安排叙述的次序，当然，也可以倒叙、插叙、补叙，但仍然体现出明显的时间演变逻辑。说明文，有的采用空间转移的空间结构模式（如《故宫鸟瞰》之类地理、景观类的说明文），有的采用时间结构模式（如《人类的起源》《文字的历史》《景泰蓝的制作》之类说明文），有的采用事理逻辑结构（如商品说明书）。诗歌的结构形态则是分行分节，诗节、诗行之间可以是蒙太奇（时空交错的画面或场景的拼贴与组合）式的组接关系，也可以是事理逻辑式的关系。戏剧的结构形态是分幕分场。电影电视的结构形态是以"蒙太奇"组接画面，跳动自如，不受时空制约。

对于普通文和文学文，在"大体须有"的前提下，讲究"变体"，要求不能过分地拘泥于某一模式，以免成了"新八股"。章学诚说："文成法立，未尝有定格也。"（《文史通义·古文十弊》）写作是一种创造性的精神劳动，一篇文章从内容到形式，都应有特色，有个性。我们反对内容和形式上陈陈相因，落前人窠臼。而应该"以意运法"，标新立异，使每篇文章的结构形态，都有自己的特色。

4. 要适应读者的阅读习惯和审美趣味

通常，<u>叙述性文章，比如消息、小说、剧本，作者的行文节奏和读者的阅读节奏都很快，所以常常用短小的段落和句子</u>。尤其是新闻报道类文章，更是要用短小的句子和段落来编组，以适应读者快速浏览、一目十行的阅读习惯，方便读者轻松阅读，快速扫描到信息点。至于描写性、说明性、说理性的文章，则常常用较长的句子（如从句和复句）和段落，以体现描写的细腻性和具体形象性要求，体现说明的精确性，体现说理的逻辑严密性和推理论证的起承转合过程。在学术论文中，有的自然段长到上千字。人们读描写性、说明性、说理性文章时常常速度较慢，读得比较细致，不会是跳跃式浏览。

又比如**诗歌**，讲求句与节的均齐，句子具有节奏感甚至音韵感，绝对不同于散体文章那种散漫的句式和段落结构。所以诗歌一般讲求"诗形"之美，分节分行大体匀称，诗行建构上也比较精短，只有这样，读者才会觉得像诗。

二、结构的要点

1. 标题

这里所说的标题既包括全文的标题，也包括各章节的小标题。标题是文章的有机构成部分，好的标题能够引起读者阅读的强烈愿望，能够提示文章的核心内容或中心思想。人们常说"**题好一半文**"，其含义有两个方面，其一是说行文之前应该设想好标题，标题拟好了，文章就成功了一半，因为标题规定着文章的主要内容，标题提纲挈领，指引着行文的方向和重点；其二，是说标题的价值要占到一篇文章分值的一半。标题如此重要，自然要求我们在写作构思阶段认真设计，舍得在标题设计上花时间和脑力。

标题设计的一般要求是：

一是要**贴切**，能概括文章大意。实用文章、文书，比如公文、论文、新闻之类，标题必须具体实在，不能含糊、抽象或是空泛、笼统，比如公文和论文的标题，常常是"关于……（事项）的……（文种）"之类，有非常具体的限定和说明。普通文、文学文的标题可以抽象些、含蓄些，可以用比喻、象征、借代等等修辞手法，但这些修辞也必须在喻义上能贴近作品的思想主题和故事内容，比如《子夜》《药》《雷雨》这些比喻、象征式标题都与作品的内容和主题有直接的对应性。

二是要**简洁**，尽可能地做到言简意赅、言短意深，用字越少越精炼越好，不应该出现任何一个多余的字词或者没有什么表现力的字词，如《祝福》《药》等文学标题，往往只是一个字，一个词，精炼无比。

三是要**吸引人**，能够让读者看到标题就产生强烈的阅读欲望而不是相反。对于文学文，标题可以力求新颖别致、形象生动，如《子夜》《雷雨》《围城》等，对于实用文则不能像文学文那样追求华丽、新奇之类，而是要通过巧妙选择关键词等，以信息本身的吸引力来吸引读者。

2. 开头与结尾

开头，即"起笔"，是指从哪里下笔，从什么问题写起，以及文字表述的风格。这是全篇文章写作的第一步，至关重要。开头开得好，写得顺，就为后面的行文打好了基础。俄国作家高尔基说："开头第一句是最困难的，好像在音乐里定调一样，往往要费很长时间才找到它。"（高尔基《论创作》）可见，对于如何开头，应该多加思量和尝试。

开头并不只是个第一句话如何落笔的问题，它其实关系的是选什么作为切入口，确定什么语气做全文的调子，把哪里作为关键来揭示矛盾，展开过程，所以不能等闲视之。至于是用"开门见山"，直接提示主旨的方式，还是用"表达情感，渲染气氛"来开头，只要开头的基调与全文协调一致，全篇文章就会形成一体。

文章的开头切忌一般化、套话或离题，比如入题太慢、离题万里是不可取的，比如堆砌辞藻却内容空洞是不符合开头要求的。

结尾，即"收笔"，是文章的总收束。它是正文的自然延伸，内容发展的必然结果，犹如百川归海，飞瀑注谷，要能收束得拢，承受得住，涵蕴得下，实非易事。好的结尾如"豹尾"，刚劲有力，或如"撞钟"，清音有余，正如清人林纾在《春觉斋论文》中指出的："大家之文，于文之去路，不惟能放异光，而且长留余味。"

一种是**自然结尾**，其结构形态没有独立的段落表示，行文完了也就自然结束，不再另写结束的话了。这种结尾多用于叙述性文章，如小说、戏剧、散文、童话、消息等。

另一种是**束前结尾**，其结构形态通常用独立的段落来表示，它是对文章前面所写各部分的总结，或得出结论，或叙述终局，或表示赞美等。如通过醒明主旨、篇末点题的方式"束前结尾"。白居易说："卒章显其志。"（《新乐府序》）说明了结局要点明题旨。不仅要点明题旨，而且要使题旨醒目明亮，要通过强调和强化性的表达，给人以较强刺激。如吴伯箫的《记一辆纺车》，以一辆纺车为结构线索，引出与纺车有关的一段战斗生活的回忆，记叙了抗日战争时期延安边区的军民艰苦奋斗的乐观豪情。但是，作者在整个记叙过程当中，并没有点明主旨，而是到了结尾时才点出"跟困难作斗争，其乐无穷"这个中心思想。

再一种是**推后结尾**，其结构形态也是用独立的段落来显示，它用抒情、议论、描写、类比、联想等手法，把文章内容引申到更广、更深的方面。

后两种类型的结尾方式，不拘一格，随类相附。如通过含蓄委婉，余味无穷的方式"推后结尾"。用这种方式结尾，比较含蓄委婉，有意在言外之妙。这正如汪曾祺所说的："文有不肯一说而尽，而诎然辄止，使人自得其意于语言之外者，则含蓄为妙。"（《涵芬楼文谈》）如鲁迅先生《故乡》的结尾："我想：希望是本无所谓有，无所谓无的。这正如地上的路；其实地上本没有路，走的人多了，也便成了路。"这个结尾蕴含哲理，余味无穷。

值得一提的是，如果说开头是引领全篇的话，那么，结尾的设置就必须是合情合理，水到渠成。结尾最忌画蛇添足，或是草率收兵。

总之，文章结构内容中的开头、结尾十分重要，明代人谢榛曾用巧妙妥帖的比喻把这个问题讲得更为形象。他说："起句当如爆竹，骤响易彻；结句当如撞钟，清音有余。"（谢榛《四溟诗话》）即是说，开头要像放炮仗，使人耳目、精神为之一振；结尾要像敲钟，使人觉得余音不绝于耳，读完文章后还回味、思索、联想。

实用文章和应用文书，比如论文、公文、书信，其开头和结尾都有固定的格式或套语，应该写些什么以及怎样写，都有一定之规或历史形成的惯例，此处不赘。

3. 层次与段落

层次，是作者对文章内容所做的次序安排，它体现着作者对事物矛盾运动过程的认识和表达的思维步骤。一般来说，只有作者的思路清晰，层次才会清晰，结构也才会有好的基础。从这个意义来说，写文章要过结构关，首先必须重视过好思维关、层次关。

层次的安排，主要是从内容、意思、逻辑的完整性、独立性来考虑的。安排层次时，既要考虑事物发展和人们认识问题的阶段性，划清各层的意思，避免杂乱无章，又要顾及事物的内部联系，防止前后失去内在联系。层次的建构较多体现于说明、议论性文章中，记叙、描写、抒情性文章多不适用于"层次"之说。

从表现形态上看，大多数情况下层次大于段落，一个层次通常由若干段落的文字构成；少数情况下层次可能小于段落，比如一个承上启下的过渡段就包含两层意思；有时则一个层次等于一个段落，这较多见于短小精悍的说明文、议论文之中。在长篇大论中，层次往往就是章节。

说明、议论性文体的层次安排主要有三种方式：（1）**并列式**，将互为平行关系的内容并列安排，便于从不同的方面或角度阐述内容比较复杂的问题。（2）**递进式**，是对具有逻辑深入关系的内容作步步推进的安排，按照人们认识事物由表及里、由浅入深的过程去论述问题。以递进方式去结构层次，特别应注意层次之间必须具有严密的逻辑关系，不能任意变动层次顺序，违反思维规律。（3）**总分式**（或叫分总式），是将文章中具有"总说"与"分说"特点的各部分内容，以先总后分，或先分后总的形式去安排。在总分式中，总说是起概括全文的作用；分说起展开内容，逐项、逐条论述有关问题的作用。以总分式划分层次，有利于具体剖析论题，通过"分说"的展开，较全面完整地讲清对象或问题。

段落，通常是文章中最小的结构单位，是文章内容在表达时由于转换、转折、强调、间歇等情况造成的文字的停顿。对应在形态上，它具有"换行"另起的明显标志，又被称为"自然段"。**段落**的划分和安排由多种因素决定：或者让自然段作为**表意单位**，一个独立而完整的意思构成一个自然段；或者让自然段作为**结构联结的工具**，承上启下的过渡段即是如此；或者为了**意义、情感的强调**和强化表达而形成独词段、独句段；或者让自然段成为**文体学的手段**，即让自然段的长短形成一种写作和阅读的节奏，短小段落导致轻快、活泼、流畅的文体风格，冗长的段落则形成板滞、缠绕的风格。

段落一般有两种形态。一是规范段，即统一完整的单义段，一段只有一个意思。容量较大的论文多用此段落形式。二是不规范段，包括兼义段（一段表达多重意思的段），短小的杂文较多用；此外还包括不完整段（没有把意思表达完整的段），一般记叙文多用不完整段，一个情节，一段故事往往用多段才能完成。

划分段落，起着更有条理、有步骤地表现内容层次，便于阅读理解的作用。因此作段落划分时，首先要注意每一段落内容的相对单一性和相对完整性，一般做法是在一段内表达一个较单一的意思，集中在一个段落里将一个意思讲完。其次，要注意保持各段间的内在联系，前后段落应体现文章内容发展的过程，形成有机合力，为表现主题服务。再次，要注意段落的长短、轻重和匀称。太长易脉络不清，太短则表意容易零碎不完整，长短悬殊有时是详略把握失当，往往影响表意的有效性。当然，段落长短的划分，主要是取决于内容的特点和要求，离开了这个根本出发点单纯为形式而形式，追求某种机械效果，这种形式的表现力就会非常有限。

一般来说，记叙、抒情性文章多用小段落，说明、议论、描写性文章多用长段落。

4. 过渡与照应

过渡，是指上下文之间的衔接、转换。过渡通过过渡段、句、关联词语的基本形式连接文章中的段与段。过渡得好，可以使不同内容的各个段落自然衔接，浑然天成；可以使文章气韵流动，脉络贯通。所以，过渡在文章结构中很重要，被认为是文章的组织、构造中不可缺少的"**黏合剂**"。

过渡作为文章段落层次间的衔接、转换手段，常用于下面几种情况：一是用于一层意思向另一层意思的转换；二是以"总分"或"分总"方式论述问题；三是表达方式（叙述、描写、抒情、议论、说明）转换时。至于选用何种过渡形式，应视具体内容需要而定。一般认为，上下文内容转折较大，用过渡段；转折不大，往往用"不过""但是""可是""原来""相反的""除此之外"等关联词语表示过渡，或借内容间的内在逻辑关系，不显痕迹地过渡到后一层意思。在实际写作中，不少文章出现松散、隔断、硬接、硬转的现象，往往就是因为忽视过渡与过渡的恰当所致。

照应，它是与"交代"紧密相关的，是指文章内容上的前后关照与呼应。写作时若前有交代，则须后有照应，否则就会有呼无应，交代没有着落；反之，前无交代，而后突然冒出，则"后应"来得没有依据，会令读者不解。

照应在文章中的常见用法，为前后照应等三种：

（1）**前后照应**，不仅是议论性文体的惯用方式，记叙类文体中的小说散文也同样采用。这种照应方式使文章结构完整，主旨突出。叙述性文章中的伏笔，是前伏后明，叙述中的铺垫，是前有造势烘托后有主角、正事出场，都可以说是一种前后照应。

（2）**内容和标题照应**，这种照应是反复突出中心，使行文处处不离主旨。如美国的富兰克林有一篇结构很有特色的议论文《哨子》，文中"哨子"二字共出现了14次，分别指代热衷猎取恩宠荣禄、醉心名望、守财、寻欢作乐、沉迷外表等，这样写就是为了反复重申中心：不要为了无价值的东西付出太高的代价。

如果文章的标题是比喻性、象征性或设问性的，如《围城》《谁是最可爱的人》，那么正文中多会对比喻和象征的本体所指及设问的答案有所交代，这也是照应。

（3）**行文中相互照应**，如鲁迅的《记念刘和珍君》，文中即多处呼应开头提出的"我无话可说"，文章的中间出现"我还有什么话可说呢？"结尾又一次写"呜呼，我说不出话"。这样的处理使文章结构非常紧凑。

照应运用得好，一来可使文章线索连贯，结构严谨；二来还可不时唤起读者的联想与回味，使主题印象鲜明。

思维与写作训练

一、请以"如何建设高水平大学"为主题（题目），拟一份**小标题式**写作提纲。须细化到第三层级。

二、下面是一篇文章的结构提纲，请予修改完善：

文章题目：《说"问"》

主题句："问"是学好文化知识的一个重要途径。

层次：

一、为何要"问"

（一）"问"能解决疑难

（二）"问"能求得知识

（三）想而后问，问不忘思

二、怎样"问"

（一）"问"的方法：反复请问，问准问深

（二）"问"的态度：耐心虚心，恭敬有礼

三、结论："问"是打开科学宝库的金钥匙，是向科学高峰攀登的主要途径。

范文和导读

谈谈中国思想史

胡适

在三千年中间的中国思想史，我想可以寻出一点线索来，不管它是向左，向右，或是向前，向后。中国思想史如此多的材料，如没有线索，必定要散漫。我的见解也许有成见，可是研究了三十多年，也许可给诸位作一参考。

简单说来，思想是生活种种的反响，社会上的病态需要医治，社会上的困难需要解决，思想却是对于一时代的问题有所解决。经济对思想的影响最大，尤其是在近两三百年来，经济极为重要。生活的方式，生产的方式，往往影响于思想。下面分三个时代来讲：

第一个时代——从商末到周初。

在这个时期里经济并不占重要地位，几百几千年的生活方式和生产状态，并没有多大变迁，更无所谓产业革命。古代思想最重要的是政治和宗教。《史记》作者司马迁分古思想家为六派：即阴阳，道德，儒，墨，法，名等。但是这六派都是"皆务为治"，亦即怎样治理国家社会。廿九年来从发掘安阳商代文化，发现许多材料，可使我们了解古代政治和宗教的生活。那时的政治和宗教合在一起，且互为影响。他们的主要生活是祭祖，按照祖宗的生日排成祭日表，一年三百六十五天都在祭祀，那时的宗教以祖为本，而且是很浪费，很残忍，很不人道的宗教。人死之后，拿来殉葬的是宝贵的饰物和铜器等，牺牲品往往用到几十只甚至几百只牛羊，这是多么浪费！用"人"来祭祀，一为"殉"，即把死人所爱的人和死人埋葬在一起。一为"祭"，即以人作牺牲品来祭神，但多用俘虏。这又是多么残忍！由于这"宗教"的浪费和残忍！至少可以有一种反抗的批判的思想出来。由此，我们可以看出四种思想的产生：

第一点：人本主义。在纪元前三世纪至六世纪，思想很发达，无论那一派那一家，其共同的一点是注意到"人"的社会，并且首创不能治人，怎样祀神的论调，讲所谓"治人之道"。

第二点：自然主义。针对前时代反应而出的这种主义，是很重要的一点。"自"是"自己"，"然"是"如此"，所谓"自己如此"，亦即自己变成了自己。如乌龟变成乌龟，桃子变成桃子等。两千多年这"自己变成自己"的形质，形成中国思想上很大的潮流。如老庄的思想，即是含有这种思想。

第三点：理智主义，那个时代如孔子所谓："终日不食，终夜不寝，以思"。便是说明个人须作（做）学问，并且提倡教育的路，无论那时学派思想如何复杂，也都是重知识，所以说已走上了知识主义、理智主义的大路。

第四点：自由思想。在若干国家对立时代，往往有思想的自由。那时有极端的个人主义者，如《吕氏春秋》；亦有提倡民主革命的，如《孟子》。

第二个时代——从汉到宋。

这一时代发生了极新的问题，一是国家的统一，一是新宗教佛教的传入，而普遍全国。于是由此引起了两种思想，即：（一）在武力统一政治下，如何建立一文治政府，减低人民压迫。（二）如何挽救全国人民的宗教热。前者如何建设文治政府，遂产生了四种工具：

第一个工具：建立文官考试制度，自汉武帝时开始，这制度一直发展到科举制度。

第二个工具：汉武帝时设立太学，造就文官，至东汉时已有一万多太学生。

第三个工具：建树成文法律，提倡法治。

第四个工具：建设前一时代有同等权威而加强政治力量的经典，由此而断大案。

至于后者如何挽救宗教热，则有两点：第一点：提倡自然主义，如王充以自然思想解释自然现象。第二点：提倡人本主义，如范缜以人和物体相等视，有物体才有精神，韩愈的倡"原道"，乃要人恢复到"古代之社会"。

第三个时代——从宋代以后。

在这时代时产生了理学，亦即要恢复到古代好的制度和好的思想，拿本位文化来抵制非本位文化。理学亦即为道学，相信自然界有一法则存在。并且有两条路：一是"敬"，一是"致知"。第一条路主敬，我们可以看出经过了一千多年，仍不免要受到宗教的影响。第二条路是致知，亦即扩展个人知识。天地之大，草木之微，其中皆存有一"理"在。在这七八百年当中，理学始终是走这两条路，并且也成了号称"中国的本位文化"。而"致知"（是①）更为"科学"

---

① 疑脱落一"是"字。

的路，科学的"目标"。

总括地说，在从前的时代，工具不够用，材料不够多。现在则以全世界为我们的材料，以全世界为我们的工具，以全世界为我们的参考，那么我相信有比较新的中国思想可以产生！

（本文为1947年6月胡适在北京辅仁大学的演讲，收入《胡适文集》第12册，北京大学出版社，1998年）

【导读】

本文的特点是条理清晰、结构简单。文章整体呈总（第1—2自然段）——分——总（最后一个自然段）的结构模式，开头、结尾都简明扼要、直来直去，适合于演讲这种场合。在自然段的建构上比较单纯，一个意思就是一个自然段，简短、疏朗，便于读者轻松地阅读和理解。

第五章　语言文字的运用

语言文字是人类认知、把握世界的必然方式，语言促成、发展、完善了人类的认知、思维。意大利哲学家、语言学家维柯说："人类的头脑被语言的属性所塑造，而不是语言被讲它的那些人的头脑所创造。"（维柯《新科学》）德国哲学家卡西尔在《人论》中给人下了一个定义："人是符号的动物。"这里的"符号"指的就是语言。人类的语言文字是最系统化的符号，这种符号成就了人类，人类之所以优越于其他物种就是拜语言文字所赐。

语言文字作为人类的**思维工具**，是思维赖以形成、存在和发展的物质材料。人类通过语言来命名、指称事物，通过语言、文字来进行高级思维。思维与表意的过程也就是语言发生作用的过程。如果没有语言文字，人类就不能进行思维（尤其是逻辑抽象思维），并在此基础上开展表意活动。在精神医学领域，"失语症"（如语无伦次等表征）患者通常丧失了理性思维能力。一个重要的治疗方式就是从语言的训练入手，通过重建其语言功能来恢复其神经与逻辑思维的秩序。这正是语言制约人的精神思维的一个有力证明。

语言文字也是人类最重要的表达和交际工具。孔子说："不言，谁知其志？言之无文，行而不远。"（《左传·襄公二十五年》）人类用来表情达意的方式是多种多样的：绘画、音乐、舞蹈、电影……这些方式在表情达意上的清晰性、明确性、细腻性、具体性、抽象性等等，都远远逊色于语言文字。可以说，在人类诸多表情达意的手段和方式中，语言文字是最重要的，其他则都是辅助性的，或是配合语言的。

既然语言文字运用（包括说话和写作）是培养、发展思维、感情和表情达意能力的必然途径，因此可以说，语言文字运用是人类存在的方式，是人类存在及其意义的证明。这就是德国哲学家海德格尔所说的"语言是存在的家"的一个含义。在这个意义上说，写作活动是个体心智发展的本能需要，是人与人之间交流的最重要的工具，而不是一种可有可无的外加任务。

第一节　文言、欧化语、方言俗语

目前在我们的汉语写作中作为主体语态的是五四以来形成和发展起来的现代白话，又称为普通话，这种普通话其实是本国旧有的文言受到西方语言影响之后逐渐发展出来的一种带有较强欧化色彩的现代汉语。当然，现代汉语中也保留了不少旧有的文言成分以及各种地域方言和民间俗语的成分。下面具体分析文言、欧化语和方言俗语这三大汉语写作的资源。

一、文言

古代汉语有着几千年的历史，其中的官方语言和书写语言——文言也有着同样悠久的历史。文言因为经历了几千年的书写试验和积累，经历了无数文人学者的使用和锤炼，到了清末已发展到相当精致的程度。这种古代书写文字含蓄、精炼、生动传神且富于音韵美和形式美，是比较艺术性和审美化的文字。我们今天用现代汉语写作，也还是可以取长补短，有意识地多保留或使用一些文言的成分。

（一）精炼含蓄

古代汉语词汇以**单音节词**（单字词）为主，一句话往往用字不多，多是三五个字，至多也不过十数个字。因此其表达一向显得精炼、含蓄、言简义丰。现代汉语虽为了表意的精确和细致而以双音节词为主，且又吸收了多音节的外来词和西文的复杂句法结构，却也还多少保留了一些传统汉语的简单、精炼的特点，比如保留了不少单字词和简单句法。

以"美"为例，今天我们表示"美"，多用双音节词，如"美丽""美好""美妙""优美""华美""壮美""精美""秀美""美化"之类。而文言文中则只有"美"这个单音节词，描述任何美的形态或境界都只是用一个"美"字，这就显得含蓄而模糊，这种含蓄和模糊可以给读者留下较大的品味和想象的空间。同时，文言中的"美"字可以作好几种词性来用，比如作名词"京城四美"，比如作形容词"美哉"，比如作动词"美（称赞）之"。这样，文言常常可以以一当百，一个字一个词就可以当很多词来用，以少总多。

除了精炼、含蓄，文言的另一突出优点就是其声韵美与形式美。这是今天许多西方文字，包括欧化的现代汉语都不具备或很少具备的优点。

（二）声韵优美

汉语是声、韵、调的结合体。古代汉语多到有十来个调值，后来发展为平上去入四声。现代汉语则有四声：阴平、阳平、上声、去声，再加一个轻声调，调的高低变化能造成抑扬顿挫的发声效果。而欧洲语言则只有轻重音，没有汉语这么多变的音调。可以说，汉语的声调之美是其他语言所不具备的。因此，中国古代文人写诗作文往往要讲究声调。清末古文家林纾就说："古来名家之作，无不讲声调者。"（《春觉斋论文·声调》）韩愈认为，中国语言在准确之外，还要讲究"言之短长与声之高下"（《答李翊书》），也就是强调声调的和谐搭配与长短句的结合使用。沈约说"前有浮声，则后有切响"（《宋书·谢灵运传论》），简单说就是要平仄声交错使用。一句话都是平声或仄声，是很难听的。

古代汉语除了有**声调**和**平仄**，还有双声叠韵等词的重叠形式，这也为现代汉语所继承。双声词，如"参差""吩咐""犹豫""慷慨""踌躇"，叠韵词，如"霹雳""秘密""错落""彷徨""仓皇"等，还有非双声叠韵的联绵词，都有发声上的悦耳美感。古代汉语也有**重叠词**，能通过重叠反复的方式强化音韵效果，现代汉语则继承发展出了更丰富的词语重叠形式，比如AABB式的"轰轰烈烈""高高兴兴""红红火火"，ABAB式的"商量商量""打听打听""考虑考虑"，AAB式的"好好干""慢慢来""细细听"，ABB式的"红彤彤""绿油油""亮堂堂"等。古代汉语和现代汉语中都有大量成语，也大都具有朗朗上口的音韵之美，如"万水千山"是"仄仄平平"，"风调雨顺"是"平平仄仄"，平仄搭配、和谐动听。

不仅过去写文言文要注意声调，如今以白话文为主写文章也要注意声调；也不仅仅是写诗歌才需要注意音韵，写散文、小说也需要注意音韵。早在1921年9月8日，鲁迅在致其弟周作人的信中就说过："我实在有点好讲声调的弊病。"[①]后来他向李霁野讲写小说的经验中也有一条："最后还注意字句的自然韵调，有读起来觉得不合适的字眼，再加以更换。"[②]梁实秋也说道："至于字的声音，句的长短，也是应加相当的注意。仄声的字容易表示悲苦的情绪，响亮的声音容易显出欢乐的神情，长的句子表示温和弛缓，短的句子表示强硬急迫的态度，在修辞学的范围以内，诸如此类可注意的地方甚多。"（梁实秋《现代文学论·散文的艺术》）

---

① 载《鲁迅全集》第11卷，第421页。

② 李霁野：《在北京时的鲁迅先生》，《李霁野文集》第2卷，天津：百花文艺出版社，2004年，第11页。

（三）形式整齐

文言因为以单字词为主，且句子较短，就很容易形成**对偶**（对仗）、**排比**、**连珠**之类的句式，显示出音韵感、节奏感与整齐感。著名作家汪曾祺对此有专门的分析："中国语言还有一个世界各国语言没有的格式，是对仗。对仗，就是思想上、形象上、色彩上的联属和对比。我们总得承认联属和对比是一项美学法则。这在中国语言里发挥到了极致。"①

比如梁启超的《少年中国说》喜欢用对仗句、排比句，看起来显得啰唆不堪，但若朗诵出声，则会铿锵有力、气势非凡、动人心魄：

> 少年智则国智，少年富则国富，少年强则国强，少年独立则国独立，少年自由则国自由，少年进步则国进步，少年胜于欧洲，则国胜于欧洲，少年雄于地球，则国雄于地球。红日初升，其道大光；河出伏流，一泻汪洋；潜龙腾渊，鳞爪飞扬；乳虎啸谷，百兽震惶；鹰隼试翼，风尘翕张；奇花初胎，矞矞皇皇；干将发硎，有作其芒；天戴其苍，地履其黄；纵有千古，横有八荒；前途似海，来日方长。美哉，我少年中国，与天不老！壮哉，我中国少年，与国无疆！

《三国演义》中周瑜在群英会上借酒助兴，舞剑作歌，唱的连珠句就富于音乐效果：

> 大丈夫处世兮立功名，立功名兮慰平生。慰平生兮吾将醉，吾将醉兮发狂吟。
>
> ——《三国演义·群英会蒋干中计》

中国传统的文言整体上已不适于现代生活和现代人心灵的复杂性，但其中的精炼含蓄、音韵美和形式整齐等优点还是可以借鉴的。今天写作诗歌、诗化的散文和短篇小说之类审美性较强的文章时，依然可以借鉴文言的体式，如单字词、词类活用、文言句法等等；今天我们仍然可以写文言的旧体诗词；今天的许多公私文书（如信函、请柬）和礼仪习俗文字（如春节、婚庆时的对联）仍然常常要用到文言。当然，我们并不是要照搬古代文言，而是要有所扬弃，发展出一种更浅白，更适应现代生活的"**新文言**"来。

---

① 汪曾祺：《关于小说语言（札记）》，中国社会科学出版社文学编辑室编：《小说文体研究》，北京：中国社会科学出版社，1988年，第9页。

二、欧化语

顾名思义，欧化语就是向欧洲语言的特点靠拢的一种现代汉语体式，这是自清末以来逐渐形成的受欧洲列强的语言（英语、法语、德语等）影响而发展出来的一种现代汉语类型。欧化汉语的特点在许多方面与英语等欧洲语言接近。欧洲语言的特点是注重**逻辑性**和分析性，讲求**形式化**，讲究**语法**。比如，词有性、数、格的变化，有单数、复数；句子以长句和复句为主，一句中有很多修饰、限制性成分，名词前有定冠词和不定冠词，一句中必须有主语和谓语，否则就要用形式主语（There或It），有时还有形式宾语。这些精细、复杂的语法的东西都是我们古代的汉语所没有的。

我们当下正在使用的汉语普通话，主要是学西方这种逻辑性与分析性的表达特点，它的长处是表意准确严密，逻辑清晰，明白易懂，其缺点则是比较平板枯燥，冗长累赘，缺乏艺术性和审美性。因此它适合于写应用性、论说性的文章，尤其是长文章。而写文学性的文章，比如诗歌、散文、诗化小说，就不是特别好用。<u>我们今天写说明文、议论文、应用文、长篇小说等，基本都离不开这种欧化语</u>。试想，离开了"因为……所以……""虽然……但是……""此外""然而""一方面……另一方面……""也就是说""退而言之""退一步说""换言之""由此可见""由上可见""总而言之""综上所述"这些欧化的句法，我们还能写议论文吗？离开了"首先""其次""再次""最后"或是"其一""其二""其三""第一""第二""第三"这样的欧化排序，我们还能展开分析与言说吗？

三、方言俗语

在文言和欧化语之外，我们还有一种很重要的汉语资源，就是各地的方言和民间的俗语。

中国地域广阔，方言现象自然就很突出。现在还保有较大的使用人群的有七大方言，分别是闽语、粤语、吴语、赣语、客家话、湘语、北方话。这些方言之间以及它们和汉语普通话之间都有着明显的差异，表现在语音、词汇、语法等方面。就写作而言，主要表现为方言词汇和方言句法、句式之类。

还有与方言关系较密切的民间俗语，诸如民间的口语、谚语、歇后语等等。**民间俗语往往很幽默、鲜活，很富于生活气息，具有极强的表现力**，是一般的普通话所不具备的。作家王汶石就列举过一些例子：

> 比如你在走路，只顾自己走，不愿理睬人，连熟人你都不招呼，别人觉得你目中无人，你就会听到人说你："那家伙眼睛长到额头上去了，还看得见个人！"你走得很急，碰到别人身上了，别人会瞪起眼责问你："人身上有路？"如果你很小气守财，朋友们便会说你："把个麻钱看得比碾盘大。"如果你自己有某种缺点你不说，却指责别人的缺点，那么别人会讥笑你："老鸦不要笑猪黑""丈八灯台照远不照近"或说"你屁股底下屎还没揩干净呢"。
>
> ——王汶石《多多积蓄语汇》

毛泽东就曾提倡向人民群众学习语言。他说："要向人民群众学习语言。人民的语汇是很丰富的，生动活泼的，表现实际生活的。"（《反对党八股》）他自己在讲话和文章里就喜欢引用谚语、俗语和成语以及民间的口头语。比如，谈到具体问题具体分析时，引用"看菜吃饭，量体裁衣""到什么山上唱什么歌"；谈到团结的重要性时，引用"一个好汉三个帮，一个篱笆三个桩；荷花虽好，也要绿叶扶持"，揭露国民党顽固派的"统一论"的阴谋时，说他们是"挂了统一这个羊头，卖他们一党专制的狗肉，死皮赖脸"；讽刺喜欢写长而空洞的文章的人，说是"懒婆娘的裹脚，又长又臭"；谈到集思广益时又用"三个臭皮匠，合成一个诸葛亮"；此外，还有"留得青山在，不愁没柴烧""捆绑不成夫妻""墙上一蔸草，风吹两边倒""舍得一身剐，敢把皇帝拉下马"等等民间用语。这些民间化、生活化的语言的使用，增强了语言的风趣性，也极大地提高了表达的效果。

方言与俗语有着强大的生命力，我们应该积极地汲取和学习。一般分四种情况对待：（一）凡是有助于增强语言的表现力，增加文章的色彩，而又能为外地人所了解的，就尽量采用。像鲁迅的小说《狂人日记》中写道："他们的牙齿，全是白厉厉的（地）排着，这就是吃人的家伙。""白厉厉"三字就是绍兴的方言，但别处的读者也能懂，用在这里格外生动。（二）有些方言俗语比较冷僻，一时又没有别的适当的字词可以顶替，则为了使各地的读者都能懂，最好是加以必要的解释与说明。像《故乡》中鲁迅就对"狗气杀"这种器具做了解释与说明。（三）有些方言，即使有表现力，如果"因为太土气，也太冷僻，恐怕许多人不会懂"（鲁迅语），也最好干脆就不用。（四）有些方言俗语属于不太文雅的荤话、脏话、骂人话，易引起读者不适或反感，则最好不用，即使要用也要加以雅化。

一般来说，<u>在侧重于传达地方色彩与地方风情的作品中可用方言俗语</u>。像老舍的小说、话剧就采用了许多北京方言，特别是旧旗人的口头语，被称为"京味"小说和话剧，具有特别的审美价值；后来又出现了津味小说（如冯骥才小说）、汉味小说（如池莉小说）、川味小说等等。有时候，为地方性报刊与当地读者而写的文章，也可用方言俗语。

第二节　基本要求：准确、简洁、明晰

作者的语言文字功力直接关系到文章的表达效果。要写出好文章，必须要打好语言基本功，首先掌握语言运用的基本要求。虽然任何一篇文章都是属于其特定的某种语体，但即使是不同的语体，也还是有一些共通的基本的语言文字运用规则和要求的。

一、准确

准确指语言文字能确切无误地传递作者想要表达的信息和情感，尤其是那些比较精微、细腻或复杂的意思。语言文字的准确性主要体现于用词准确、符合语法、合乎逻辑三个方面。

（一）用词准确

汉语词汇丰富，存在较多同义词、近义词，它们所表示的意思是有很多差异的。这就要求必须精准选择，细心锤炼。锤炼词语需注意以下几个方面：

1. 词语理性义的差别

只有极少数同义词的理性义是等同的（有时可互换），比如，"大夫"和"医生"，"番茄"和"西红柿"，"替代"和"代替"，"觉察"和"察觉"，"补贴"和"贴补"，"寻找"和"找寻"等。绝大多数同义词属于近义词，它们在程度、范围、搭配对象上有明显区别。选择、锤炼词语时就需要考虑这些因素。下面举例说明。

（1）语义轻重的差异
例如，以下为前轻后重：
失望—绝望　请求—恳求　希望—渴望　批评—批判　侮辱—凌辱
以下为越后越重：
轻视—藐视—蔑视—鄙视　良好—优良—优秀—优异

（2）范围大小的差异

例如，以下为前小后大：

灾荒—灾难　时期—时代　边境—边疆　标记—标志　局面—场面

战斗—战役—战争

（3）搭配上的差异

例如，交流—交换

交流的是："思想"/"经验"/"物资"/"情感"

交换的是："礼物"/"意见"/"资料"/"产品"

侵犯—侵占

侵犯的是："人权"/"主权"/"版权"/"领空"/"利益"

侵占的是："财产"/"公款"/"领土"/"土地"

2. 词语附加义的差别

有的词语有附加义，如感情义、联想义、语体义、风格义、地域义等。

（1）感情义不同（前为褒义词，后为贬义词）：

果断—武断　顽强—顽固　鼓动—煽动

（2）语体义不同（前为口语，后为书面语）：

爸爸—父亲　土豆—马铃薯　脑袋—头部

（3）风格义不同（前较普通，后较庄重）：

生日—诞辰　太太—夫人　思考—沉思

（4）地域义不同：

番薯—红薯—地瓜　出租车—的士

3. 词性的不同

有些词语词义接近，但词性不同。其在句子中的语法成分或功能也就不同。例如，"突然"和"忽然"是近义词。"突然"是形容词，在句子中可作谓语（如"这事很突然"）、定语（如"突然的决定"）、状语（如"突然笑了"）、宾语（如"感到突然"）。"忽然"是副词，只能作状语。还有如下例子：永久（形容词）—永远（副词）、刚刚（副词）—刚才（名词）、聪慧（形容词）—智慧（名词）。

中共中央十九大召开前夕，原重庆市委书记孙政才于2017年9月29日被宣布双开（开除党籍、开除公职），并移交司法。当日，《人民日报》评论员文章对其表述是："毫无理想信念"，"严重践踏政治纪律"。次日，新华社电讯对其表述是："动摇理想信念"，"严重违反政治纪律"。两次表述，语义前重后轻。

以下为某高校教授兼系领导写给清华大学的一封贺信：

在这春光明媚，生机盎然的4月，清华大学迎来108岁生日之际，欣闻清华大学天体物理中心即将于2019年4月21日成立清华大学天文系，这是清华大学天文学科发展的一件大喜事，也是全国天文学界的一件大喜事。值此双喜临门弹冠相庆之时，我谨代表××××大学空间科学与天文学系全体师生向您并通过您向贵中心全体同仁表示最诚挚的热烈祝贺！

成语"弹冠相庆"，通常指官场中一人当了官或升了官，同伙就互相庆贺将有官可做。多用作贬义。故上文应删改此词。

下面是几个历史上锤炼词语、精益求精的例子。宋代王安石诗中名句"春风又绿江南岸"的"绿"字是在他用过"到""过""入""满"等十多个字后才确定的。据传说，宋代大文豪苏东坡的妹妹苏小妹出题考她哥哥和另一位文学家黄庭坚，要他们在"轻风""细柳"与"淡月""梅花"之间各嵌入一字成上下联。苏黄二人分别嵌"摇""映"与"舞""隐"。但苏小妹都不满意，她嵌"扶""失"，更为传神。苏黄二人不得不叹服。鲁迅在1931年2月得知抨击当局的五位文学青年被枪杀了后，奋笔写了一首七言律诗。其初稿有"眼看朋辈成新鬼，怒向刀边觅小诗"两句。后鲁迅修改了两处。初稿的"眼看"是中性词，不带感情色彩，语义程度很轻，显得轻描淡写。改为"忍看"后，语义程度加深、加重，饱含"愤怒、慨叹、暂时隐忍以积蓄力量"等丰富情感，更加准确。初稿的"刀边"语义范围较小，通常仅指一把刀，这不符合当时一批人（五位）被枪杀的事实。改为"刀丛"后，语义范围扩大，可指无数把刀，表明当时白色恐怖的气氛遍布全国。这样才更加准确。

（二）符合语法与逻辑

句子要符合语法、合乎逻辑，不能出现病句。

语法是语言的组合规则。符合语法是语言运用最基本的要求。不但表达者要遵守语法规则来组织语言，接受者也同样要遵守语法规则来理解语言。一旦语法错误，读者将无从理解。或者被误导而产生误解。这就违背了表达者的初衷。

逻辑是思维的形式和规律。句子的使用要以逻辑为基础。要合乎逻辑的同一律、不矛盾律、排中律和充足理由律等四条基本规律。其中，同一律要求，在同一思维过程中，对于思考对象和所使用的概念必须保持同一性，不能出现对象模糊、文不对题或者概念含混、思路不清的逻辑错误。不矛盾律规定，在论断过程中，不能出现自相矛盾或逻辑矛盾。排中律要求，在两种矛盾的看法面前，不能含糊其词或模棱两可。充足理由律规定，在论辩过程中，任何一个真实的判断必须有充足的理由。

二、简洁

简洁，指用最少的语言文字传达尽可能多的思想感情和知识信息。

"文贵约简"，这是历代文论家的共识。唐代史学家刘知几说："文约而事丰，此述作之尤美者也。"（《史通·通释·叙事》）宋代陈骙说："且事以简为上，言以简为当。"（《文则》）老舍说："世界上最好的著作，差不多就是文字清新简练的著作。"（《关于文学的语言问题》）被誉为"幽默大师"[①]的现代著名作家林语堂也非常擅长演讲。当有人向他讨教演讲的秘诀时，他用他特有的幽默回应说："男人的演讲要像女人的裙子一样短。"有人问美国第28任总统伍德罗·威尔逊："您准备一份十分钟的讲稿，需要花多长时间？"答："两星期。""准备一份一小时的讲稿呢？"答："一星期。""两小时的讲稿呢？"答："不用准备，马上就可以讲。"

要做到语言简洁，需学会删繁就简。有如下几种情况：

（一）删除前后语义重复的部分

① 一路上鞋子<u>全</u>都湿了。
② 也许，校园是当今社会<u>仅存的</u>唯一一片净土了。
③ 郭女士成为广州首饮CEPA"头啖汤"<u>第一人</u>。
④ 早晨起来，鸟叫的声音<u>在这时候</u>特别地清亮。

以上例句中的画线部分是日常口语中不知不觉的语义重复，应酌情删除、调整。

（二）删除可有可无的部分

鲁迅说："写完后至少看两遍，竭力将可有可无的字，句，段删去，毫不可惜。"[②]叶圣陶说："凡是一个词，一句话，多到几百字几千字的一大段，写进去也可以，可是不写进去，对全篇意旨并无什么损害，那就坚决割舍，不写进去。这么办的时候，文章就干净利落。"[③]可有可无的语言主要指一些套话、空话，一些意思相近可省略的话，一些不言自明的话，一些堆砌的形容词等。

---

① "幽默"这个词就是林语堂首次翻译自英语的。
② 鲁迅：《答北斗杂志社问——创作要怎样才会好》，《鲁迅全集》第4卷，第373页。
③ 叶圣陶：《可写可不写，不写》，《叶圣陶论创作》，上海：上海文艺出版社，1982年，第242页。

三、明晰

明晰指文字表达要明白清晰，不含糊其词，不会引起读者的误解。尤其是科技著作、法律条文、公文文书等，其语言的准确、明晰是第一位的。要注意以下几点：

（一）避免生造滥用词语

生造滥用词语违背了语言的约定俗成规律，自然让人难以理解。例如：

① 要尽最大的或是最后的努力避免或制止将要引发的一场<u>睚眦残杀</u>！

（《羊城晚报》1996年4月28日第6版）

② 经太医检查，紫薇患了精神抑郁症，没过两年，已是<u>乌发如云</u>，红颜似槁。

（《羊城晚报》2001年2月12日B4版）

③ 老牌劲旅最近输球上瘾，竟然演出三连败的"<u>帽子戏法</u>"

（《羊城晚报》2003年1月26日A12版）

上例画线部分属于生造滥用词语。例①"睚眦"本义是发怒时瞪眼，后用来形容极小的仇恨。成语有"睚眦必报"，无"睚眦残杀"。此处的"睚眦残杀"是生造词语，义未明。例②从上下文来看，说的是紫薇处于病中，但"乌发如云"通常是形容一个健康的人。这里是滥用。例③"帽子戏法"通常指体育运动中的"独中三元"，即在一场足球比赛中，一名球员三个或多个进球，且带有赞叹语气，而这里却用来形容三连败，属误用、滥用词语。

（二）避免歧义

多义、歧义也会带来语义的模棱两可、表意不清。通常有如下几种情况：

1. 词语歧义

由于词的多义或词性的不同而造成的歧义。例如：

① 这是我单位的一辆机动车。

② 我的自行车没有锁。

例①"机动"有"由机器开动的"和"看情况,灵活安排使用的"两个词义。例②"锁"有名词和动词两个词性。

2. 结构歧义

由于不同的词语组合而产生不同的语义。例如:

① 三个班级的辅导员
② 否定张教授的那个同事是正确的。

例①有两个组合方式及其相应的两个句义,如下:

A. 三个/班级的辅导员。(通常共三人)
B. 三个班级的/辅导员。(通常共一人)

例②有三个组合方式及其相应的三个句义。如下:

A. 否定张教授的/那个同事//是正确的。
B. 否定/张教授的那个同事//是正确的。
C. 否定//张教授的那个同事/是正确的。

3. 语义歧义

主要是指代不明或交代不清。例如:

① 小王把小李的事告诉了小张。于是小张非常喜欢他。
② 他刚来没几天,许多人都不认识。
③ 到学校我就走了十分钟。

例①他指小王还是小李,不清楚。例②是他不认识许多人还是许多人不认识他,不清楚。例③走的动作是发生在到学校前还是到学校后,不清楚。

关于用词歧义的问题,流传着清政府"一词含糊,丧权辱国"的故事。清政府修筑胶济铁路,德国出资。双方约定(中方起草):"沿铁路三十里内煤矿等矿,德国有权开采。"签约后,德国坚称是"沿铁路左右各三十里。"而清政府说是"沿铁路左右共三十里(各十五里)。"最后清政府不得已承认"左右各三十里",丧权辱国。

（三）注意上下文的连贯与衔接

语言明晰还表现在上下文的连贯与衔接上。连贯是上下文通过一种逻辑推理或逻辑关系所达到的语义上的连接和关联，它是文章之所以成为文章的无形语义网络。衔接是连贯在文章表层的体现，通过照应、替代、承前启后、词语重现、关联词语等衔接手段来连接上下文。

南朝文论家刘勰说："夫人之立言，因字而生句，积句而成章，积章而成篇。"（《文心雕龙·章句》）意思是一篇文章是由字、词、句层层关联，累积而成。语言属线性排列，其排列必然有先后主次之分，需要讲究语义表达的连贯性等，如果不按一定的逻辑或章法来写作，势必造成语义的大幅度跳脱、跨越，使得语言表达晦涩难懂。

第三节 语体要求：科技、文艺语体等

写好文章，还必须具有相应的语体知识。所谓语体，是指适合一定的语言环境，具有一定语言特征的言语表达体式。**语体由交际条件、表达方式、文章体裁等因素决定。**

根据语言特点和交际条件、表达方式，可以分为**口头语体**与**书面语体**两大类。

根据语言特点和交际情景，口头语体又可分为演说语体、谈话语体、广播语体。

根据语言特点和交际目的，以及文章体裁等因素，书面语体则可分为四类：文艺语体、评论语体、事务语体、科技语体。

因为这里谈的是写作而不是说话，所以我们暂且不讲口头语体，只讲书面语体。需要特别提及的是，演讲稿、讲话稿、广播电视解说词之类的写作也是书面写作，应从属于书面语体，只不过是尽量考虑和模仿了口头说话的特点，并非真正的完全的口头语，所以应称为**类口语体**。

一、常用书面语体

（一）科技语体

科技语体适用于科学技术领域。包括科技著作、论文、试验报告、说明书、教材等。其主要语言要求是：精确、客观、严谨、规范、单义、平实。在词语方面，多用科学术语、抽象词语、外来词和规范的书面语词。基本不用口语化词

语以及描绘性、表情性词语。只用词的概念义，不用词的附加义（联想义、比喻义、情感义）。在句法和语法方面，多用长句、（多重）复句、完整句、复杂限定性的附加成分、常式句；多用陈述句，基本不用祈使句、感叹句。句与句衔接紧密，逻辑关联性强。很少使用修辞格，偶用比喻，不是为了生动形象，而是为了更容易地理解科学研究的对象。表达方式以说明为主，兼用议论、叙述。

此类文章实例，可参看本教材范文《谈谈中国思想史》《老子哲学》《端午考·龙的节日》《香港语言景观调查研究》等。

（二）事务语体

事务语体适用于国家机关、社会团体、社会成员之间的公务、事务往来文书。包括各种行政公文、法规制度文书以及合同、合约、协议、条据、书信、启事等事务文书。其主要语言要求是：务实性、程式化、单义性、庄重。在词语方面，多用专用词语，比如公文专属词语，起始用语："兹有""兹定于""鉴于"等；文末用语："此复""此致""请批示""请核准"等；经办用语："拟""暂行""抄送"等；表态用语："严禁""准予""参照执行""颁布实施"等；称谓用语："我们""贵""该""尊"等。多用抽象概括性词语，也用古语词，罕用描绘性、表情性词语，不用口语、方言俚语、语气词。在句法和语法方面，多用完整句，少用省略句；多用带附加成分的长句、复句；多用陈述句，少用祈使句；罕用感叹句和疑问句。较少使用修辞格，少用排比、对偶。表达方式主要有说明、叙述、议论。

此类文章实例，可参看本教材第九章《中国大陆常用公文》中的例子。

（三）评论语体

评论语体适用于社会政治思想领域，体式繁多，包括媒体社论、评论员文章、政治人物的重要文章、讲话或报告、时评、短评、宣言、编后语、编辑部文章等。其主要语言要求是：鲜明性、论理性、生动性。评论语体的文章不仅要晓之以理，而且要动之以情。所以，也要生动活泼，具有感染力和鼓动性。在词语方面，常用政治术语、科学术语、专业词语，也用描绘性、表情性词语以及褒义词/贬义词，也适当用一些成语、古语词、口语词以及各种熟语。在句法和语法方面，多用长句、复句；多用陈述句，也用疑问句、祈使句、感叹句。广泛运用修辞格。表达方式以议论为主，兼用叙述、说明，偶用描写、抒情。

此类文章实例，可参看本教材第八章《说明和议论》中的"范文和导读"之《文学和出汗》（鲁迅）。

（四）文艺语体

文艺语体适用于文学艺术创作领域。包括文学作品的一切形式或文体，如：小说、诗歌、散文诗、散文、随笔、游记、报告文学、传记文学、儿童文学、剧本、相声等。其主要语言特点是：审美性，情感性，丰富性，独创性，音韵性，暗示性，口语化。审美性指具有艺术美感。丰富性指文艺语体的语言表现手段十分丰富，体现在语音、词汇、句法、修辞等各个方面。独创性指作者独创的个性化的语言风格和表达方式。音韵性指展现汉语固有的音节性和韵律感，其表现手段有叠音词、双声词、叠韵词、押韵、平仄等。暗示性指可运用词语的附加意义（联想义、比喻义、情感义等）和揣摩语句的言外之意。在词语方面，常用象声词。用叠音词、双声词、叠韵词、押韵、平仄等。突出使用动词、形容词，以展现人物行为的动作感和被描绘对象的鲜活逼真的状貌。用褒义词/贬义词。多用描绘性、表情性词语。对寻常词语进行艺术化。常用成语、口语词、语气词、叹词、俗语、俚语、谚语、歇后语等熟语，也适当运用方言土语、外来词，也可用行话、黑话、詈词等。在句法和语法方面，语序灵活，如定语、状语有时后置；词类活用；以短句为主，有大量不完整句，如独语句、省略句。描绘性、形容性的定语状语居多。以陈述句为主，也用疑问句、祈使句、感叹句。全面使用修辞格，基本无限制。表达方式以叙述、描写为主，兼用说明、议论、抒情。

表5-1　几种主要语体的语言要求和特点示意简表

语体种类（事务语体含公文）		科技语体	事务语体	评论语体	文艺语体
总体语言要求/特点		精确 客观 严谨 规范 单义 平实	务实性 程式化 单义性 庄重性	鲜明性 论理性 生动性	审美性 情感性 丰富性 独创性 音韵性 暗示性 口语化
词语	通用词语/常用词	√√√	√√√	√√√	√√√
词语	术语/专用词语/专业词语	√√√	√		
词语	抽象词语	√√√	√√		
词语	外来词	√√√			√
词语	古语词		√	√√	
词语	成语			√√√	√√√

续表

语体种类（事务语体含公文）		科技语体	事务语体	评论语体	文艺语体
词语	口语词、俗语、俚语、谚语、歇后语			√	√√√
	描绘性、表情性词语		——	√	√√√
	褒义词/贬义词			√√√	√√√
	象声词				√√√
	叠音词、双声、叠韵、押韵、平仄				√√√
	语气词、叹词				√√√
	动词、形容词				↑
	行话、黑话、詈词等				√
	方言				√
	词的附加义（联想义、比喻义、情感义）				√√√
	对寻常词语进行艺术化				√√√
句法语法	词类活用				√√√
	句式多样				√√√
	语序灵活/倒装（如定语、状语后置）				√√√
	不完整句（如省略句、独语句等）		√		√√√
句法语法	（较复杂）限定性的附加成分	√√√	√√√		
	描绘性、形容性的定语状语				√√√
	复句	√√√	√√√	√√√	√
	句长	多用长句	多用长句	多用长句	短句为主
	句与句，衔接紧密，逻辑关联性强	√√√			
	陈述句	√√√	√√√	√√√	√√√
	祈使句		√	√	√
	疑问句		——	√	√
	感叹句		——	√	√

75

续表

语体种类（事务语体含公文）	科技语体	事务语体	评论语体	文艺语体
修辞格	很少用 偶用比喻	较少用 少用排比少用对偶	广泛使用	全面使用 无限制
表达方式 说明	√√√	√√√	√	√
表达方式 议论	√	√√	√√√	√
表达方式 叙述	√	√√	√	√√
表达方式 描写			--	√√
表达方式 抒情			--	√

说明：√√√表示主用多用；√表示也用少用；--表示罕用偶用；↑表示突出使用；空白表示不用/基本不用。

二、科学语言和文学语言的主要差异[①]

更宏观地来说，可以把所有的书面语言划分为两大类：科学语言和文学语言。科学语言主要指科技著作（科技语体）、事务公文（事务语体）、法律文书、新闻报道（这里仅指消息）等实用性文体所用的语言。文学语言指文艺语体所用的语言。由于各自功能和使用范围的不同，这两种语言的特点和要求有巨大差异，在写作中，需特别加以注意。

（一）传递信息 ←→ 传递情感

一般来说，科学语言仅为了传递信息，不传递情感；在科学陈述中所使用的词语是客观的、中性的，不含主观感情色彩，仅仅体现词语的理性意义。对于科学语言来说，情感效果是应该避免的。属于科学语体的文章，写作者应力求避免主观情感因素渗透到写作之中，力求客观科学地陈述。而在文学创作中，语言既传递信息又传递情感，甚至以传递情感为主要目的。李白有诗句"燕山雪花大如席"（《北风行》）。庄子说："人生天地之间，若白驹之过隙，忽然而已。"

[①] 以下四个方面的区分和比较（传递信息/传递情感、程式化/独创性、符号功能/审美功能、精确单义/含蓄多义）系根据黄文贵先生的文章《科学语言与文学语言的分野》（载《应用写作》1997年第5期）增删而来。照录文字较多，为行文方便，不一一加引号和标注。在此特致歉意和敬意。

（《庄子·知北游》）从科学陈述的角度看，这些句子显然是荒谬的。但他们不是报告发生的事实。李白表达了一种面对北国大雪的惊叹之情；庄子发出了"人生苦短"的慨叹，成语"白驹过隙"便源于此句。文学的陈述常常是主观的，是在情感驱动下的想象、夸张。

下面是有关"榕树"的科学语言与文学语言的实例对比：

《汉语大词典》"榕树"词条内容如下：

> 榕树，木名。常绿大乔木。树干分枝多，覆盖面广，有气根。叶子互生，椭圆形或卵形；花黄色或淡红色；果实倒卵形，黄色或赤褐色。生长在热带地方。木材褐红色，可制器具，果可食；根、叶、树汁均可作药用。

上例属典型的科学语言。完全按照客观情况说明事实，没有任何主观评价和情感掺杂其中。即使运用了比喻"卵形"，也仅是为了让读者更容易了解实际形状，并非为了抒情或感染读者，体现了科学语言客观、理性、平实的特征。

以下是一篇散文中有关榕树的一段文字：

> 站在桥头的两棵老榕树，一棵直立，枝叶茂盛；另一棵却长成奇异的S形，苍虬多筋的树干斜伸向溪中，我们都称它为"驼背"。更特别的是它弯曲的这一段树心被烧空了，形成一丈多长平放的凹槽，而它仍然顽强地活着，横过溪面，昂起头来，把浓密的枝叶伸向蓝天。
>
> （黄河浪《故乡的榕树》）

在这段文字中，作者运用了拟人、比喻等修辞手段以及意象等艺术手法，使用褒义词"顽强"，着重表达了作者对这棵饱经风霜、树体残疾却保持旺盛而顽强生命力的榕树由衷的赞叹。这段语言既描画了这棵榕树的艺术形象，又给读者带来了心灵的冲击和震撼。

（二）程式化⟵⟶独创性

科学语言强调实用，要求用规范和简洁明了的语言传递信息。比如科学论著、行政公文都要求语言的规范化。语言的规范化包括两个方面：首先要求严格遵循语法常规，打破常规就被视为语病；其次是术语与专门用语的大量使用。术语与专门用语都是规范化的，不能任意创造，要遵循约定俗成原则。科学论述中的专门用语，如"综上所述""举例如下""理由如下""略加分析""由此可知"等都是程式化的语言。甚至常用的句型句式也是程式化的。公文中的"拟""予以""准予""不得""兹有""业经""为荷"等等也都是专门用语，相对固定，不能任意求新求变；同样，公文中的句式、标题形式、语气都是程式化的，可谓"千人一面"。科学语言的程式化是由它的实用目的所要求的。

文学语言则相反，它强调的是创新而不是遵循程式与规范。文学创作往往以追求新颖独特的语言个性为目的，这就可能超越语言规范。<u>许多文学作品，尤其是在诗歌里，常常可以看到不合乎通常的语言习惯和语言规范的句子</u>。文学，尤其是诗歌，是语言的先锋形式，是语言的最高艺术的体现，允许也鼓励作家们大胆去试验和创造新的语词、搭配和句式、句法、修辞。这样的创新和创造也是为了丰富人类语言储藏。文学的语言创新也并非全为语言实验，有时也是为了丰富人类的感知和思想体验，扩大精神表现的空间。

（三）符号功能 ←→ 审美功能

在科学陈述中，语言仅起一种符号的作用，即通过语言的媒介作用来传递信息。除这种传递功能之外，它本身并没有独立的价值。而在文学作品中，语言除了具备传递信息与情感的媒介作用之外，它本身还有独立的意义——语言的审美功能。<u>文学语言讲求节奏美、韵律美、音调美，朗朗上口、悦耳动听</u>。为了追求语言形式的审美效果，文学家通常创造性地使用各种修辞手法。而科学的语言仅仅追求"辞达"，不追求文采，即使偶用修辞手段，也是以实用为目的。

（四）精确、单义 ←→ 含蓄、多义

美学家朱光潜在《咬文嚼字》一文中指出，词有直指意义和联想意义。直指意义收录于字典，是基本不变的，而联想意义则是在历史过程中所累积起来的种种意义，词的联想意义含糊不定，意蕴丰富，也往往是游离变化的。科学语言讲求精确，一般是限于直指意义，而文学的语言还要追求联想意义。文学作品，往往运用隐喻、暗示、象征性语言，语义比较朦胧或含混。科学语言则必须做到意义单一精确，避免含糊朦胧，否则，可能导致诸多问题。

第四节　几种常见的语言艺术风格

语言风格多种多样，千变万化。性别、年龄、个性、职业、知识背景、生活阅历等等因素都会影响作者的语言风格。当然，语言的风格也受制于写作的内容、体裁和语体等各方面因素。如下是几种主要的语言风格：简练与繁复、朴实与绚丽、正统与新奇。

一、简练←→繁复

简练，是指语言的概括力与表现力的兼备，而非语言的贫乏与苍白。唐代杜牧名篇《阿房宫赋》开头"六王毕，四海一。蜀山兀，阿房出。"只用了12个字就把阿房宫的建造背景交代清楚了。即：建造的时间是当秦灭六国，天下统一之时；建造的规模是倾举国之力，耗费巨资；建造的目的是满足秦始皇的穷奢极欲；建造的后果是劳民伤财、民不聊生。也暗示这是秦朝短命的原因。这可称得上是简练的典范。

繁复，不是指啰唆、废话或是随意的堆砌辞藻，而是指**必要的细致详尽以及匠心设计的重叠与复沓手法**。如《木兰诗》中"东市买骏马，西市买鞍鞯，南市买辔头，北市买长鞭"的铺排，是为了渲染木兰因对家乡的眷恋而有意四处流连的行为。有时候，为了达到特别的表达效果，作者有意用看似啰唆的语言，比如鲁迅《社戏》：

> 于是看小旦唱，看花旦唱，看老生唱，看不知什么角色唱，看一大班人乱打，看两三个人互打，从九点多到十点，从十点到十一点，从十一点到十一点半，从十一点半到十二点，——然而叫天竟还没有来。

这种"啰唆"具有强烈的艺术感染力，把"我"苦苦等待的厌烦与不耐表现得淋漓尽致。

又如当代作家韩少功的小说《马桥词典》中谈"吃"的一段文字：

> 我初到马桥时，在地上干活，蛮人们除了谈女人，最喜欢谈的就是吃。……（中略）吃鸡肉鸭肉牛肉羊肉狗肉鱼肉，还有肉——这是对猪肉的简称。吃包子馒头油饼油糕面条米粉糍粑，当然还有饭，就是米饭。我们谈得津津有味，不厌其烦，不厌其详也不厌其旧，常谈常新常谈常乐，一直谈得手舞足蹈，面生红光，振振有词，一个个字都在充盈的口水里浸泡得湿漉漉的，才被舌头恶狠狠弹出口外，在阳光下爆炸得余音袅袅。

这段绘声绘色的描写使我们身临其境地感受到当时的人们唾沫横飞的样子。在饥饿的年代，人们对吃的话题这么投入，非常符合实情，这也是一种心理补偿。

无论用简练还是用繁复的语言，都能写出好文章。需要之时浓墨重彩，否则不妨惜墨如金。

二、朴实⟷绚丽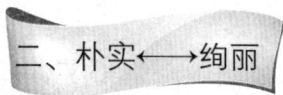

朴实，不等于语言贫乏，文笔粗糙。相反，朴实也是一种美。但这要求作者在词语的锤炼上有真功夫。普通词语，如果用得巧妙，也能使它们放出奇异的光彩。作家姚雪垠说："就文学语言说，要做到朴素，必须合乎语言的自然，反对雕凿气，更反对矫揉造作。……要求文字上雕琢华丽容易。要求朴素自然较难。"[1]苏轼说："凡文字，少小时须令气象峥嵘，采色绚烂，渐老渐熟，乃造平淡。其实不是平淡，绚烂之极也。"（苏轼《与侄书》）可见，朴素平淡是一种极高的语言修养。平淡到极点，反而成了绚丽。汪曾祺的小说常有这种平淡朴实之美：

> 明海出家已经四年了。
> 他是十三岁来的。
> 这个地方的地名有点怪，叫庵赵庄。赵，是因为庄上大都姓赵。叫作庄，可是人家住得很分散，这里两三家，那里两三家。一出门，远远可以看到，走起来得走一会，因为没有大路，都是弯弯曲曲的田埂。庵，是因为有一个庵。庵叫菩提庵，可是大家叫讹了，叫成荸荠庵。连庵里的和尚也这样叫。"宝刹何处？"——"荸荠庵。"庵本来是住尼姑的。"和尚庙""尼姑庵"嘛。可是荸荠庵住的是和尚。也许因为荸荠庵不大，大者为庙，小者为庵。
>
> （《受戒》）

这段文字，几乎都是"大白话"，很难找到"优美的"形容词。整段似一位老者娓娓道来，质朴自然而饶有兴味的气息扑面而来。

绚丽，是一种较多使用优雅华丽的辞藻，比较讲究语言形式美的语言风格。如下为台湾著名诗人、散文家余光中散文《沙田山居》中的一段文字：

> 从我的楼上望去，马鞍山奇拔而峻峭，屏于东方，使朝暾姗姗其来迟。鹿山巍然而逼近，魁梧的肩膂遮去了半壁西天；催黄昏早半小时来临，一个

---

[1] 《作家谈语言朴实无华》，白润生编：《写作趣闻录》，北京：人民日报出版社，1983年，第67页。

分神,夕阳便落进他的僧袖里去了。一炉晚霞,黄铜烧成赤金又化作紫灰与青烟,壮哉崦嵫的神话,太阳的葬礼。阳台上,坐看晚景变幻成夜色,似乎很缓慢,又似乎非常敏捷,才觉霞光烘颊,余曛在树,忽然变生咫尺,眈眈的黑影已伸及你的肘腋,夜,早从你背后袭来。那过程,是一种绝妙的障眼法,非眼睫所能守望的。等到夜色四合,黑暗已成定局,四围的山影,重甸甸阴森森的,令人肃然而恐。尤其是西屏的鹿山,白天还如佛如僧,蔼然可亲,这时竟收起法相,庞然而踞,黑毛茸蒙如一尊暗中伺人的怪兽,隐然,有一种潜伏的不安。

(《沙田山居》)

上段文字辞藻华丽丰富,甚至出现朝暾、肩膂、崦嵫、余曛等冷僻而古雅的词语。还采用"姗姗""重甸甸""阴森森"等具有音乐性的叠音词,使文字古雅华美。比喻比比皆是,还运用拟人、排偶等多种修辞手段,使整段文字尽显绚丽奢华。

绚丽是为了某种特殊的表达需要,是为了制造一定的艺术效果,而不应该一味地追求华美。老舍说:

> 初学写作的人,往往以为用上许多形容词、新名词、典故,才能成为好文章。其实,真正的好文章是不随便用,甚至于干脆不用形容词和典故的。用些陈腐的形容词和典故是最易流于庸俗的。我们要自己去深思,不要借用偷用滥用一个词汇。真正美丽的人是不多施脂粉、不乱穿衣服的。

(老舍《我怎样学习语言》)

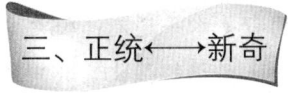

三、正统←→新奇

语言的正统与新奇涉及语言的共性与个性之间的关系问题。一般而言,为了让读者能理解,通常作者会遵守语言表达的规范和习惯,在写作中尽可能少用不合规范或难以理解的语句,即使是自创新词、新句式,也应力求能让读者读懂。但另一方面,每个人都是独立的、有个性的人,不可能所有人都用同一个腔调说话。瑞士语言学家索绪尔曾区分"语言""言语"这一对概念:"语言"指的是一个整体系统、一个宏观抽象,而从个人口中说出的、手中写出的,有具体使用语境与情境的则是"言语"。语言,基于共性、群体性与普遍规则;言语,则基于个体自身体验。我们的写作,追求的应该是既遵循而又不拘泥于"语言"规则的个性化的"言语"。

俄国的形式主义文论家们曾提出过**"陌生化"**（或曰"奇特化"）原则：越是常见的东西，人们越是不注意；而越是陌生的东西，人们越是会产生强烈的兴趣。据此，如果作者能违反常规，出其不意、别出心裁地使用词句，就会获得陌生化的效果。

其实，语言分很多种使用类型，有日常化的语言，有艺术化的语言，还有标准化的语言，日常语言和艺术语言是对标准语言的偏离。语言的新奇性我们常常可以在日常生活中碰到，艺术语言尤其要求创造性。在文学写作中，奇特新鲜的语言表达是很常见的。鲁迅在散文《秋夜》开头就有这样一句话："在我的后园，可以看见墙外有两株树。一株是枣树，还有一株也是枣树。"余华在小说《世事如烟》中写一个瞎子的感觉，也用了有些"怪异"的表达："她们的声音很光滑，让瞎子想到自己捧起碗时的感觉。"苏童在《一九三四年的逃亡》中也有这样的"怪"句子："陈宝年心中长出一棵灰暗的狗尾巴草。"这是用来形容陈宝年心痒难搔的感觉。

思维与写作训练

一、请将"精品""精当""精练""精美""精细""精彩""精深""精明""精巧""精到"这10个词语填入适当的空格中：

第15届"飞天奖"获奖的51部作品，虽然所达到的审美水平还有高低之分，但从整体上有力地显示出这一年度我国电视剧创作（　　）意识的强化。其中的佼佼者，堪称艺术精品。荣获中篇连续剧一等奖的《沟里人》，不仅在思想内涵的开掘上洋溢着鲜明的时代特色和强烈的民族精神，深刻地揭示出我国农村改革生活的本质和历史走向，而且在艺术表现上真正做到了结构（　　）、语言（　　）、画面（　　）、制作（　　）、表演（　　）。此外，《雪震》熔民族矛盾、阶级矛盾于一炉，在历史内蕴开掘上的（　　）；《东方商人》把当代先进意识巧妙地熔铸于对历史叙述的审美创造的全过程，在艺术表现上恰到好处的（　　）；《上海大风暴》巧设人物关系，总揽全局，在戏剧构思上丝丝入扣的（　　）；《九·一八大案纪实》独树一帜，别开生面，扣人心弦，雅俗共赏，在艺术形式开拓创新上的（　　）……所有这些，都为中国电视剧创作提高质量提供了宝贵的经验。

（仲呈祥《关于繁荣我国电视剧创作的思考——兼评第15届"飞天奖"获奖作品》）

二、下面这段文字继承了传统文言文的表达特点，请根据文言文的表达习惯，为每一空白（括号）处填一个恰当的文言字（单字词）：

江轮（　）着细雨，（　）我到肇庆。冒雨游了一（　）七星岩，走得匆匆，看得蒙蒙。直到鼎湖山时，已（　）黄昏。雨倒是（　）住了，雾（　）得更开。山只（　）出窄窄的一段脚，齐腰以上，宛如轻纱遮面，看不真切。眼不见，耳则愈灵。过了寒翠桥，还没踏上进山的途径，泠泠淙淙的泉水就扑面而来。泉声（　）清朗，闻声如见山泉活脱迸跳的姿影，引人顿生雀跃之心。身不由己，（　）声而去，不觉渐高渐幽，已（　）山中。

（谢大光《鼎湖山听泉》）

第六章　叙述的方法和艺术

叙述就是记叙和述说，就是把人物的经历或事件、现象的发生发展过程表现出来。叙述是最基本、使用最频繁的一种表达方式，不仅记叙性文章（包括小说、剧本、消息等）离不开叙述，就连描写性、抒情性、说明性、议论性文章也离不开叙述，各种实用文体（如公文、消息、论文）也离不开叙述。叙述的作用主要有：

介绍人物的身世、经历、事迹、动作等，或者介绍某种现象、情况。

介绍事件发生发展的过程，使读者对事件发生的时间、地点、背景、原因、结果以及事件发展变化的过程和原委，有全面完整的了解。

为议论说理提供具体的事例，为说明、描写、抒情提供背景或事由。

第一节　叙述的要素与叙述线索

一、叙述的要素

叙述有四个要素：时间、地点、人物、事件。叙述的基本对象是事件。事件包括起因、经过和结果，叙述侧重的是事件在一个时间段里面的延展，因此**事件的过程是叙述的重点**。

一般来说，事件的发生或现象的出现，都有具体的时空，如某年某月某日某时或某个历史朝代，只有在民间故事、童话、神话等类型的叙述文中，可能没有十分具体的时间、地点交代而只用"很久以前""古时候""某地""某国"这样的模糊表示。

一般来说，实用文章，如新闻报道、公文中的情况报告和通报、司法文书等等，要求叙述的各要素俱全，即事件发生的时间、地点，事件中的人物，事件发生的原因、经过、结果都要交代清楚。比如新闻报道的写作有**"新闻五要素"**（五个W）之说，是指一则新闻报道必须具备的五个基本要素，分别为何时（When）、何地（Where）、何事（What）、何因（Why）、何人（Who）。有人还提出新闻叙事中还应包括一个"怎样"（How）的内容。

文艺性的叙事作品不一定把事件的来龙去脉都交代得那么清楚，省略与空白反倒能造成特别的艺术效果。但是，一般而言只有起因与结果可以省略或缺失，事件的过程是不可或缺的，否则就不成其为叙事了。有的叙述文（主要是小说）故意省略或悬置事件起因，借此制造悬念，吸引读者兴趣，调动读者求索的热情；或者省略结局，让读者耿耿于怀，多方设想。

在小说叙述中，省略故事结果又称**开放式结局**。比如金庸的武侠小说《雪山飞狐》，结尾是大侠胡斐与苗人凤两人比武决斗，写到即将分出生死胜负的时候，作者却打住了，以一个悬疑式的问句"胡斐到底能不能平安归来和她相会，他这一刀到底劈下去还是不劈？"结束了整部小说。金庸在小说的《后记》中这样解释了这个中断的结局：

《雪山飞狐》的结束是一个悬疑，没有肯定的结局。到底胡斐这一刀劈下去呢还是不劈，让读者自行构想。

沈从文的小说《边城》也是一个开放式的结尾：爷爷死后，翠翠一个人在渡口边住下来，等待傩送回来娶她，可是——

这个人也许永远不回来了，也许"明天"回来。

这也反映了作者的不忍之心：不忍心将一个不好的结局加在这可爱的女孩子身上。

二、叙述的线索

有的叙述文，可能包含众多的人物、复杂的人物关系和众多的情节、细节，如果找不到一条可以串联起它们的线索，就无从下笔，勉强拼凑在一起也会让读者感到杂乱无章，难以卒读。因此需要通过设置叙述的线索来解决。

线索，可以是由一个人物、角色的活动来串联其他人物与事件，可以是由一个物体的流转来串联起其他人、事与物，也可以是由时间、地点的转换来串联其他各色人物和事件。按照所叙述的人物、事件的多寡，可以分别设置单一线索或复合线索。

单一线索。即以一个人（或人格化的动物等）的经历和行动为线索（如《阿Q正传》），或以一件事的前后发展过程为线索，或以一个物（动植物、物品）为线索（如《记一辆纺车》），或以某种思想感情为线索（如《记念刘和珍君》《荔枝蜜》），或以时间、空间为线索（《海滨仲夏夜》）。

复合线索。即多条线索的齐头并进，时而各自独立运行，时而发生交汇。有两种情况：（1）设置主副线——如《三国演义》以蜀国的活动为主线，以魏、吴两国的情况为副线，这样有利于突出叙述和描写的重点，反映了作者"尊刘"的立场；（2）设置明暗线——如鲁迅的《药》以华家的故事为明线，以夏家的故事为暗线，表达了鲁迅的某种认识与看法：愚昧的一方、落后的一群置于前台，觉醒的一方、革命力量的一方置于后台，显示旧中国、旧势力、旧习惯的强大与新生的革命势力的弱小。华家与夏家，两条线先分开叙述，这正是象征着两个族群的隔膜，最后华大妈与夏奶奶坟头相遇，两线交错，预示沟通的开始。

第二节　叙述中的时间处理艺术

叙述的技巧中最重要的是时间处理的艺术。叙述中的时间又可分为"**故事时间**"（或自然时间）与"**叙述时间**"两种形态，前者是故事实际发生的时间形态（包括时序、时长等），后者则是作者或叙述者在叙述事件的时候对原初事件时间形态的处理。作者或叙述者往往并不是按故事发生的自然顺序来逐步讲述，他很可能把先发生的事情或事情的起因放在后面叙述，而把后发生的事情或事件的结果提前到作品开头来写，这种对故事时间次序的处置往往形成顺叙、倒叙、插叙、补叙等。此外，作者还可以对原初的故事时间跨度进行拉长或压缩，这样，几十年间发生的事，作者可能仅仅用一句话就交代过去，而几分钟甚至几秒钟内发生的事情，作者可能花上几十页的篇幅来讲述。这种做法又称快叙与慢叙，或详叙与略叙。总之，对故事时间形态的扭曲、变形能达到特别的效果，构成叙述的重要艺术手段。

一、时间次序的处理

从时间的次序关系来看，有顺叙、倒叙、插叙、补叙、预叙、平叙等多种技巧。

> 多年以后，面对行刑队，奥雷里亚诺·布恩迪亚上校将会回想起父亲带他去见识冰块的那个遥远的下午。那时的马孔多是一个二十户人家的村落，泥巴和芦苇盖成的屋子沿河岸排开……
>
> ——加西亚·马尔克斯《百年孤独》

1. 顺叙

就是按照事件发生、进展、结束的自然时序或者人物经历的自然顺序展开的叙述方法。顺叙是最基本最常用的叙述方法，一般都是叙述的主干部分，插叙、倒叙等其他叙述方法都是在顺叙的基础上产生的变化。

顺叙的优点，是符合人们的认识习惯，较易为读者理解。这样写条理清楚，情节连贯，易于将事情叙述清楚。但它也容易造成呆板的感觉，使文章显得平直单调。所以在运用这种方法时，要注意材料的取舍和详略的安排，突出重点和主次，不能平均用墨，否则就会形成平铺直叙的"流水账"，使读者感到乏味。

2. 倒叙

就是把事件、人物的结局或者发展过程中最精彩或最重要的片断提前到前面来叙述，然后再按事件发展或人物行动的自然顺序进行顺叙。这种叙述方式较适合于情节复杂或时间跨度较大的事件。

倒叙有三种：一是**结局提前**，读者知道了结果就会急于知道原因，这就激发起了读者的好奇心与猜想力。大部分的侦探题材的小说、影视剧都是结局（案件发生）提前叙述。又比如鲁迅的短篇小说《祝福》，一开头就以触目惊心的死亡结局来强化悲剧色彩，叙述了在人们迎接新年的祝福声中祥林嫂却凄然死去的事情，然后再从头叙述她不幸的一生。二是**片断提前**，可以一下子就把读者的注意力吸引到关键情节上来，引人入胜。三是**用回忆、回想的方式开头**。使用倒叙，一是要注意交代清楚，在倒叙与顺叙衔接转换之处做一些必要的说明（过渡），以免读者感到糊涂。有时，还得适当压缩事件过程，使叙述更紧凑。

3. 插叙

就是暂时中断原来的叙述线索，插入与此有关的一段小插曲。插入的部分只是一个片断，叙完后再回到原来的情节链条中去。所插内容或者是"闲笔"，起舒缓叙述节奏、营造氛围等的作用；或者是解释性资料，起解释说明的作用；或者是背景性资料，起丰富叙述内容、增加信息量等作用。插叙又可细分为四种：

一是**追叙**，即追记、追忆性叙述，又称**回叙**，所插内容是正在叙述的内容之前发生的事。鲁迅的小说《故乡》中，"我"和"母亲"谈起闰土时，插入少年闰土和"我"的友谊片断，便是追叙：

这时候，我的脑里忽然闪出一幅神异的图画来：深蓝的天空中挂着一轮金黄的圆月，下面是海边的沙地，都种着一望无际的碧绿的西瓜，其间有一个十一二岁的少年，……

二是**补叙**，对未正面叙述的内容补充交代。鲁迅《五猖会》中，叙述到父亲叫"我"背书的情况时，写道：

……我知道有些蹊跷，四面一看，父亲就站在我背后。
"去拿你的书来。"他慢慢地说。
这所谓"书"，是指我开蒙时候所读的《鉴略》。因为我再没有第二本了。我们那里上学的岁数是多拣单数的，所以这使我记住我其时是七岁。
我忐忑着，拿了书来了。……

"这所谓的'书'……"这一段就是补充交代。

三是**诠叙**，即插入的内容是对人、事、物进行解释或说明，以帮助读者理解。《故乡》中关于"狗气杀"的解释就是诠叙：

……杨二嫂发见了这件事，自己很以为功，便拿了那狗气杀（这是我们这里养鸡的器具，木盘上面有着栅栏，内盛食料，鸡可以伸进颈子去啄，狗却不能，只能看着气死），飞也似的跑了……

四是**预叙**，即插入的内容是对以后才发生的事情的提前叙述。

使用插叙要注意：一是不可滥用，以免使叙述枝节太多，进展缓慢，让读者厌烦；二是不可太长，以免模糊叙述的主干；三是要注意做好"插入"与"转出"的过渡与衔接。

4. 分叙

是一种平行式的分别叙述，在人物和事件较多的较长容量的叙述文中出现，分别叙述不同的人与事件，其间有交叉或最后有汇合。平行叙述有两种：一种是

"花开两朵,各表一枝"式,即对于同时发生而又联系紧密的几件事,先叙述一件,然后再叙述另一件,让几件事并行展开。另一种是交叉式。即把两件或两件以上的事,两条或两条以上的线索,交叉地进行叙述。

二、叙述的详略与快慢节奏

叙述的详略也即**详叙**与**略叙**。在文艺作品中常常将人物一生中的不重要的许多年(十年、二十年或更多)一笔带过,而又将人物一生中最重要的某个时段或时刻作不厌其详的精细叙述。有时一瞬间的事情,作者要花上好几页的篇幅来叙述、描写,使读者感觉像是经过了几个小时一样。这种叙述的详略有点像影视画面中的慢镜头与快镜头。一般地说,实用性文章多用概略的叙述,简明扼要,而文艺性作品则多用详细的叙述,以达到具体、形象和生动的效果。

古代著名叙事诗《木兰诗》就巧妙地运用详叙与略叙的手法,来表达民间对和平的家庭生活的向往及对战争的厌恶。这篇叙事诗详叙的有三处:一是木兰做出代父从军的决定之前的烦恼、犹豫以及离家前的眷恋,花了相当多篇幅来描述木兰的"叹息"和"所思",以及离家前做准备工作时的东市、西市、南市、北市到处跑的行止,这表现的是木兰对自己生活过的地方的留恋;二是详细叙述了木兰投军路上的各种见闻与感受,那种"不闻爷娘唤女声,但闻黄河流水鸣溅溅"的行旅感受,体现的是木兰对环境的陌生感、寂寞感和紧张感;三是详叙了凯旋之后辞官归故里的情形,不厌其烦地叙写了一家人对她归家的反应,以及她到家后"当窗理云鬓,对镜贴花黄"的举动。与这三处详叙相反,作者略叙的是十年的军旅生活与经历,只用"万里赴戎机,关山度若飞,朔气传金柝,寒光照铁衣,将军百战死,壮士十年归"这短短三十个字就一笔带过。

叙述的详略产生节奏的紧张与松弛,是为"**快叙**"与"**慢叙**",即快节奏的、跳跃式的叙述与慢节奏的缓慢迟滞的叙述风格。慢叙一般用于细节描写(比如人物肖像描写、动作描写、心理描写、风景描写、场景描写)之时,多用于文艺性作品。

第三节 叙述者、叙述角度与人称使用

一部叙事作品的(实际的)作者绝对不可能与这部叙事作品的叙述者混为一谈。……(叙事作品中)说话的人不是写作的人,而写作的人又不是存

在的人。

——罗兰·巴尔特《叙事作品结构分析导论》

一、叙述者：功能、类型及姿态

叙述者就是讲故事的人。叙述者与作者并不是一回事。叙述者是作者有意设计与安排的一个工具，用以承担两种使命：一是讲述故事；二是传达某些价值、理念和对人对事的态度、评价。

叙述者可以是故事中的一个出场人物，也可以是一个与故事无关的不出场的人。叙述者表达出来的情感和价值观可能等同于作者，也可能与作者不相同。尤其是在虚构性的文艺作品中，第一人称的叙述者"我"也并不就等于作者。比如《一件小事》就是鲁迅虚构的一个故事，其中的"我"既是故事的叙述者又是故事中的一个人物，但不能被看作是鲁迅自己。小说《孔乙己》中的"我"也不等于鲁迅。

一般来说，自述性文章和书信、日记、游记等文章中的"我"在叙述的立场上大都可以等同于作者自己，而虚构性文学作品（如小说）中的"我"在价值观、叙述立场等方面与作者的关系比较复杂，可能趋同、接近，也可能有差异，甚至是对立，比如在反讽性叙事中。

作为一个设计出来讲故事的工具，**叙述者的类型**是五花八门、多种多样的：作家们或把它设计为成年人，或设计为少年儿童，甚至可以设计为弱智的白痴或是疯子，甚至可能是非人的动植物、鬼魂，等等。

许多作家热衷于把叙述者设计为一个儿童或白痴，这样能达到意想不到的叙述效果。比如鲁迅小说《狂人日记》中的叙述者"我"就是一个精神不健全的疯子。由于小孩、白痴、疯子在心智上不同于正常人和成年人，他们怀着幼稚、纯洁、肤浅或变态、怪异的心灵与眼光去看待世界、看待他人，往往能获得与一般人不同的感受，揭示隐藏在表象背后的不为人所知的真相，暴露成人世界的丑恶或正常世界的不正常。比如法国小说家莫泊桑的小说《我的叔叔于勒》就是借"我"这个少年来暴露父母的市侩习气与社会的人情冷暖。《狂人日记》则借患了被迫害妄想症的"狂人"之口道出了中国封建礼教、文化的虚伪和"吃人"本质。

在一些幻想性的文章写作中，比如在童话、儿童小说、科幻小说中，叙述者还常常被设计为动植物、鬼神、外星人等等，用它们的世界和价值观来映衬人类的价值观，用非人类的眼光来打量人类社会，显示出强烈的批判性和讽刺性。

作为情感和价值观的传送者，叙述者有一个**仰叙**或是**俯叙**、**平叙**的叙述姿态问题。仰叙是指叙述者对主人公、对事件采取一种崇拜和赞扬的姿态来讲述，比如叙述英雄人物的事迹，叙述重大的政治事件、历史事件时常常会采用这种姿态。俯叙，即叙述者以居高临下的姿态来审视和打量故事及故事中的人物，叙述者在社会地位、智力或道德上高于故事中人，因此常带怜悯、讽刺、批判立场来讲述。鲁迅的《一件小事》是典型的仰叙，《祝福》《故乡》则是典型的俯叙。还有既非仰叙又非俯叙的平叙，即叙述者以平等的姿态来看待事件和人物，对人物、事件既不拔高，也不轻视和贬低。

叙述者是情感和价值观的载体，所以在叙述中也有一个情感和立场呈现的显隐问题，这就形成高调叙述与低调叙述两种风格。**高调叙述**是指叙述者在叙述中渗进自己很强烈的情感立场，不管是歌颂赞扬还是讽刺批判，情感色彩都很鲜明、浓郁。而**低调叙述**则相反，叙述者用一种客观、冷漠的态度来叙述人和事，尽量掩盖情感色彩和倾向。

二、叙述角度：全知、限制、客观

叙述角度，也称视角，是叙述者观察、感知故事的角度，或者说是叙述者相对于故事的位置与关系。根据叙事学的理论，我们依照叙述者是否在故事中出场，把叙事角度划分为两大类：外视角与内视角。**外视角**是指叙述者不参与故事，站在故事之外来观察和讲述，作为旁观者，叙述者可以做到旁观者清，所以又称全知叙事或全知视角；有时叙述者也采用客观化的叙述方式，称为客观视角。**内视角**则是指叙述者在故事中出场，作为故事中的一个角色而活动并且由它来讲述故事，由于当局者迷，叙述者的讲述权力受到限制，因此又称限制叙事或限知视角。不同的视角各有其特点。

在**全知叙事**中，叙述者可以知道和讲述任何时间、地点发生的，任何人物身上的故事，包括人物的过去、现在与未来，包括人物的外在行为表现与内在心灵世界。它不受具体时间、空间的限制，还可以充分表达叙述者的主观倾向与评价。它视野开阔，起承转合自由自在，适合于表现广阔的社会生活画面，可以说它是使用频率最高，最为基本的一种叙事角度。它的缺点则是交代得太多太充分，以至于压缩了读者的猜想、推理等参与空间。

限制叙事，叙述者所知有限，只能写他亲身经历、亲眼所见或亲耳所闻、心中所想，他不知道的事就无权叙说，他不在现场的事情就不能正面描写，也不能进入别人的内心世界，不能直接描写别人的心理活动，只能靠猜测。由于叙述者所知有限，就可以产生悬念、意外等效果。比如莫泊桑的小说《项链》始终把叙述角度限制在主人公玛蒂尔德身上，所以读者也和主人公一样以为项链是真的，价值三万六千法郎，结果，小说到最后才让读者和主人公知道当年的这条项链是假的，让女主人白白牺牲了十年。如果小说采用全知视角，我们从一开始就知道那条项链是假的话，那么我们就没有多少兴趣读下去了。

客观视角，只能讲述叙述者的所见所听，不能进入人物的心灵，也不能写叙述者自己的心理活动与主观意见，这有助于制造客观化、神秘化、陌生化的效果。

一般来说，全知叙事多用于整篇叙述文，长篇的叙述文，如长篇小说、叙事诗、剧本等，通常整体上采用全知叙事，以便为读者提供尽可能丰富的信息。相比较于全知叙事，限制叙事和客观叙事多见于短篇的叙事文（如短篇小说）之中，也可使用在长篇叙事文中的部分章节或故事片断中。

在实际的叙述进程中，叙述角度也可以作适当的转换。比如由全知转为限制或客观视角，或者由客观、限制视角转为全知视角。视角的转换也就是信息的增补或删减，通过对信息量的控制来调节、影响读者对故事的参与程度及评价态度。在同一叙述角度类型，比如限制叙述类型内部，也有进一步的观察、感知角度（视角）的转换。比如《红楼梦》中林黛玉进贾府这一章，先是从林黛玉的眼光打量贾府的环境布局与上上下下各色人等，然后是从众人的角度看黛玉："众人见黛玉年貌虽小，其举止言谈不俗，身体面貌虽怯弱不胜，却有一段自然的风流态度，便知她有不足之症。"到了贾宝玉出场，又换了角度，先写黛玉眼中的贾宝玉模样，接着又从贾宝玉的眼睛来写林黛玉的模样。《水浒传》第三回《鲁提辖拳打镇关西》，也采用了视角（感知角度）转换的手法：

……（鲁提辖）扑的只一拳，正打在（郑屠）鼻子上，打得鲜血迸流，鼻子歪在半边，却便似开了个油酱铺，咸的、酸的、辣的，一发都滚出来……（鲁提辖）提起拳头来就（郑屠）眼眶际眉梢只一拳，打得眼睖缝裂，乌珠迸出，也似开了个彩帛铺的，红的、黑的、绛的，都滚将出来。……又只一拳，太阳上正着，却似做了一个全堂水陆的道场：磬儿、钹儿、铙儿一齐响。鲁达看时，只见郑屠挺在地上，口里只有出的气，没了入的气，动掸不得。

鲁达第一拳打在郑屠的鼻子上，这是从旁观者的角度写，接着就转换视角，从郑屠的角度写他挨了这一拳后的感觉（咸的、酸的、辣的），接下来又转入旁观者的视角（眼睖缝裂、乌珠迸出），再转回郑屠的知觉（耳鸣声响）……

叙述角度和感知视角的转换要注意读者的接受习惯与接受能力，不要转换得过于频繁而又没有交代，这样会让读者摸不着头脑，感到费解。

三、人称使用：第一人称与第三人称

人称，是作者（实用文）或叙述者（虚构文）讲述事件或指称人物时所采用的指称方式与称谓。通常有第一人称（"我""我们"的口吻）、第二人称（"你""你们""诸君""各位"）和第三人称（"他""她""它""他们"等）。一般认为第二人称不能独立存在，而总是依附于第一人称，因为出现"你""你们"等称谓时一定也有"我""我们"在场。所以叙述学上一般分为第一人称叙述与第三人称叙述两种。作者或叙述者现身时就使用第一人称，隐身时就使用第三人称。

叙述者、叙述角度和叙述人称总是紧密配合的。一般而言，全知叙事角度与客观叙事角度只采用第三人称，只有限制叙事可以采用第一或第三人称。第三人称叙事比较复杂，因为当使用第三人称时，人称"他"究竟指称叙述者还是人物，而且人物很多的情况下又是指哪个具体人物，容易混淆。"他"的指称对象常常变换，而为了让读者不感到迷乱，就有很多特殊的处理技巧。这里不讨论第三人称叙述的种种复杂情形，只讨论第一人称这种相对简单且颇具特色的叙述方法。

第一人称叙述就是作者或叙述者在文中以当事人或目击人的身份出现，以"我"或"我们"的口吻自我称谓并且叙述事情。第一人称叙述有三个显著的优点：

一是线索清楚、简单方便。依据"我"的行踪或所见所闻所感来叙述，就能构成一篇很有条理、线索清晰的文章，而且不需要刻意地安排。因此，这是一种技巧上很容易讨巧的写法。巴金就坦承："我喜欢用第一人称写小说，倒是因为自己知道的实在有限。自己知道的就提，不知道的就避开，这样写起来，的确更方便。"（巴金《谈我的短篇小说》）

二是颇具真实感。这类作品中，叙述者常常是事件的目睹者或参加者。我们读这些作品的时候，就好像在听一个朋友娓娓讲说他自己或亲邻的故事，感到格外亲切。叙述者就是故事的见证人，不容你不相信。

三是主观性强，便于抒情、议论，表达叙述者的倾向。作为叙述者，"我"对读者具有极强的引导力，"我"的同情或憎恶，"我"的是非观点，很容易感染和打动读者，影响读者。

第一人称叙述也有很大的**局限性**。这种**局限性**表现在：

叙述内容不能超出"我"的耳闻目睹和亲身经历的范围。一旦涉及叙述者"我"不在现场的情形，就只能通过别人的告知来间接地写，即只能转述而不能正面叙述和描写现场。

不能直接描写别人的心理活动，因为"我"不是别人肚子里的"蛔虫"。曾有人指出，余秋雨的散文集《霜冷长河》中有一篇《垂钓》就出现了"第一人称叙述的失误"。这篇文章以第一人称叙述到"我们发现，端坐着一胖一瘦两个垂钓的老人"时，这样写道：

> 奇怪的是，只离他两米之远的瘦老人却纹丝不动。为什么一条鱼也不上他的钩呢？正纳闷，水波轻轻一动，他缓缓起竿，没有鱼，但一看钓钩却硕大无比，原来只想钓大鱼。在他眼中，胖老人忙忙碌碌地钓起那一大堆鱼，根本是在糟践钓鱼者的取舍标准和堂皇形象。伟大的钓鱼者是安坐着与大海进行谈判的人类代表，而不是在等待对方琐碎的施舍。
>
> 胖老人每次起竿摘鱼都要用眼角瞟一下瘦老人，好像在说："你就这么熬下去吧，伟大的谈判者！"而瘦老人只以泥塑木雕般的安静来回答。
>
> 两人都在嘲讽对方，两人谁也不服谁。

加着重号的句子应该是作者（"我"）对瘦老人心理活动的猜测，因为"我"并没有与两位钓者交谈，不可能知道他们各自都想了什么。既然是猜测，就不宜直接叙述，而是应该加上"也许""好像""可能"这样的字眼以做标示，而且也不能揣摩得这样具体、细致。

三是不便于写自己的肖像。例如《祝福》里写"我"听说祥林嫂死讯后的感觉和神志："'死了，'我的心突然紧缩，几乎跳起来，脸上大约也变了色。"叙述者只能用"大约"来估计，而不能直接描写自己的脸色。

第一人称叙述其实还可细分为两种：

一种是**自我叙事**，即"我讲我自己的故事"，"我"就是作品中的主人公。这种视角便于描写主人公自己的内心世界，也便于主人公自我批判与反省，当然这种自我批判与反省中也常常隐含着辩解和自我辩护，比如卢梭的《忏悔录》、鲁迅的《伤逝》。

另一种是**配角叙事**，即"我讲别人的故事"，"我"只是作品中的一个次要人物，起勾连事件与人物或观察、陪衬主人公的作用。配角讲述的价值在于：一、旁观者清，方便观察与评说人和事；二、制造悬念效果，如《福尔摩斯探案集》通过配角"我"（华生）来叙述，使福尔摩斯的侦探心理不为人所知，使案件侦破过程有一种神秘感；三、显示一种情感姿态：为突出主人公形象而采用一种仰视、崇敬的叙述姿态，比如鲁迅的《一件小事》，或者采用一种俯视、怜悯、轻视的叙述姿态，如《祝福》中"我"对祥林嫂的怜悯态度。

四、常用叙述模式

叙述者、叙述角度加上人称的使用，就会呈现出如下几种叙述样态①。

第一人称限制叙事：

看着哈里大大咧咧地一头扎进报上的体育新闻里，我明白解脱自己的时刻已经到了。我必须说出来，我必须跟他说"再见"。他让我把果酱递给他，我机械地递了过去。他注意到了我的手在颤抖吗？他看到了我放在门厅里的箱子正在向我招手吗？我猛地把椅子往后一推，一边吃着最后一口烤面包，一边从喉头里挤出了微弱的几个字："哈里，再见。"跌跌撞撞地奔过去，拿起我的箱子出了大门。当我开车离开围栏时，最后看了房子一眼——恰好看到突如其来的一阵风把仍开着的门猛地给关上了。

第三人称限制叙事：

哈里很快地瞥了一眼幼兽棒球队的得分，却失望地发现他们又输了。报上已经写着："等到明年再说。"他本来就在为麦克威合同一事焦虑不安，这下真是雪上加霜。他想告诉艾丽斯自己有可能失去工作，但只有气无力地说了句："把果酱给我。"他没有注意到艾丽斯的手在颤抖，也没有听到她用微弱的声音说出的话。当门突然砰的一声关上时，他纳闷地抬起了头，不知道谁会早上七点就来串门。"唉，那女人哪去了？"他一边问自己，一边步履沉重地走过去开门。

第三人称客观叙事：

一位男人和一位女人面对面地坐在一张铬黄塑料餐桌旁。桌子中间摆着一壶咖啡、一盘烤面包以及一点黄油和果酱。靠近门的地方放着一只箱子。晨报的体育新闻栏将男人的脸遮去了一半。女人忐忑不安地坐在那里，凝视着男人露出来的半张脸。他说："把果酱递过来。"她把果酱递了过去，手在颤颤发抖。突然间，她把椅子往后一推，用微弱的声音说了声："哈里，

---

① 以下分类及四则例文参照申丹：《叙述学与小说文体学研究》，北京：北京大学出版社，1998年，第269—272页。

再见。"然后快步过去拿起箱子，走了出去，把门敞在那里。一阵突如其来的风猛地把门给刮闭了，这时男人抬起了头，脸上露出疑惑不解的神情。

第三人称全知叙事：

　　有时候，在一个看来不起眼的时刻，我们日常生活中累积起来的各种矛盾会突然爆发。对于哈里和艾丽斯来说，那天早晨他们坐在餐桌旁喝咖啡、吃烤面包时，就出现了这样的情形。这对夫妇看上去十分相配，但实际上，他们只是通过回避一切不愉快的事，才维持了表面上的和谐。哈里没有告诉艾丽斯他面临被解雇的危险，艾丽斯也没跟哈里说，她觉得有必要独自离开一段时间，以寻求真正的自我。当哈里看到报上登的幼兽棒球队的得分时，心想："该死！连棒球也让人心里不痛快，他们又输了。我真希望能够告诉艾丽斯自己失去了麦克威合同——也许还会丢了饭碗！"然而，他仅仅说了句"把果酱递过来"。艾丽斯递果酱时，看到自己的手在颤抖。她不知哈里是否也注意到了。"不管怎样，"她心想，"跟他说再见的时候到了，该自由了。"她站起来，低声说了句："哈里，再见。"然后过去拿起箱子，走了出去，把门敞在那里。当风把门刮闭时，两人都不知道，倘若那天早晨稍向对方敞开一点心房，他们的生活道路就会大不相同。

由上可见，**采用不同的叙述角度和人称，所呈现的故事信息和情感、价值倾向是不同的，所引起的读者的反应也会不同。**

第四节　情节设计的艺术

　　叙事艺术的核心就是情节设计，而情节设计的核心追求就是曲折、生动。过于平淡、简单而没有曲折和波澜的情节是很难吸引读者的。
　　制造曲折生动的情节，可用下列手法：

1. 设置悬念

　　小说《第二次考试》（何为著）开篇就叙述了这样一件奇怪的事情：考生陈伊玲在初试与复试时的表现判若两人，让人不可思议。为什么会有这样巨大的变化呢？这个疑问使苏林教授大惑不解，也给读者制造了悬念，使读者渴望答案，渴望读下去。

2. 误会与巧合

通过设置误会、误解性情节来引起矛盾冲突，可以使故事一波三折，加强对读者的吸引力。通过设置偶然性的、出人意料的因素来安排情节的技巧就是巧合法，它可以突破正常的事物发展进程，不受习惯、事理逻辑的限制，较方便地安排情节发展，促成矛盾冲突或顺利地解决矛盾冲突。俗话说，"无巧不成书"，文艺性创作是常常用到误会与巧合法的。

3. 突转与意外

即在情节的叙述中突然急转直下，超出了读者此前的预期或此前故事发展的方向，让人产生意想不到的效果。这种突转可以发生在情节的中端，也可以发生在故事的结尾。比如古希腊著名的悲剧《俄狄浦斯王》中男主人公下令追查罪人，却突然被告知自己的身世真相，发现自己才是那个罪人。美国小说家欧·亨利[①]所擅长的"**欧·亨利手法**"就是一种突转式的结局，如《警察与赞美诗》《麦琪的礼物》。又如莫泊桑的小说《项链》，女主人公最后突然被告知，那让自己付出了十年代价的项链竟然是赝品！

4. 重复与延宕

在较长篇幅的叙事作品中，作者为了强化思想主题或是持续地抓住读者的心，常常用带重复性的同类情节来延宕故事的结局。如《西游记》让唐僧师徒一次又一次地遭遇困境，直到凑满"九九八十一难"，才"功德圆满"。余华的小说《活着》也通过一次又一次的苦难事件来强化男主人公的悲剧性命运，考验其承受力。

小结

一般来说，**实用文章的叙述**（包括部分新闻文体）在叙述上的特点是：基本要素齐全（时间、地点、人物、事件起因、经过、结局），事件过程清晰；叙述简明扼要，风格平实客观；多用顺叙、概叙、略叙；叙述者是现实中的人且叙述风格上是非个性化的；多采用限制叙事、客观叙事；情节如实，不可编造。而**文艺性叙述**（包含部分新闻文体）的基本特点和要求是：叙述详尽、繁复、曲折；主观性叙述与客观叙述相配合；时序处理上，顺叙、倒叙、插叙、补叙（追叙）、分叙、预叙、回叙都可使用；详叙与略叙、快叙与慢叙均可；叙述者的身

---

① 欧·亨利（O.Henry，1862—1910），美国著名短篇小说家，其小说情节构思非常巧妙，特别擅长在故事发展到高峰时，突生转折，使故事以一个颇出人意料，又意义深远的结局结束。这种结局技巧，通常被称为"欧·亨利手法"。

份多样，形象多样（正常人、疯子、白痴、成年人、少儿、人类、动植物、鬼魂等）；可采用多种叙事角度，如全知、限制、客观叙述，故事内叙述（内视角）与故事外叙述（外视角）；可采用多种人称，如第一人称、第二人称（高行健小说《灵山》）、第三人称，单数人称或复数人称；情节上追求曲折生动，等等。

思维与写作训练

一、下面这两段文字在叙述上有没有问题？问题在哪儿？

早晨，我正在看书，小桃和青青吵了起来。我说："你们别吵了，我的英语作业没有做完，影响我了。"小桃一听，脸陡地变了颜色，心里冒起了火：同一房间，别人多讲一句都不能容忍，以后还能相处吗？她越想越气，"哼"了一声，大步走出门外，青青也气势汹汹地走出去了。

我走上二楼，见老师家房门闭着。我轻轻地敲了两下，老师正伏在写字台上批阅作业，她是那么聚精会神，连敲门的声音也没有听见。我只好再敲两下。老师听到了敲门声，这才把笔插在红墨水瓶中，走出来开门。

二、请为古典文学名著《三国演义》写一篇3000字左右的故事梗概，注意叙述的要素、线索、顺序、详略、角度、风格等等。

三、请指出后面的范文《史记·项羽本纪（节录）》在叙述时间安排上的技巧（顺序、倒叙、插叙、补叙、回叙等）。试着按照自然时序用记叙文体重写这篇文章，再与原文对照，看看效果有何不同。

范文和导读

史记·项羽本纪（节录）
司马迁

项籍者，下相人也，字羽。初起时，年二十四。其季父项梁，梁父即楚将项

燕，为秦将王翦所戮者也。项氏世世为楚将，封于项，故姓项氏。

项籍少时，学书不成，去学剑，又不成。项梁怒之。籍曰："书足以记名姓而已。剑一人敌，不足学，学万人敌。"于是项梁乃教籍兵法，籍大喜，略知其意，又不肯竟学。项梁尝有栎阳逮，乃请蕲狱掾曹咎书，抵栎阳狱掾司马欣，以故事得已。项梁杀人，与籍避仇于吴中。吴中贤士大夫皆出项梁下。每吴中有大徭役及丧，项梁常为主办，阴以兵法部勒宾客及子弟，以是知其能。秦始皇帝游会稽，渡浙江，梁与籍俱观。籍曰："彼可取而代也。"梁掩其口，曰："毋妄言，族矣！"梁以此奇籍。籍长八尺余，力能扛鼎，才气过人，虽吴中子弟皆已惮籍矣。

秦二世元年七月，陈胜等起大泽中。其九月，会稽守通谓梁曰："江西皆反，此亦天亡秦之时也。吾闻先即制人，后则为人所制。吾欲发兵，使公及桓楚将。"是时桓楚亡在泽中。梁曰："桓楚亡，人莫知其处，独籍知之耳。"梁乃出，诫籍持剑居外待。梁复入，与守坐，曰："请召籍，使受命召桓楚。"守曰："诺。"梁召籍入。须臾，梁眴籍曰："可行矣！"于是籍遂拔剑斩守头。项梁持守头，佩其印绶。门下大惊，扰乱，籍所击杀数十百人。一府中皆慑伏，莫敢起。梁乃召故所知豪吏，谕以所为起大事，遂举吴中兵。使人收下县，得精兵八千人。梁部署吴中豪杰为校尉、候、司马。有一人不得用，自言于梁。梁曰："前时某丧使公主某事，不能办，以此不任用公。"众乃皆伏。于是梁为会稽守，籍为裨将，徇下县。

广陵人召平于是为陈王徇广陵，未能下。闻陈王败走，秦兵又且至，乃渡江矫陈王命，拜梁为楚王上柱国。曰："江东已定，急引兵西击秦。"项梁乃以八千人渡江而西。闻陈婴已下东阳，使使欲与连和俱西。陈婴者，故东阳令史，居县中，素信谨，称为长者。东阳少年杀其令，相聚数千人，欲置长，无适用，乃请陈婴。婴谢不能，遂强立婴为长，县中从者得二万人。……（中略）于是众从其言，以兵属项梁。项梁渡淮，黥布、蒲将军亦以兵属焉。凡六七万人，军下邳。

当是时，秦嘉已立景驹为楚王，军彭城东，欲拒项梁。项梁谓军吏曰："陈王先首事，战不利，未闻所在。今秦嘉倍陈王而立景驹，逆无道。"乃进兵击秦嘉。……（中略）项梁前使项羽别攻襄城，襄城坚守不下。已拔，皆坑之。还报项梁。项梁闻陈王定死，召诸别将会薛计事。此时沛公亦起沛，往焉。

居鄛人范增，年七十，素居家，好奇计，往说项梁曰："陈胜败固当。夫秦灭六国，楚最无罪。自怀王入秦不反，楚人怜之至今，故楚南公曰'楚虽三户，亡秦必楚'也。今陈胜首事，不立楚后而自立，其势不长。今君起江东，楚蜂午之将皆争附君者，以君世世楚将，为能复立楚之后也。"于是项梁然其言，乃求楚怀王孙心民间，为人牧羊，立以为楚怀王，从民所望也。……
……

项梁起东阿，西，比至定陶，再破秦军，项羽等又斩李由，益轻秦，有骄色。宋义乃谏项梁曰："战胜而将骄卒惰者败。今卒少惰矣，秦兵日益，臣为君畏之。"项梁弗听。乃使宋义使于齐。道遇齐使者高陵君显，曰："公将见武信君乎？"曰："然。"曰："臣论武信君军必败。公徐行即免死，疾行则及祸。"秦果悉起兵益章邯，击楚军，大破之定陶，项梁死。……

……

初，宋义所遇齐使者高陵君显在楚军，见楚王曰："宋义论武信君之军必败，居数日，军果败。兵未战而先见败徵，此可谓知兵矣。"王召宋义与计事而大说之，因置以为上将军，项羽为鲁公，为次将，范增为末将，救赵。诸别将皆属宋义，号为卿子冠军。行至安阳，留四十六日不进。……

项羽已杀卿子冠军，威震楚国，名闻诸侯。乃遣当阳君、蒲将军将卒二万渡河，救钜鹿。战少利，陈馀复请兵。项羽乃悉引兵渡河，皆沉船，破釜甑，烧庐舍，持三日粮，以示士卒必死，无一还心。于是至则围王离，与秦军遇，九战，绝其甬道，大破之，杀苏角，虏王离。涉间不降楚，自烧杀。

当是时，楚兵冠诸侯。诸侯军救钜鹿下者十余壁，莫敢纵兵。及楚击秦，诸将皆从壁上观。楚战士无不一以当十，楚兵呼声动天，诸侯军无不人人惴恐。于是已破秦军，项羽召见诸侯将，入辕门，无不膝行而前，莫敢仰视。项羽由是始为诸侯上将军，诸侯皆属焉。

……

居数日，项羽引兵西屠咸阳，杀秦降王子婴，烧秦宫室，火三月不灭；收其货宝妇女而东。人或说项王曰："关中阻山河四塞，地肥饶，可都以霸。"项王见秦宫皆以烧残破，又心怀思欲东归，曰："富贵不归故乡，如衣绣夜行，谁知之者！"说者曰："人言楚人沐猴而冠耳，果然。"项王闻之，烹说者。

……

当此时，彭越数反梁地，绝楚粮食，项王患之。为高俎，置太公其上，告汉王曰："今不急下，吾烹太公。"汉王曰："吾与项羽俱北面受命怀王，曰'约为兄弟'，吾翁即若翁，必欲烹而翁，则幸分我一杯羹。"项王怒，欲杀之。项伯曰："天下事未可知，且为天下者不顾家，虽杀之无益，只益祸耳。"项王从之。

楚汉久相持未决，丁壮苦军旅，老弱罢转漕。项王谓汉王曰："天下匈匈数岁者，徒以吾两人耳，愿与汉王挑战决雌雄，毋徒苦天下之民父子为也。"汉王笑谢曰："吾宁斗智，不能斗力。"项王令壮士出挑战。汉有善骑射者楼烦，楚挑战三合，楼烦辄射杀之。项王大怒，乃自被甲持戟挑战。楼烦欲射之，项王瞋目叱之，楼烦目不敢视，手不敢发，遂走还入壁，不敢复出。汉王使人间问之，乃项王也。汉王大惊。于是项王乃即汉王相与临广武间而语。汉王数之，项王怒，欲一战。汉王不听，项王伏弩射中汉王。汉王伤，走入成皋。

……

项王军壁垓下，兵少食尽，汉军及诸侯兵围之数重。夜闻汉军四面皆楚歌，项王乃大惊曰："汉皆已得楚乎？是何楚人之多也！"项王则夜起，饮帐中。有美人名虞，常幸从；骏马名骓，常骑之。于是项王乃悲歌慷慨，自为诗曰："力拔山兮气盖世，时不利兮骓不逝。骓不逝兮可奈何，虞兮虞兮奈若何！"歌数阕，美人和之。项王泣数行下，左右皆泣，莫能仰视。

于是项王乃上马骑，麾下壮士骑从者八百余人，直夜溃围南出，驰走。平明，汉军乃觉之，令骑将灌婴以五千骑追之。项王渡淮，骑能属者百余人耳。项王至阴陵，迷失道，问一田父，田父绐曰"左"。左，乃陷大泽中。以故汉追及之。项王乃复引兵而东，至东城，乃有二十八骑。汉骑追者数千人。项王自度不得脱。谓其骑曰："吾起兵至今八岁矣，身七十余战，所当者破，所击者服，未尝败北，遂霸有天下。然今卒困于此，此天之亡我，非战之罪也。今日固决死，原为诸君快战，必三胜之，为诸君溃围，斩将，刈旗，令诸君知天亡我，非战之罪也。"乃分其骑以为四队，四乡。汉军围之数重。项王谓其骑曰："吾为公取彼一将。"令四面骑驰下，期山东为三处。于是项王大呼驰下，汉军皆披靡，遂斩汉一将。是时，赤泉侯为骑将，追项王，项王瞋目而叱之，赤泉侯人马俱惊，辟易数里，与其骑会为三处。汉军不知项王所在，乃分军为三，复围之。项王乃驰，复斩汉一都尉，杀数十百人，复聚其骑，亡其两骑耳。乃谓其骑曰："何如？"骑皆伏曰："如大王言。"

于是项王乃欲东渡乌江。乌江亭长舣船待，谓项王曰："江东虽小，地方千里，众数十万人，亦足王也。愿大王急渡。今独臣有船，汉军至，无以渡。"项王笑曰："天之亡我，我何渡为！且籍与江东子弟八千人渡江而西，今无一人还，纵江东父兄怜而王我，我何面目见之？纵彼不言，籍独不愧于心乎？"乃谓亭长曰："吾知公长者。吾骑此马五岁，所当无敌，尝一日行千里，不忍杀之，以赐公。"乃令骑皆下马步行，持短兵接战。独籍所杀汉军数百人。项王身亦被十余创。顾见汉骑司马吕马童，曰："若非吾故人乎？"马童面之，指王翳曰："此项王也。"项王乃曰："吾闻汉购我头千金，邑万户，吾为若德。"乃自刎而死。王翳取其头，余骑相蹂践争项王，相杀者数十人。最其后，郎中骑杨喜，骑司马吕马童，郎中吕胜、杨武各得其一体。五人共会其体，皆是。故分其地为五：封吕马童为中水侯，封王翳为杜衍侯，封杨喜为赤泉侯，封杨武为吴防侯，封吕胜为涅阳侯。

……

【导读】

本文大体以顺叙为主，但大量穿插了插叙、补叙和回叙性内容，这就很好地解决了叙事中千头万绪、立体交叉的问题，将不同空间同时发生的事件完整全面地记录下来，反映了历史的全貌，展现出一幅巨大的历史画卷。

比如插叙："陈婴者，故……""当是时，秦嘉已立景驹为楚王……""此时沛公亦起沛县，往焉。""田荣即引兵归，逐其王假。……"

比如补叙："项梁前使项羽别攻襄城，……""当是时，楚兵冠诸侯，诸侯军救钜鹿下者十余壁……"

比如回叙："初，宋义所遇齐使者高陵君显在楚军，……"

第七章　描写和抒情

　　描写，就是描绘与摹写，它要求对人物、事件或景物的面貌、状态和特征作具体、形象和逼真的描绘，以呈现事物的形象，使读者能产生宛如现场观看的感觉。描写的基本要求是具体、形象、生动。

　　抒情，是指作者或叙述者对人对事对物的主观态度和情绪情感的抒发和表现。情感是文章不可缺少的基本要素，但在不同的文体中，抒情的地位和表现的方式是不一样的。在诗歌和抒情性散文中，抒情占据着主要的地位，是主要的表述方法；在叙述性和描写性文章中，抒情往往用于渲染气氛、表达作者对人物的态度；在议论性文章中往往寓情于理，增强说理的感染力；在说明性文章中，也可以用抒情来强调事物的特征与价值。

　　描写和抒情一般用于文艺性文体（如文学文体和某些新闻文体）和一般性文体（书信、日记等）的写作之中，而在应用文体（如公文、文书、论文、调查报告）中极少出现。

第一节　人物、环境、场面描写

描写按照其对象的不同，可以划分为三种：人物描写、环境描写、场面描写。

一、人物描写

　　按描写的对象或角度的不同，人物描写可细分为肖像描写、动作描写、言语描写、心理描写四种。

1. 肖像描写

肖像描写是对人物的容貌、体态、神情、服饰、装扮等的描写。一位养尊处优的人与一位饱经沧桑的人士在外形上会很不一样。不同的身份，不同文化教养的人，他们展现的面貌、气度会有很大差别。所以肖像描写要抓住对象的特征。宋代许颛《彦周诗话》说得精辟：

> 诗人写人物态度，至不可移易。元微之《李娃行》云："鬅鬙峨峨高一尺，门前立地看春风。"此定是娼妇。退之《华山女》诗云："洗妆拭面着冠帔，白咽红颊长眉青。"此定是女道士。东坡作《芙蓉城》诗亦用"长眉青"三字，云："中有一人长眉青，炯如微云淡疏星。"便有神仙风度。

唐代诗人杜甫的诗作传神地展现了唐代各类人物的"肖像画"，从这一角度而言，亦可谓之"诗史"。"态浓意远淑且真，肌理细腻骨肉匀。"（杜甫《丽人行》），这是京城贵妇的肖像；"至老双鬟只垂颈，野花山叶银钗并。"（杜甫《负薪行》）这是山野村妇的肖像。

肖像描写的对象很庞杂，长相、穿着打扮都可以写。仅就长相而言，就有身高、体重、五官等多个表现方面，因此，肖像描写必须抓住最重要的"点"来写，选择最重要、最有意义的那些印象，不能面面俱到。

肖像描写时目的要明确，不要为描写而描写，而应该借肖像描写传达出有关人物的生活背景、身份地位等丰富的信息，能暗示出人物的性格或心理。

不过，相对于肖像，人物的言语、行动、心理活动是更具价值的描写点，对于塑造人物也更为关键。所以，肖像描写应该有所节制，即使要用也得尽量简洁。

2. 动作描写

动作描写是对人的行为举止的描绘。哲学家黑格尔曾说："能把个人的性格、思想和目的最清楚地表现出来的是动作，人的最深刻方面只有通过动作才见诸现实。"（黑格尔《美学》）

描写人物的动作要善于抓住关键性**动作细节**。在美国发生的一桩校园枪击案中，一个无辜的少年被杀害，在少年的葬礼上，记者们都注意到了悲伤打击下的孩子的父母。一个记者写道："极度悲伤的父母在整个葬礼仪式中一直泪流不止。"另一人记者写道："这对父母哭得很平静。富兰克林夫人不得不靠在丈夫的身上以支撑自己。"这两位记者各自抓住了人物的一个动作细节，都准确、形象地描绘了这位母亲的悲伤程度。

人的动作包括两类，一是习惯性动作，一是特定情境中的行为动作。习惯性动作的描写应该能够显示出人物的身份、性情，比如性急的人喜欢抓耳挠腮，性缓的人慢条斯理。描写人物特定情境下的动作则除了要准确描绘出动作本身的样态，还应该借此传达出有关环境气氛、人物心理、性格等方面的信息。试以鲁迅小说《药》中的一段描写为例：

  老栓慌忙摸出洋钱，抖抖的想交给他，却又不敢去接他的东西。那人便焦急起来，嚷道，"怕什么？怎的不拿！"老栓还踌躇着；黑的人便抢过灯笼，一把扯下纸罩，裹了馒头，塞与老栓；一手抓过洋钱，捏一捏，转身去了。嘴里哼着说，"这老东西……"

这段描写用"慌忙""摸出""抖抖的""踌躇"四个词来描写老栓的动作。"慌忙"既写出了老栓对人血馒头寄予厚望的心情，又写出了他的害怕，因刑场气氛而害怕。用"摸出"而不用"拿出"或"掏出"，是因为前者更能写出老栓的慌张。"抖抖的"也写出了老栓的害怕、恐惧。描写"黑的人"（即刽子手）则用了"焦急""嚷""抢""扯""裹""塞""抓""捏""哼"这几个词，传神地写出了刽子手凶狠、霸道、贪婪、暴躁的品性。可见，选好动词是写好动作的关键。

3. 言语描写

  写好人物言语十分重要。人物描写是否传神？性格是否鲜明？形象是否丰满？人物关系与处境是否清楚？这些方面都和言语描写的好坏相关。人的言语以两种形态呈现：对话、独白。独白又称"自言自语"，没有对话者。人物言语描写应该注意"什么人说什么话""对什么人说什么话""在哪个山头说哪种话"这些原则：

  第一，符合人物的身份、地位、职业等方面的特点。鲁迅曾说："……《水浒》和《红楼梦》的有些地方，是能使读者由说话看出人来的……如果删除了不必要之点，只摘出各人的有特色的谈话来，我想，就可以使别人从谈话里推见每个说话的人物。"（鲁迅《花边文学·看书琐记》）

  第二，能够暗示出说话者的个性或心理。比如《史记》写项羽与刘邦，两人都见过秦始皇出巡时的盛大场面与气派。项羽见到时对他叔父说："彼可取而代也！"刘邦则感慨地说："嗟夫！大丈夫当如此也。"一个心直口快，一个遮遮掩掩。两人的不同性格与共同心理昭然若揭！

  第三，能够揭示出说话者的处境与人物之间的关系。比如《红楼梦》中林黛玉进贾府一节写王熙凤的说话：

一语未了，只听后院中有人笑声，说："我来迟了，不曾迎接远客！"黛玉纳罕道："这些人个个皆敛声屏气，恭肃严整如此，这来者系谁，这样放诞无礼？"……这熙凤携着黛玉的手，上下细细打谅了一回，仍送至贾母身边坐下，因笑道："天下真有这样标致的人物，我今儿才算见了！况且这通身的气派，竟不像老祖宗的外孙女儿，竟是个嫡亲的孙女，怨不得老祖宗天天口头心头一时不忘。只可怜我这妹妹这样命苦，怎么姑妈偏就去世了！"说着，便用帕拭泪。贾母笑道："我才好了，你倒来招我。你妹妹远路才来，身子又弱，也才劝住了，快再休提前话。"这熙凤听了，忙转悲为喜道："正是呢！我一见了妹妹，一心都在他身上了，又是喜欢，又是伤心，竟忘记了老祖宗。该打，该打！"又忙携黛玉之手，问："妹妹几岁了？可也上过学？现吃什么药？在这里不要想家，想要什么吃的，什么玩的，只管告诉我。丫头老婆们不好了，也只管告诉我。"一面又问婆子们："林姑娘的行李东西可搬进来了？带了几个人来？你们赶早打扫两间下房，让他们去歇歇。"

王熙凤对下人、林黛玉、贾母说话的口气完全不一样，对下人是居高临下、盛气凌人、威胁命令，对贾母是百般奉承与讨好，对林黛玉则是既拉拢又显摆。这种变化，写出了她在贾府的权势、地位，也写出了她八面玲珑、善于见风使舵的个性。

第四，对话应能推动故事情节的发展。要使对话富有情节性，就得要求有潜台词，即"话中有话"。比方说一对恋人，女方因为自己疏忽导致某事出错，却常常会撒娇转嫁责任，对男方说："都怪你！都怪你！"碰到这样的情形，男方只好息事宁人地说："好了好了！都算我错行不行？！"这句话背后的含义是：明摆着是你的错，我已经帮你背黑锅了，你最好见好就收，不要太过分！因为受到这含义的刺激，女孩往往又用激动的语言说出另外一句话："什么叫作算你的错？明明就是你的错……"男方到此忍无可忍，脱口而出："拜托你讲点道理好不好？"女方一听不愿意了："我就是这样的人啦！你看不惯那就分手吧！"这样，一场激烈的争执就发展到不可收拾了。这样的对话富于冲突性，能推动故事情节的发展，在话剧、小说和电影中是非常重要的对话样式。

写人物言语时还要注意简洁，不要一说就一大堆，搞长篇大论，像在演讲。比如韩国电视剧《火鸟》中的一段对白：

男主二：爱情跟游泳的共同点是什么？你知道吗？
男主一：不知道。
男主二：除非真的掉下去，不然绝对不可能学会。

男主一：失去心爱的人，应该是个很大的打击。

女主一：就算那个打击有多的大，它还是会消失的，这就是人生。

4. 心理描写

心理描写的内容很丰富，包含显意识层的感受、感触、思考、联想，以及潜意识层面的幻觉、想象、梦境等。心理描写的方式通常有：

（1）描述。通常以"他想……""他心里寻思……"领起，或用内心独白的方式。

（2）形容。是由作者或叙述者出面，运用各种修辞手段来描述人物的心情心境，如"她好像喝了蜜糖似的，心里甜滋滋的""他肝胆寸裂，五内如焚"。

（3）剖析。是作者或叙述者从旁对人物的心理进行介绍、分析与评说。如《阿Q正传》之中对阿Q因为性压抑而产生的不健康的"男女之大防"心理的揭示：

> 他的学说是：凡尼姑，一定与和尚私通，一个女人在外面走，一定想引诱野男人；一男一女在那里讲话，一定要有勾当了。为惩治他们起见，所以他往往怒目而视，或者大声说几句"诛心"话，或者在冷僻处，便从后面掷一块小石头。

（4）展示。是让人物的心理活动自由地呈现出来，稍加甚至不加整理和编排，这在"**意识流**"小说中很突出。意识流的写法常常用于写梦境与迷幻状态。某些极端的意识流手法甚至都不允许作者（叙述者）对人物的意识活动内容作任何的选择与安排，而是完全任其自由呈现，杂乱无章。如詹姆斯·乔伊斯的诺贝尔奖获奖作品《尤利西斯》，最后一章写女主人公莫莉睡意蒙眬中的意识活动，就采用了不作整理和编排，也不用引号、不加标点的**自由间接引语式意识流**写法：

> 一刻钟以后在这个早得很的时刻中国人该起身梳理他们的发辫了很快修女们又该打起早祷的钟声来了她们倒不会有人打扰她们的睡眠除了一两个晚间还做祷告的古怪牧师以外隔壁那个闹钟鸡一叫就会大闹起来试试看我还睡不睡得着一二三四五他们创造出来的像星星一样的花朵龙巴街上的糊墙纸要好看得多他给我的裙子也是那个样儿……

人物描写不仅仅只指对人的描写，还包括对**人格化**的动物、植物、微生物、以及神仙鬼怪等的描写。在童话、寓言、民间故事、神话传说、科幻作品中，它们往往被赋予人性，也会说话，也会动作，也有个性与脾气，也有心理活动，还能思考问题……它们与人已经没有多少差别。因此人物描写的一切手段几乎都可以移用在它们身上。

二、环境描写

包括对自然风景的描写，对街道、市场景观，对室内布置、陈设以及仪式、风俗等人为人文环境的描写。

1. 自然风景描写

包括对天地山川等一切自然现象和景观的描写。自然风景的描写可以浓墨重彩也可以轻描淡写，可以客观写实，也可以主观写意。像游记、写景诗这类文章写景就是浓墨重彩，在小说这类记叙文体中更多的则是轻描淡写，稍加点染，以免破坏叙述的流畅性。好的景物描写应该虚实相生，所谓"实"是指抓住景物的特点，形象逼真地刻画，但这也容易把景物写得呆板，于是就需要采用一些"虚"的手法，在描写中渗透进主观性色彩，采用夸张、变形等手法。

景物的描写可以有**客观化的描写**、**主观化的描写**、**拟人化的描写**、**象征化的描写**等多种样态。客观化的描写就是如实地描写景物的形态。主观化的描写就是在描写中掺入观察者的一些主观情绪、情感活动。拟人化的描写则是赋予景物人化的色彩，如冰心的散文《我们把春天吵醒了》就把小草拟人化了：

> 他们乐得一跳多高！他们一个劲地往上钻，好容易钻出了深深的泥土。他们站住了，深深地吸了一口春天的充满了欢乐的香气，悠悠地伸开两片嫩嫩的翅叶。

象征型的景物描写就是赋予所写景物某种寓意，围绕着这种寓意来描写景物的样态。比如茅盾的《白杨礼赞》就以白杨树象征北方的军民，围绕"抗争精神"这一特征来描写白杨树：

> 那是力争上游的一种树，笔直的干，笔直的枝。它的干通常是丈把高，像加过人工似的，一丈以内绝无旁枝。它所有的丫枝一律向上，而且紧紧靠拢，也像加过人工似的，成为一束，绝不旁逸斜出。它的宽大的叶子也是片

片向上,几乎没有斜生的,更不用说倒垂了。它的皮光滑而有银色的晕圈,微微泛出淡青色。这是虽在北方风雪的压迫下却保持着倔强挺立的一种树。哪怕只有碗那样粗细,它却努力向上发展,高到丈许,两丈,参天耸立,不折不挠,对抗着西北风。

自然风景描写具有如下一些功能:

第一,映衬人物的心灵和情绪,像朱自清的散文《荷塘月色》中的景物描写就是如此。

第二,渲染故事氛围,烘托思想主题,如鲁迅《故乡》的开头写景:"时候既然是深冬;渐近故乡时,天气又阴晦了,冷风吹进船舱中,呜呜地响,从篷隙向外一望,苍黄的天底下,远近横着几个萧索的荒村,没有一些活气。我的心禁不住悲凉起来了。"

第三,作为社会环境的象征,如鲁迅小说《在酒楼上》结尾的写景:"我独自向着自己的旅馆走,寒风和雪片扑在脸上,倒觉得很爽快。见天色已是黄昏,和屋宇和街道都织在密雪的纯白而不定的罗网里。""密雪的罗网"就是对当时严酷社会环境的某种象征。

第四,调节行文节奏和韵律,如在激烈的情节冲突之后来点写景的闲笔,可以让读者喘一口气。

2. 人文环境描写

即带有较明显的人为痕迹和人类社会特点的环境布置的描写。

如**风俗**的描写。例如王安石《元日》诗:"爆竹声中一岁除,春风送暖入屠苏。千门万户曈曈日,总把新桃换旧符。"农历正月初一称为元旦或元日,即现在的春节。古代每年除夕家家用屠苏草泡酒,吊在井里,元旦取出,全家朝东喝屠苏酒。画着门神或题着门神名字的桃木板,以驱除魔鬼,后来演变成春联。《元日》中描写了放爆竹、喝屠苏酒、换桃符等风俗。

如对街道、市集、会场及室内**陈设**的描写:

> 我回到四叔的书房里时,瓦楞上已经雪白,房里也映得较光明,极分明的显出壁上挂着的朱拓的大"寿"字,陈抟老祖写的;一边的对联已经脱落,松松的卷了放在长桌上,一边的还在,道是"事理通达心气和平"。我又无聊赖的到窗下的案头去一翻,只见一堆似乎未必完全的《康熙字典》,一部《近思录集注》和一部《四书衬》。无论如何,我明天决计要走了。
>
> (鲁迅《祝福》)

鲁四老爷的书房给人的印象很沉闷。鲁迅借这种室内描写不仅暴露了鲁四的道学气和伪善以及附庸风雅的性格，更进而呈现了那个时代的人文气息。

应该注意环境描写的目的和时机。一般来说，在游记类文章和写景诗中，自然风景或人文景观本身就是描写的主要内容，能够自足存在，而在其他类文章（比如小说、剧本）中自然风景或人文景观的描写往往是手段而非目的，是要借它来达到其他目标，比如为写人来服务。因此，在叙事诗、小说等记叙文体中环境描写应该有所节制，尽量精炼一些，否则就会使作品显得沉闷。

三、场面描写

"一个或多个人物，在某一境界中，占若干连续的时间而有所活动，就是一个场面。"（叶圣陶《作文概说》）因此，场面描写是对在一个特定的时间、空间内的人物与活动的描绘。这是一种综合性的细节描写，既要描写到人，也要有环境气氛的描写与渲染；在写人时，既要突出重要的个人，也要描写到周围的群众，可能还要综合运用到肖像、动作、语言、心理的描写角度。

描写大型的场面时要注意**有点有面**、**点面结合**。点是指焦点（通常是最重要的描写对象），面是指宏观场面，群体形象。点面结合，既全面又细致、具体，通过面的扫描可以制造现场感，可以渲染场面氛围，通过对焦点对象的精细描绘则可以突出重点。方纪的《挥手之间》写机场送行的场景就很好地结合了点（"主席"）与面（"人群"）：

>机场上人群静静地立着，千百双眼睛跟随着主席高大的身形在人群里移动，望着主席一步一步走近了飞机，一步一步踏上了飞机的梯子。……直到他在飞机舱口停住，回过身来，又向着送行的人群。
>
>人群又一次像疾风卷过水面，向着飞机涌了过去。主席站在飞机舱口，取下头上的帽子，注视着送行的人们，像是安慰，像是鼓励。人们不知道怎样表达自己的心情，只是拼命地一齐挥手，……

场面描写还要注意渲染气氛，写出场面的基本特征。场面描写中要注意运用多种描写角度来烘托氛围，写出场面的特征。比如通过心理活动描写来渲染氛围（如紧张等），通过动作描写来渲染焦急、压抑的氛围，通过人物的说话来渲染氛围，通过景物描写来渲染氛围。鲁迅小说《药》的结尾写坟场相遇的场面，就通过景物描写来渲染"死寂"的氛围：

微风早经停息了；枯草支支直立，有如铜丝。一丝发抖的声音，在空气中愈颤愈细，细到没有，周围便都是死一般静。两人站在枯草丛里，仰面看那乌鸦；那乌鸦也在笔直的树枝间，缩着头，铁铸一般站着。

在新闻报道的写作中有一种叫"**感觉新闻**"的描写性报道，特别注重描写感觉（用记者的所见所闻所感，引起读者的同感）又称"6S"报道——Sense of sight（视觉）、Sense of hearing（听觉）、Sense of touch（触觉）、Sense of taste（味觉）、Sense of smell（嗅觉）、Sense of balance（平衡觉）。比如吕松岩的《我亲历中国使馆被炸》中一段：

……就听到了一声巨响，当时屋里漆黑一片，我们还没来得及点蜡烛……我们还没对那声巨响有所反应，就看到我前面的屋顶轰然塌落，钢筋水泥的碎块从我眼前十几厘米的地方落下。紧接着，第二次爆炸声又响起，只见整个使馆大楼内一片白光，不是红光，而是爆炸近在眼前时发出的那种刺眼的白炽灯一样的白光。

……这时门都已经炸掉了，什么都看不清，滚滚浓烟散发着涩涩的苦味，呛得我们眼睛都睁不开，也喘不过气来。……我们只能拉着从房顶掉下来的、被炮火烧得烫手的钢筋一步一步往下挪。

第二节　白描、细描与侧面描写

一、白描与细描

白描与细描都是从绘画中发展出来的概念。**白描**是传统中国画的一种基本技法，只用墨线勾勒物体或人的大致轮廓，而不着颜色。宋元以后，**文人写意画**成为中国绘画的主流，其画风与美学意趣也渗入白描的画法之中，所以又发展为白描兼写意，除了不着色外，还强调写意（与写实相对）这一种追求，即强调画出画家（或观察者）的主观印象、意念、意趣、联想、想象和对象内在的神韵，而不强调外形的刻镂。白描的概念进入写作领域，是指抓住对象的基本特征，用比较简省的文字勾勒，重在写意传神的描写方法。

细描原是中国绘画中的一种画法，又称**工笔**，是极精细的一种画法，因为精雕细刻所以偏于写实的风格。北宋张择端的《清明上河图》即是工笔写实画的代表。写作上的细描是指对对象进行详细的、细致的描摹与刻画，甚至不惜浓墨重彩地渲染、铺张。

大体而言，白描与细描的区别是：白描笔墨简省，重写意、传神；细描浓墨重彩，重写实、摹形。所谓<u>写意，是指写出作者（观察者）对对象的主观印象、感受或相关联想与想象，</u>传神则是要传达出对象本身的神采和内在特征；写实则是指按照对象的本来面貌如实反映，不带主观色彩。

《红楼梦》第三回林黛玉进贾府这一节对林黛玉和贾宝玉的肖像进行了描写，一个是白描，一个是细描：

> 两弯似蹙非蹙罥烟眉，一双似喜非喜含情目。态生两靥之愁，娇袭一身之病。泪光点点，娇喘微微。闲静时如姣花照水，行动处似弱柳扶风。心较比干多一窍，病如西子胜三分。

> 头上戴着束发嵌宝紫金冠，齐眉勒着二龙戏珠金抹额，穿一件二色金百蝶穿花大红箭袖，束着五彩丝攒花结长穗宫绦，外罩石青起花八团倭缎排穗褂，登着青缎粉底小朝靴……项上金螭璎珞，又有一根五色丝绦，系着一块美玉。

上文第一段是对林黛玉的肖像描写，这是从贾宝玉的眼睛来看的，写出了林黛玉的内在气质与神韵，写出了贾宝玉对她的主观感觉、印象和联想，这是典型的白描。第二段文字是对贾宝玉的装束的描写，是细描。除了人物肖像描写，景物描写等也可有白描、细描的写法之分。如丁玲小说《太阳照在桑干河上》中对果树园的细描：

> 当大地刚从薄明的晨曦中苏醒起来的时候，在肃穆的、清凉的果树园子里，便飘逝着清朗的笑声。鸟雀的欢噪已经让步到另外一些角隅去。一些爱在晨风中飞来飞去的有甲的小虫，便更不安地四方乱闯。浓密的树叶在伸展开去的枝条上微微蠕动，却隐藏不住那累累的稳重的硕果。看得见在那树丛里还有偶尔闪光的露珠，就像在雾夜中耀眼的星星一样。而那些红色果皮上的一层茸毛，或者是一层薄霜，便更显得柔软而润湿。云霞升起来了，从那重重的绿叶的罅隙中透过点点的金色的彩霞，林子中回映出一缕一缕的透明的淡紫色的、浅黄色的薄光。

（摘自丁玲《太阳照在桑干河上》，香港新中国书局1949年版，第210页）

白描要求寥寥数语就能道出所描对象的内在特征，这不仅需要极精炼的文字功底，更需要极高的感知提炼能力，这相比细描来说难度更高一些。

二、正面描写与侧面描写

　　正面描写就是直接描绘对象本身，上面所谈到的**白描与细描都是正面描写**。侧面描写又称为间接描写，就是不直接描绘对象本身，而是描写对象周围的或相关的事物，通过它们来映衬对象。

　　侧面描写往往产生于正面描写无法进行或者达不到理想的效果之时使用，以收奇效。正如刘熙载所说："山之精神写不出，以烟霞写之；春之精神写不出，以草树写之。"（《艺概》）也就是说，山的精神——高、幽，春的精神——生机、活力都很难直接写出来或画出来，而如果用烟霞、草树这些事物从侧面烘托，就可以写出来了。

　　侧面描写可以化抽象为形象。比如要显示一个演员的表演艺术之高明，如果正面来描写，是很难写出来的，须从侧面烘托才能表现出来。刘鹗的《老残游记》中写山东大鼓书艺人白妞的精湛演技时就用到了这种侧面烘托的技巧：

　　　　正在热闹哄哄的时节，只见那后台里，又出来了一位姑娘，年纪约十八九岁……半低着头出来，立在半桌后面，把梨花筒了当了几声，煞是奇怪：只是两片顽铁，到她手里，便有了五音十二律似的。又将鼓捶子轻轻的点了两下，方抬起头来，向台下一盼。那双眼睛，如秋水，如寒星，如宝珠，如白水银里头养着两丸黑水银，左右一顾一看，连那坐在远远墙角子里的人，都觉得王小玉看见我了；那坐得近的，更不必说。就这一眼，满园子里便鸦雀无声，比皇帝出来还要静悄得多呢，连一根针跌在地下都听得见响！

"热闹哄哄"的大剧场中，白妞一出场，还没表演，只是用眼朝台下一扫就震住了全场。这是以观众的反应来侧面烘托白妞的演技之高超和声名之响亮。

　　侧面描写可以起到**烘托、反衬**的艺术效果。有正衬与反衬两种。反衬如"蝉噪林逾静，鸟鸣山更幽"（王籍《入若耶溪》）、"人闲桂花落，夜静春山空。月出惊山鸟，时鸣春涧中"（王维《鸟鸣涧》）是以动衬静。《水浒传》写武松，则以武大之丑、矮反衬武松之英俊、高大。正衬如刘鹗的《老残游记》以黑妞的演技来衬托白妞的演技："黑妞的好处说得出，白妞的好处说不出。"

　　侧面描写可以给读者留下想象的空间，达到言有尽而意无穷的表现效果。比如要写一个女子的美丽和魅力，正面描写只能从她的外貌穿着方面着手，描绘得再细也难以打动人。因为美是主观的东西。如果从侧面来烘托、渲染，就会给读者留下无尽的想象空间，越想越有味。赵树理的小说《小二黑结婚》就是这样来写女孩子的美和魅力的：

  小芹今年十八了，村里的轻薄人说，比她娘年轻时候好得多。青年小伙子们，有事没事，总想跟小芹说句话。小芹去洗衣服，马上青年们也都去洗；小芹上树采野菜，马上青年们也都去采。
  吃饭时候，邻居们端上碗爱到三仙姑那里坐一会，前庄上的人来回一里路，也并不觉得远。……

小芹娘现时被称为"三仙姑"，年轻时其美丽可想而知，不料小芹却比她娘年轻时还要美，这从小伙子们不辞辛苦地围在小芹身边就可见一斑。小芹的美足够让我们想象无穷。

但是，一味地"虚"写终究使读者不得要领，摸不着头脑。还是应该"**虚实结合**"。"实"可以给读者以鲜明直观的印象，"虚"则能给读者以无限想象与回味。比如汉代乐府诗《陌上桑》描写秦罗敷之美：

  秦氏有好女，自名为罗敷。罗敷善蚕桑，采桑城南隅。青丝为笼系，桂枝为笼钩。头上倭堕髻，耳中明月珠。缃绮为下裙，紫绮为上襦。行者见罗敷，下担捋髭须。少年见罗敷，脱帽著帩头。耕者忘其犁，锄者忘其锄。来归相怨怒，但坐观罗敷。

白描与细描，正面描写与侧面描写各有其功用和效果，如果能够结合使用，恰到好处，定会让文章生色。

第三节　抒情的方式与技巧

  抒情，就是抒发作者或叙述者的情绪、情感，表达其好恶态度和立场等。抒情的表达方式多用于文学文和普通文，应用文一般不用抒情。

一、抒情的原则

1. 真情实感

写散文、诗歌等文章，是心中有所感受和郁积，不吐不快，所以表达出来，形成文字。因此是"为情而造文"，而不是"为文而造情"，抒情之时一定要有真情实感，要让读者觉得确有值得感动之处。作者只顾自己抒发感情，而不知道这种感情有没有感动人的力量是不行的。那种无病呻吟更是要不得。《庄子》就说："真者，精诚之至也。不精不诚，不能动人。故强哭者，虽悲不哀；强怒者，虽严不威；强亲者，虽笑不和。真悲无声而哀，真怒未发而威，真亲未笑而和。真在内者，神动于外，是所以贵真也。"如果是小说、记叙文之类，叙述者如果要抒发情绪、情感或表达态度，也要注意当时的情境，当抒情时才抒情。

真实的情感应该是因事、因境、因人而生，所谓"没有无缘无故的爱，也没有无缘无故的恨"。因此写抒情诗、散文、记叙文之类，切忌无所依凭，没有铺垫，一开篇就仓促地抒情，也切忌空泛地抒情。<u>抒情最好建立在叙事、描写等基础之上</u>，先交代清楚令人感动、产生抒情愿望的原因（事件刺激、环境感染等），这样才坚实有力。就像朱德《我的母亲》所抒发的情感，非常实在、感人，因为交代了情感的缘由：

> 我应该感谢母亲，她教给我与困难作斗争的经验。……母亲又给我一个强健的身体，一个勤劳的习惯，使我从来没感到过劳累。
>
> 我应该感谢母亲，她教给我生产的知识和革命的意志，鼓励我以后走上革命的道路。……

2. 自然得体

情感的抒发要切合具体情境，切合人物之间的关系，而不应矫揉造作，不可夸张失度，不能刻意雕琢失去自然。老舍《我的母亲》抒发对母亲的感恩心理就很自然：

> 生命是母亲给我的。我之能长大成人，是母亲的血汗灌养的。我之能成为一个不十分坏的人，是母亲感化的。我的性格，习惯，是母亲传给的。

而下面这种抒情就非常空泛，夸张虚浮，很不自然：

> 母亲是伟大的，母爱是无私的。任何一个人都有母亲。没有母亲便没有世界，没有阳光，没有雨露，当然便不会有科学家、诗人和作家。母爱，最崇高，最神圣，最纯洁！
>
> （卞卡《娘，我回来了》）

这第二段文字像是在演讲，表演性太强，也没有说服力。宇宙、太阳、雨露先于人类而存在，怎么会因人而消失？母亲对不同的子女难免有所偏爱，绝对无私和公平地对待每个子女，这是很难做到的。比母爱更崇高和神圣的，还有爱国主义、人道主义、正义心，等等。

3. 浓淡相宜

叶圣陶先生指出，抒情的方法有两种："一种是强烈的，紧张的；一种是清淡的，弛缓的。紧张的抒写往往直抒所感，不复节制，想到甚么就说甚么，毫不隐匿，也不改易。这只要内蕴的情感真而且深，自会写成很好的文字。它对人家具有一种近乎压迫似的力量，使人家不得不感动。弛缓的抒写则不然，往往涵蕴的情感很多很深，而从事于敛抑凝集，不给它全部拿出来，只写出似乎平常的一部分。其实呢，这一部分正就摄取了全情感的精魂。这样的东西，对读者的力量是暗示的而不是压迫的。读者读着，受着暗示，同时能动地动起情感来，于是感到作者所有的一切了。所以也可以说，这是留下若干部分使人家自己去想的抒写方法。"[①]

大体而言，激情、浓情多用紧张的抒情方式，而平淡之情、深沉内敛之情多用清淡的方式来抒发。当然，也要考虑情感发生时的具体情境，如果是激动的时刻、突发事件之时则多用强烈式抒情；若是日常事件、小事件，则多为平淡之情，宜娓娓道来。如果不顾实情随意滥用就可能收不到应有的表达效果。在浓淡这两种抒情方式中，后一种往往更难，需要更高的技巧。

强调真情实感并不是说就不需要对情感加以节制和修饰。写作所要求的真情实感应该比实际的情感更"高"、更具艺术性，那种口无遮拦、一任情感泛滥的所谓"真情"并不可贵。正如鲁迅说的，那种"哎呀呀，我要死了"似的情诗并不是真正的诗。

---

① 叶圣陶：《作文论》，《怎样写作》，香港：三联书店（香港）有限公司，1998年，第40页。

二、抒情的方式与技巧

（一）直接抒情

直接抒情就是直截了当地表露情绪情感，脱口而出，直抒胸臆。感情热烈，则极易感动人。直接抒情的主导风格是热烈奔放，一泻而下，这种抒情往往借助判断、感叹、呼告、反复等手段，以较为明朗、激越的语言，直接表达情绪、情感。当然，直接抒情也有别样的风格，如娓娓道来，缓缓而抒，深沉质朴，等等。

热烈讴歌式。如刘成章《安塞腰鼓》：

好一个黄土高原！好一个安塞腰鼓！

每一个舞姿都充满了力量。每一个舞姿都呼呼作响。每一个舞姿都是光和影的匆匆变幻。每一个舞姿都使人颤栗在浓烈的艺术享受中，使人叹为观止。

好一个痛快了山河、蓬勃了想象力的安塞腰鼓！

愈捶愈烈！形体成了沉重而又纷飞的思绪！

愈捶愈烈！思绪中不存任何隐秘！

愈捶愈烈！痛苦和欢乐，生活和梦幻，摆脱和追求，都在这舞姿和鼓点中，交织！旋转！凝聚！奔突！辐射！翻飞！升华！人，成了茫茫一片；声，成了茫茫一片……

呼告、**对话**、**鼓动**也是直接抒情的重要方式。如魏巍的《谁是最可爱的人》：

亲爱的朋友们，当你坐上早晨第一列电车走向工厂的时候，当你扛上犁耙走向田野的时候，当你喝完一杯豆浆、提着书包走向学校的时候，当你安安静静坐到办公桌前计划这一天工作的时候，当你向孩子嘴里塞着苹果的时候，当你和爱人悠闲散步的时候，朋友，你是否意识到你是在幸福之中呢？……朋友！你已经知道了爱我们的祖国，爱我们的领袖，请再深深地爱我们的战士吧，他们确实是我们最可爱的人！

此外，还有**内心独白**、**反复咏叹**等多种直接抒情的方式。像鲁迅小说《伤逝》中这种反复叹惋，就是偏于节制、深沉风格的直接抒情：

> 如果我能够，我要写下我的悔恨和悲哀，为子君，为自己。
>
> ……我活着，我总得向着新的生路跨出去，那第一步，——却不过是写下我的悔恨和悲哀，为子君，为自己。
> 我仍然只有唱歌一般的哭声，给子君送葬，葬在遗忘中。
> 我要遗忘；我为自己，并且要不再想到这用了遗忘给子君送葬。
> 我要向着新的生路跨进第一步去，我要将真实深深地藏在心的创伤中，默默地前行，用遗忘和说谎做我的前导……

（二）间接抒情

间接抒情，就是通过叙述、描写或说明、议论的表达方式进行抒情，在叙述、描写、说明、议论性的文字中含蓄情感。间接抒情能够节制与克服直接抒情容易产生的滥情之弊，能够起到含蓄蕴藉，令人回味无穷的效果，也能够让抽象的情感有具体的缘由和附着的基础。大体上，间接抒情有借叙事抒情、借描写抒情、借议论抒情、借说明抒情这几种。

1. 借叙事抒情

感情总是因事而发的，在叙事的基础上再抒情，先做好铺垫，然后抒情才能自然而真切。更巧妙的做法是在叙述性的文字中自然灌注某种情感色彩，让叙述本身就具有了情感的力量。

2. 借描写抒情

即在对人、对景物、对场面的描写中，寄托作者的感情。我们常说的"寓情于景""借景抒情""情景交融"都是这一类。

下面这篇关于纽约"9·11事件"的新闻报道就在朴素的叙述和描写（环境描写、动作描写、言语描写）之中蕴含着深沉的情感力量——对恐怖分子罪恶的控诉，对无辜者的同情。

> 昨天，消防官温森特·鲍拉蹒跚着走出废墟，泪流满面，他不知道是否世界还能和以前一样。
>
> 援救人员在世贸大楼的瓦砾废墟中挖了一个巨大的坑，鲍拉和几千名满身烟尘的消防员不停地在这个坑里爬进爬出。

他们垂下30英尺的绳子，阳光透过漫天的烟尘照在他们的头盔上。

他们穿过黑暗的废墟，这里曾是商店汇集的繁华之都。

他们近乎徒劳地搜寻着生命存在的讯息。

"我要回家亲亲我的女儿，"鲍拉说，他蹒跚着走到街道上，从头到脚落满了烟尘，"她刚学会叫'爸爸'。不幸的是，许多孩子再也不能叫'爸爸'了。"

（戴夫·戈尔迪纳《纽约9·11》，载美国《每日新闻》报）

3. 借议论抒情

即在对人或事发表议论的时候，注入强烈的感情，使议论具有很强烈的情感色彩。这样的议论可能不是很讲逻辑，而是被情感所左右和支配，有时甚至可以达到偏激的地步。杨朔的《荔枝蜜》就是在议论中蕴含抒情：

我的心不禁一颤：多可爱的小生灵啊！对人无所求，给人的却是极好的东西。蜜蜂是在酿蜜，又是在酿造生活；不是为自己，而是在为人类酿造最甜的生活。蜜蜂是渺小的，蜜蜂却又多么高尚啊！

4. 借说明抒情

在对事物原理、特性等的说明中蕴含情感评价，就是借说明来抒情。如法布尔的《蝉》就借对蝉的生物习性——四年的作为虫的地下生活，而只有一个月的作为蝉的地上生命——的说明，蕴含了对蝉这种生物的同情与怜悯：

四年黑暗中的苦工，一个月阳光下的享乐，这就是蝉的生活。我们不应当讨厌它那喧嚣的歌声，因为它掘土四年，现在才能够穿起漂亮的衣服，长起可与飞鸟匹敌的翅膀，沐浴在温暖的阳光中。什么样的钹声能响亮到足以歌颂它那得来不易的刹那欢愉呢？

直接抒情与间接抒情各具特点，各有其合适的场合。但是，从表达的技巧来看，从文化传统以及接受美学的角度来看，间接抒情都是更值得我们学习和重视的一种抒情方式或艺术追求。间接、含蓄、节制，这是中国式的抒情传统，已作为一种民族审美趣味以集体无意识的方式渗入人们的心灵之中。孔子早就提出过"乐而不淫，哀而不伤"的抒情原则。在儒家讲究中庸之道、中和之美的传统审美趣味之下，中国的传统文学创造出了许多间接抒情的技巧。如像晚唐温庭筠的

"梳洗罢，独倚望江楼。过尽千帆皆不是，斜晖脉脉水悠悠"（《虞美人》），不直说妇人对情人爽约的怨恨，而以描写落日余晖来间接传达妇人"脉脉"之情与"悠悠"不尽的思念和寂寞。此外，抒情的问题上也有一个年龄和心性的问题，青少年表达情感多直露，中老年人则多含蓄。如果是写给成年人尤其是面向中老年读者的文章，尤其要注意抒情的节制与含蓄。

思维与写作训练

请分别指出下面两段文字的**描写方法**：

我吃了一吓，赶忙抬起头，却见一个凸颧骨，薄嘴唇，五十岁上下的女人站在我面前，两手搭在髀间，没有系裙，张着两脚，正像一个画图仪器里细脚伶仃的圆规。（鲁迅《故乡》）

天下之佳人，莫若楚国；楚国之丽者，莫若臣里；臣里之美者，莫若臣东家之子。东家之子，增之一分则太长，减之一分则太短；著粉则太白，施朱则太赤；眉如翠羽，肌如白雪；腰如束素，齿如含贝；嫣然一笑，惑阳城，迷下蔡。（宋玉《登徒子好色赋》）

范文和导读

我的母亲
老舍

母亲的娘家是北平德胜门外，土城儿外边，通大钟寺的大路上的一个小村里。村里一共有四五家人家，都姓马。大家都种点不十分肥美的地，但是与我同辈的兄弟们，也有当兵的，作木匠的，作泥水匠的，和当巡察的。他们虽然是农家，却养不起牛马，人手不够的时候，妇女便也须下地做活。

对于姥姥家，我只知道上述的一点。外公外婆是什么样子，我就不知道了，因为他们早已去世。至于更远的族系与家史，就更不晓得了；穷人只能顾眼前的衣食，没有功夫谈论什么过去的光荣；"家谱"这字眼，我在幼年就根本没有听说过。

母亲生在农家，所以勤俭诚实，身体也好。这一点事实却极重要，因为假若我没有这样的一位母亲，我以为我恐怕也就要大大的打个折扣了。

母亲出嫁大概是很早，因为我的大姐现在已是六十多岁的老太婆，而我的大外甥女还长我一岁啊。我有三个哥哥，四个姐姐，但能长大成人的，只有大姐，二姐，三姐，三哥与我。我是"老"儿子。生我的时候，母亲已有四十一岁，大姐二姐已都出了阁。

由大姐与二姐所嫁入的家庭来推断，在我生下之前，我的家里，大概还马马虎虎的过得去。那时候定婚讲究门当户对，而大姐丈是作小官的，二姐丈也开过一间酒馆，他们都是相当体面的人。

可是，我，我给家庭带来了不幸：我生下来，母亲晕过去半夜，才睁眼看见她的老儿子——感谢大姐，把我揣在怀中，致未冻死。

一岁半，我把父亲"克"死了。

兄不到十岁，三姐十二三岁，我才一岁半，全仗母亲独力抚养了。父亲的寡姐跟我们一块儿住，她吸鸦片，她喜摸纸牌，她的脾气极坏。为我们的衣食，母亲要给人家洗衣服，缝补或裁缝衣裳。在我的记忆中，她的手终年是鲜红微肿的。白天，她洗衣服，洗一两大绿瓦盆。她作（做）事永远丝毫也不敷衍，就是屠户们送来的黑如铁的布袜，她也给洗得雪白。晚间，她与三姐抱着一盏油灯，还要缝补衣服，一直到半夜。她终年没有休息，可是在忙碌中她还把院子屋中收拾得清清爽爽。桌椅都是旧的，柜门的铜活久已残缺不全，可是她的手老使破桌面上没有尘土，残破的铜活发着光。院中，父亲遗留下的几盆石榴与夹竹桃，永远会得到应有的浇灌与爱护，年年夏天开许多花。

哥哥似乎没有同我玩耍过。有时候，他去读书；有时候，他去学徒；有时候，他也去卖花生或樱桃之类的小东西。母亲含着泪把他送走，不到两天，又含着泪接他回来。我不明白这都是什么事，而只觉得与他很生疏。与母亲相依为命的是我与三姐。因此，她们做事，我老在后面跟着。她们浇花，我也张罗着取水；她们扫地，我就撮土……从这里，我学得了爱花，爱清洁，守秩序。这些习惯至今还被我保存着。

有客人来，无论手中怎么窘，母亲也要设法弄一点东西去款待。舅父与表哥们往往是自己掏钱买酒肉食，这使她脸上羞得飞红，可是殷勤地给他们温酒作面，又给她一些喜悦。遇上亲友家中有喜丧事，母亲必把大褂洗得干干净净，亲自去贺吊——份礼也许只是两吊小钱。到如今如我的好客的习性，还未全改，尽管生活是这么清苦，因为自幼儿看惯了的事情是不易改掉的。

姑母常闹脾气。她单在鸡蛋里找骨头。她是我家中的阎王。直到我入了中学，她才死去，我可是没有看见母亲反抗过。"没受过婆婆的气，还不受大姑子的吗？命当如此！"母亲在非解释一下不足以平服别人的时候，才这样说。是的，命当如此。母亲活到老，穷到老，辛苦到老，全是命当如此。她最会吃亏。给亲友邻居帮忙，她总跑在前面：她会给婴儿洗三——穷朋友们可以因此少花一笔"请姥姥"钱——她会刮痧，她会给孩子们剃头，她会给少妇们绞脸……凡是她能作的，都有求必应。但是吵嘴打架，永远没有她。她宁吃亏，不逗气。当姑母死去的时候，母亲似乎把一世的委屈都哭了出来，一直哭到坟地。不知道哪里来的一位侄子，声称有承继权，母亲便一声不响，教他搬走那些破桌子烂板凳，而且把姑母养的一只肥母鸡也送给他。

可是，母亲并不软弱。父亲死在庚子闹"拳"的那一年。联军入城，挨家搜索财物鸡鸭，我们被搜两次。母亲拉着哥哥与三姐坐在墙根，等着"鬼子"进门，街门是开着的。"鬼子"进门，一刺刀先把老黄狗刺死，而后入室搜索。他们走后，母亲把破衣箱搬起，才发现了我。假若箱子不空，我早就被压死了。皇上跑了，丈夫死了，鬼子来了，满城是血光火焰，可是母亲不怕，她要在刺刀下，饥荒中，保护着儿女。北平有多少变乱啊，有时候兵变了，街市整条的烧起，火团落在我们院中。有时候内战了，城门紧闭，铺店关门，昼夜响着枪炮。这惊恐，这紧张，再加上一家饮食的筹划，儿女安全的顾虑，岂是一个软弱的老寡妇所能受得起的？可是，在这种时候，母亲的心横起来，她不慌不哭，要从无办法中想出办法来。她的泪会往心中落！这点软而硬的个性，也传给了我。我对一切人与事，都取和平的态度，把吃亏看作当然的。但是，在做人上，我有一定的宗旨与基本的法则，什么事都可将就，而不能超过自己划好的界限。我怕见生人，怕办杂事，怕出头露面；但是到了非我去不可的时候，我便不得不去，正像我的母亲。从私塾到小学，到中学，我经历过起码有廿位教师吧，其中有给我很大影响的，也有毫无影响的，但是我的真正教师，把性格传给我的，是我的母亲。母亲并不识字，她给我的是生命的教育。

当我在小学毕了业的时候，亲友一致的愿意我去学手艺，好帮助母亲。我晓得我应当去找饭吃，以减轻母亲的勤劳困苦。可是，我也愿意升学。我偷偷的考入了师范学校——制服，饭食，书籍，宿处，都由学校供给。只有这样，我才敢对母亲提升学的话。入学，要交十元的保证金。这是一笔巨款！母亲作了半个月的难，把这巨款筹到，而后含泪把我送出门去。她不辞劳苦，只要儿子有出息。当我由师范毕业，而被派为小学校校长，母亲与我都一夜不曾合眼。我只说了句："以后，您可以歇一歇了！"她的回答只有一串串的眼泪。我入学之后，三姐结了婚。母亲对儿女是都一样疼爱的，但是假若她也有点偏爱的话，她应当偏爱三姐，因为自父亲死后，家中一切的事情都是母亲和三姐共同撑持的。三姐是母亲的右手。但是母亲知道这右手必须割去，她不能为自己的便利而耽误了女儿的青春。当花轿来到我们的破门外的时候，母亲的手就和冰一样的凉，脸上没有血色——那是阴历四月，天气很暖。大家都怕她晕过去。可是，她挣扎着，咬着嘴唇，手扶着门框，看花轿徐徐的走去。不久，姑母死了。三姐已出嫁，哥哥不在家，我又住学校，家中只剩母亲自己。她还须自晓至晚的操作，可是终日没人和她说一句话。新年到了，正赶上政府倡用阳历，不许过旧年。除夕，我请了两小时的假。由拥挤不堪的街市回到清炉冷灶的家中。母亲笑了。及至听说我还须回校，她愣住了。半天，她才叹出一口气来。到我该走的时候，她递给我一些花生，"去吧，小子！"街上是那么热闹，我却什么也没看见，泪遮迷了我的眼。今天，泪又遮住了我的眼，又想起当日孤独的过那凄惨的除夕的慈母。可是慈母不会再候盼着我了，她已入了土！

儿女的生命是不依顺着父母所设下的轨道一直前进的，所以老人总免不了伤心。我廿三岁，母亲要我结了婚，我不要。我请来三姐给我说情，老母含泪点了头。我爱母亲，但是我给了她最大的打击。时代使我成为逆子。廿七岁，我上了英国。为了自己，我给六十多岁的老母以第二次打击。在她七十大寿的那一天，我还远在异域。那天，据姐姐们后来告诉我，老太太只喝了两口酒，很早的便睡下。她想念她的幼子，而不便说出来。

七七抗战后，我由济南逃出来。北平又像庚子那年似的被鬼子占据了，可是母亲日夜惦念的幼子却跑西南来。母亲怎样想念我，我可以想象得到，可是我不能回去。每逢接到家信，我总不敢马上拆看，我怕，怕，怕，怕有那不祥的消息。人，即使活到八九十岁，有母亲便可以多少还有点孩子气。失了慈母便像花插在瓶子里，虽然还有色有香，却失去了根。有母亲的人，心里是安定的。我怕，怕，怕家信中带来不好的消息，告诉我已是失了根的花草。

去年一年，我在家信中找不到关于老母的起居情况。我疑虑，害怕。我想象得到，如有不幸，家中念我流亡孤苦，或不忍相告。母亲的生日是在九月，我在八月半写去祝寿的信，算计着会在寿日之前到达。信中嘱咐千万把寿日的详情写来，使我不再疑虑。十二月二十六日，由文化劳军的大会上回来，我接到家信。我不敢拆读。就寝前，我拆开信，母亲已去世一年了！

生命是母亲给我的。我之能长大成人，是母亲的血汗灌养的。我之能成为一个不十分坏的人，是母亲感化的。我的性格，习惯，是母亲传给的。她一世未曾享过一天福，临死还吃的是粗粮。唉！还说什么呢？心痛！心痛！

（载1943年4月《半月文萃》第1卷第9、10期合刊，收于《老舍全集》第14卷，人民文学出版社，2008年）

第八章　说明和议论

说明和议论是五种表达方式中的两种，它们可以用于包括文学文体和应用文体在内的一切文章之中。

说明，是用简明扼要的文字把事物的形状、性质、特征、构造、功能、成因、规律等解说清楚的一种语言表达方式。说明是日常生活中最常用的语言表达方式，教科书、科普作品、百科全书、词典字典、说明书、操作指南、教师授课、产品介绍、导游、导购、解说员、销售员等所用的语言都是说明的语言。

议论，宽泛地说，是人们就某个问题、事件或现象表达自己的观点、看法、立场或者态度时的一种语言表达方式。严谨地讲，议论是运用逻辑的推理、演绎等方法判断是非、得出结论、发表见解时的一种语言表达方式。时事评论、报纸社论、评论员文章、杂文、议论文、学术论文等文体使用的都是典型的议论语言。

第一节　说明的种类、要求和方法

一、说明的种类

按说明对象性质的不同，说明可以分为实物说明、事理说明、程序说明三大类。

1. **实物说明**。说明对象是客观存在的事物或现象。例如《菊花》《故宫博物院》《白丝翎羽丹砂顶》。

2. **事理说明**。说明对象是抽象事物、事理，说明、解释其内涵、规律、原理等。例如《什么是生态系统》《桥的运动》《统筹方法》。

3. **程序说明**。说明对象是行为动作的过程、步骤等。例如《景泰蓝的制作》《读书四法》《工银电子密码器使用提示》。

按说明语言的体式划分,可分为文艺性说明和非文艺性说明两类。

1. **文艺性说明**。运用富于美感性的文学性的语言文字如比拟、讲故事等来解说事物、阐释事理的一种说明方法。使用这种方法的文章通常叫作"科普文章"。例如《我们肚子里的食客》《沙漠里的奇怪现象》等等。

2. **非文艺性说明**。运用通俗的科学语言来解说事物、阐释事理的一种说明方法。又分为科技说明和实用说明两类。解释说明科技现象和原理的是科技说明,解释说明日常生活用品的特征、功能、结构成分、使用方法等等的是实用说明。

二、说明的要求

说明是要给读者某些科学的、客观的知识或信息,为此要注意如下几项基本要求:

(一)抓关键和要点

就某一说明对象而言,可以说明介绍或解释的内容太多了,其外貌、形状、功能、各种特征、结构、成分、使用方法等都可以是说明的内容。这个时候,就需要根据不同的说明目的,抓住最主要、最关键的内容和要点进行说明,其他的可以忽略。所谓最主要、最关键的内容和要点,就是读者最需要知道的、与读者有切身利害关系的内容,或是读者最感兴趣的知识或信息。

例如杨宪益的《菊花》是一篇实物说明文,关于菊花可说的内容很多,足够写一部专著了。但作者的着眼点在说明菊花是本土植物,在中国有悠久的栽培历史,并引用一些历史典故进行说明,最后介绍了具体的种植方法等等。对于菊花的种类、传播到国外的过程等等的介绍说明,则一笔带过。

如果是程序说明,则一般只介绍说明操作步骤即可,不会去解释操作步骤背后的原理、依据等等。

日常的实用说明文更有严格的固定程式,例如药物说明书通常由药物名称、成分、性状、功能主治、规格、用法用量、不良反应、禁忌、注意事项、贮藏、包装、有效期、执行标准、批准文号、生产企业(名称、地址、邮政编码、电话等等)内容构成,按照这些格式填充内容即可。

(二)科学性与严谨性

说明是对客观对象或事理的一种解释,常常用于各种实用性文章,指导人们的工作或生活，与人们的切身利害紧密相关，因此不容许出错，科学性、严谨性是其必然的要求。

科学性是指解释说明对象时要有客观的依据、科学的研究成果、具体的实验数据、专家的调查结果等等，而不是道听途说地猜想臆断。在实用说明，特别是广告说明文字中，更不允许出现不科学或违背科学的伪知识、伪经验、伪科学之类，以免误导消费者，造成损害。

严谨性是指在说明、介绍对象时，要对其发生（发展、消亡、使用等）的各种前提条件和可能的后果都要提及，或者要留意一些小概率事件发生，以免出现例外和漏洞。

说明的严谨与否，既表现为措辞的严谨与否，也表现为数据使用方面是否科学和严谨。为此，需要注意以下几点：

（1）慎用全称判断

全称判断是指事物全都具不具有某种属性的判断。全称判断的意思就是没有例外，因此在没有穷尽式的研究作依据的情况下，不要轻易使用，否则会容易出现漏洞，显得不科学、不严谨。"全部""所有""都（是）""一切"等词语经常用于全称判断，要慎用这些词语。

（2）适当使用模糊用语

模糊用语，是指表意不确切的、表达概念的外延不明确的一类语言使用。一些表意不确切的副词或插入语，如"也许""可能""大概""大约""有时""基本""大体来说"等等是模糊词语；许多形容词的外延都不明确，也是模糊词语，例如"美""丑""大""小""轻""重"等等。模糊用语具有两重性特点：即在本质上是明确的，在表象上是模糊的；在定性表述上是肯定的，在定量表述上是变化的；在内容上是确指的，在形式上是灵活的。

很多时候，使用模糊用语反而会使语言表达更科学、更严谨、更符合实际，这是语言使用的辩证法。

（3）数字、数据的使用

数据说明是常用的说明方法之一，里面会牵涉到数字、数据的使用。这里就要懂得区分概数、约数与确数，整数与小数的差异了。通常说明一些超出人们常识范围的内容时，例如说明宇宙的距离、历史、空间等等，或者微生物等人的肉眼无法感知的物体时，使用约数、概数或者整数比较合适，因为读者是普通人群，大致了解即可。对于在科学技术、学术研究领域的说明，需要用精确的经实验、测量、调查统计过的数据，有些学科领域（如电子、生物、化学）往往还需要精确的小数；对于与人们的生活密切相关、利害关系极大的对象的说明，比如医学知识、药品等，也最好用确数。

下面是科学、严谨说明的例子：

白细胞的"人口"密度，大约是4000-10000个/立方毫米，平均为7000个/立方毫米。这个数量水平很关键，不能太高也不能太低。白细胞"人口"过剩，有时突然猛增到10万以上，这会引起令人类束手无策的白血病；另一方面，白细胞数量如果显著减少，以致降低到2000个/立方毫米以下，这时人体抵抗外界物质侵扰的能力就会非常薄弱，因此很可能会出现高热、乏力、感染，抵抗力会下降，严重时还会危及生命。（常姗姗编著《人体漫游：解读人体的神奇密码》）

　　上例中使用了"很可能会出现高热、乏力、感染，抵抗力会下降"的表述，没有用"必然""一定"等词语表述，这样的表达就比较客观、严谨。上例中也大量使用了数据说明，显然是依据了科学检测结果的，体现了其科学性。

　　（三）条理性

　　条理性是指说明事物、事理时要有一定的先后顺序或者说明内容的前后有合理的逻辑关系。

　　说明的次序或条理，通常是下面几种：

　　1. 时间顺序

　　是按照事物发生发展变化的先后次序安排组织文字的方法。程序类说明文通常采用这种方式。如《景泰蓝的制作》《宇宙的起源》《用户操作手册》等等。

　　2. 空间顺序

　　是依照事物的空间位置或者空间结构特点依次安排组织说明文字的方法。常见的空间顺序有：由远到近、由外到里、由上到下、由前到后、由左到右等等。实物类说明文基本采用这种方式。如《故宫博物院》《晋祠》。

　　3. 事理（逻辑）顺序

　　是按照说明对象、事理的内在联系，如主次、因果、总分等来安排组织文字的方法。是事理类说明文常用的结构安排方式，如《中国石拱桥》《死海不死》等。

三、说明的方法

　　说明的方法通常有如下几种：

（一）定义说明

也称下定义说明，是运用准确、简要、科学的语言揭示说明对象内涵、本质特征的一种说明方法。一般的词典的词条解释、科学或学术研究领域的理论、概念、术语说明多采用定义说明。例如：

> 工程技术的科学叫作应用科学，是应用了一些叫作基础学科的理论来解决生产斗争中出现的问题的学问。
> 物理，是研究物质运动基本规律的学问。
> 数学，是指导推理、演算的学问。
>
> （钱学森《现代科学技术》）

定义说明有个基本公式：**被定义概念＝属＋种差**，其中"属"指是被定义概念所属的类别；"种差"是该概念不同于其他概念的属性。上例采用的定义说明方法中，"学问"是应用科学、物理、数学三个概念共同的"属"，他们之间的区别就是种差，即每个"学问"之前的定语部分。

定义说明有两个基本要求：
1. 被定义者与定义者外延相等。
2. 用语准确简明，具有科学性，不能用否定形式，注意避免同义反复。

（二）诠释说明

对被说明对象的外延，如特征、功能、范围等进行讲解注释的一种说明方法，也叫"解释说明"。例如：

> 盐在自然界分布很广，海水、盐湖、盐井和盐矿中都蕴藏着丰富的盐。盐的主要成分是氯化钠，它是人体重要的组成物质。
>
> （徐海泉、马冠生《吃盐的学问》）

诠释说明的要求是：抓住要领，言简意明；不含糊，不东拉西扯。

（三）分类说明

对比较复杂的事物按一定标准分成若干类别进行说明的一种方法。例如：

> 抛开这些不同来源的奶的细微差别不谈，如果按照是否适合宝宝来划分，基本上可以把乳制品分为四类：液态奶、大多数奶酪、新鲜发酵乳制品、奶油制品和甜品。这四种乳制品有什么区别呢？我们不妨逐个来看一

看。(少个螺丝《乳制品,怎么选》)

分类说明的要求:按写作意图选择恰当分类角度;每次只能使用一个分类标准;各子项的总和应该与被分类的事物(母项)相等。

(四)分解说明

把一个完整事物剖析成若干部分,或把一个完整的过程分成若干阶段加以说明、介绍的说明方法。根据说明对象不同,又可以分为两类说明:(1)分析说明,把一个完整事物剖析成若干部分加以说明、介绍。(2)程序说明,把一个完整的过程分成若干阶段加以说明、介绍。例如:

> 这个展览馆分第一次国内革命战争时期、第二次国内革命战争时期、抗日战争时期、解放战争时期、抗美援朝时期、和平建国时期六个部分,分别介绍了人民军队在各个时期的发展过程和历史功绩。
> 在"第一次国内革命战争时期"部分,展出了……
> 在"第二次国内革命战争时期"部分,展出了……
> 抗日战争时期部分,展出了……
> 解放战争时期部分,展出了……
> 抗美援朝时期部分,展出了……
> 和平建国时期部分,展出了……
> (《中国人民革命军事博物馆军事艺术分馆解说词》)

> 背越式跳高的技术,可分为助跑、起跳、越杆、落地四个步骤。各个步骤的训练要点是:
> 助跑阶段:(略)
> 起跳阶段:(略)
> 越杆阶段:(略)
> 落地阶段:(略)

这是对博物展馆的分析说明,和对跳高动作的程序说明。

分解说明的要求:要注意分解后说明次序的先后安排,不能随意更换说明次序。

(五)比较说明

把说明对象与同类或异类事物相比照,以突出其特点、显示其发展、变化的一种说明方法。比喻说明也是比较说明的一种。可分为纵比(自身前后对比)、横比（与其他事物对比）两类。例如：

  城市热岛到底能有多热？以北京地区为例，夏季城市的地表温度可以比农村地区高出近20℃。

  不过先别被吓坏，这是地表温度，不是空气温度。夏天烈日当头的时候，用手摸摸外面的建筑物墙壁和水泥地面，可能热得有点烫手，这就是因为表面温度升高。而空气温度也会有所上升，但没有那么吓人。气象数据显示，1961年到2000年，北京城区的日平均气温大概比郊区高出3.3℃左右。不过，这个数字也足以让城里人感觉夏天明显越来越热了。

  （万丽《房子热可以开空调，城市热了怎么办？》）

上例使用了"城市地表温度和农村地表温度"的比较说明，还使用了"地表温度和空气温度"的比较说明。

比较说明的要求：（1）尽量选择读者熟悉的事物来比较。（2）要有明确的比较点。

（六）举例说明

举出典型例证或列举较多例证来对较复杂的说明对象进行解说或阐释的一种说明方法。例如：

  当然，也有一些腰疼要归咎于特定的外伤或者疾病。比如腰椎间盘相关的疾病（椎间盘突出、椎间盘破裂等）、椎管狭窄、关节炎、骨折、感染等等。有时候，肾结石也会让人感觉腰部疼痛。（二喵居士《又腰疼了，我该怎么办？》）

举例说明的要求：（1）事例要典型，使人印象深刻。（2）举例要扼要，概述即可，不必具体铺叙。

（七）数据说明

指引用数据对说明对象进行解说的一种说明方法。通常用作文字说明的辅助方法。例如：

  如果你本来喝含热量的饮料，比如含糖饮料、果汁、加糖咖啡、奶茶等等，换成喝茶就会减少糖的摄入，从而减少热量摄入。大家可以注意营养标签，一般的含糖饮料，每100毫升的含糖量往往在10克左右。一瓶500毫升的饮料，就是50克糖，大约带来200千卡热量。如果跑步的话，通常需要2～3公里才能消耗掉。如果每天把两瓶含糖饮料换成茶，就减少了相当于跑4～6公里才能消耗掉的热量，自然就有助于减肥。（云无心《喝茶的基本常识，看你被忽悠了多少？》）

数据说明要求：（1）力求数据准确，即使使用估计值也应力求近似。（2）用语准确，例如"是……倍"/"增加……倍"与"增加了……"/"增加到……"之间，一词之差，含义截然不同。

（八）图表说明

指通过绘制示意图或表格等对说明对象进行解说的一种说明方法。其目的是使说明对象更直观、具体、形象，一目了然。例如：

▼ 绿色植物通过光合作用固定二氧化碳，这被称为"绿碳"。

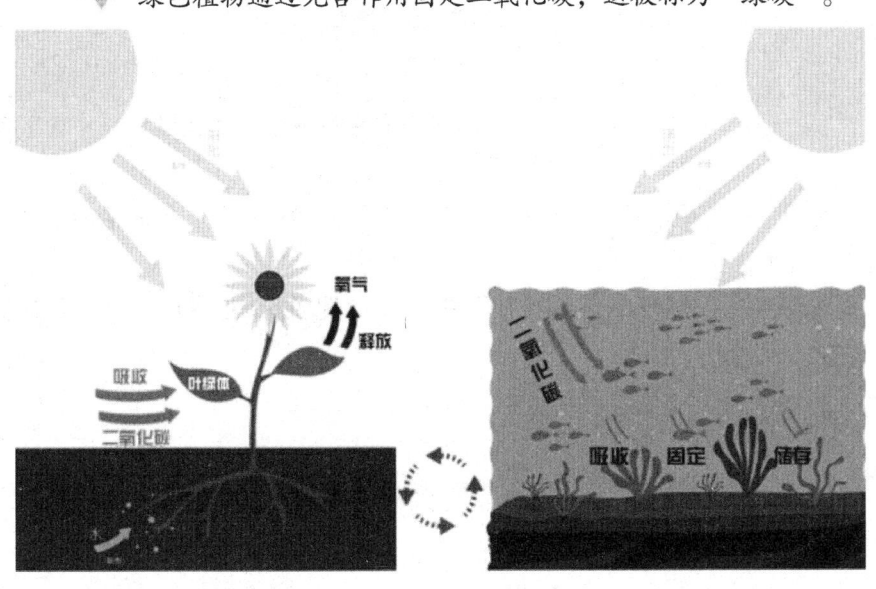

而"蓝碳"则是利用海洋活动及海洋生物吸收大气中的二氧化碳，并将其固定、储存在海洋中的过程、活动和机制。

（引自中国科协主办的"科普中国"网）

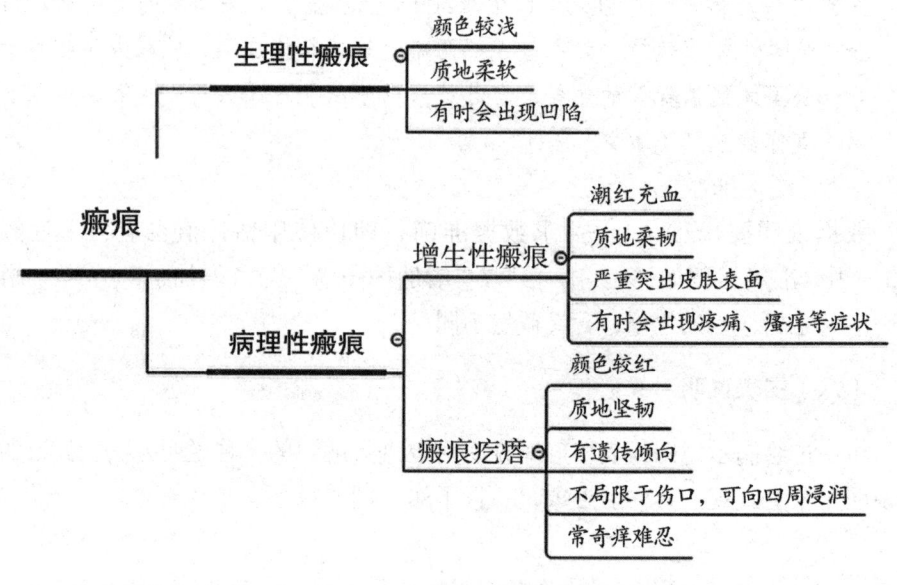

瘢痕组织的特点

（引自中国科协主办的"科普中国"网）

上两例，一个是示意图，很形象；另一个是表格的一种，很简洁明了地为概念进行了分类。

图表说明的要求：（1）选择有代表性和针对性的图表；（2）表格设计要合理、直观，使读者一目了然。

第二节　议论的类型和论证方法

一、议论的三要素

议论一般包括三个要素：即论点、论据、论证。

（一）论点

论点是作者在文中要表明的观点。论点是议论文的灵魂。议论文可以有多个分论点，但中心论点只有一个。如果需要强调每个论点，就用系列文章来表达。

论点的要求：正确、鲜明。

正确是指论点要符合客观事实、客观规律，符合人类文明进步的需要。任何违背客观规律、反人类、反文明、反进步的观点都是错误的，都是不可取的。

鲜明是指作者赞成什么、反对什么的态度一定要明确，不能含糊其辞、模棱两可，也不能搞多个相矛盾或分歧的论点并存。

（二）论据

论据就是作者所提论点的证据材料。论据分为事实论据和理论论据两种。

论据的要求：真实、典型、新鲜。

真实是指采用的事实论据必须是经过检验、实验、调查等得到客观事实材料，采用的理论论据也都是符合逻辑、符合科学、符合经验的公理、公式、至理名言等。

典型是指采用的论据必须是最普遍、最有代表性、发生概率最大的证据，而不是个别的、特殊情况下、偶然出现的证据。

新鲜是指采用的论据是新近发现或出现的新事例、新证据。旧事例、旧证据用多了，读者感觉麻木，降低文章的吸引力和说服力。

（三）论证

论证是指运用逻辑判断、推理的方法，以论据来证明论点的过程。论证的基本方法是"摆事实，讲道理"。论证可分为立论与驳论两大类。

论证的基本要求是：合乎逻辑、严谨严密。

合乎逻辑是指论证要正确地使用各种逻辑推理方式，客观、科学地加以证明，不能感情用事、以偏概全、滥用权威等等。

严谨严密是指论证要从多个角度全面地加以证明，不留任何漏洞。如果做不到全面，那就在文中指出所论证的范围或者局限性。

二、议论的类型

根据不同的写作目的，议论可分为正面立论和反面批驳两种。

（一）正面立论

正面立论是提出自己的论点，然后用证据论证自己观点正确的议论方式。

正面立论的方法，不外乎摆事实和讲道理（逻辑推理）两途。

（二）反面批驳

反面批驳也叫驳论，是批驳对方的论点，然后用证据证明对方论点是错误的议论方式。

根据批驳的着重点的不同，反面批驳可分为驳论点、驳论据、驳论证方法三组形式。

反驳论点，即指出对方的论点不成立、不科学、不符合事实，等等。可用事实、事例来证明对方论点的谬误。

反驳论据，即指出对方的事实论据不真实、不可靠或不典型，对方的理论论据不恰当（理论超出适用范围、对理论的理解不准）等等。

反驳论证过程和论证方法，即指出对方的论证过程不完整，论证方法不正确、不合推理规则等等。违背推理规则或论证逻辑的情形通常有：机械类比、非白即黑、偷换论题、偷换概念、循环论证等等。

三、常见的论证方法

（一）例证法

先提出观点，再通过列举一个（或以上）具体事例来证明其观点的论证方法。例如：

> "民国范儿"的第四个特点是"尊严"。……1944年教育部给汤用彤先生的代表作《汉魏两晋南北朝佛教史》颁了最高学术奖。汤先生很不高兴，对朋友说："多少年来一向是我给学生分数，我要谁给我的书评奖！"在权力面前，他是有傲气的，他讨厌"以吏为师"，看不起那些高高在上、不学无术的行政官僚，他鄙夷地说："谁能评我的书，他们看得懂吗？"民国知识分子留下的最重要的精神遗产，是人的尊严和士的气节。
>
> （许纪霖《什么是民国范儿》[①]）

（二）归纳法

是一种"由个别到一般"的论证方法。它通过列举许多单个的现象或事例，归纳出其共同特性，从而得出一个一般性的、共通性的结论。如果将所有个别现

---

① 载《国学》2016年第12期。

象都列举出来，归纳出共同点，从而得出结论，这种论证方法称为"完全归纳法"。例如：

> 生物学家并没有就以下观点达成共识：受精细胞在某种意义上是活着的，没有受精的卵子或没有被使用的精子不是。对一组没有基本神经系统的细胞是否为某种意义上的人类，也没有共识。因此，并没有令人信服的实验数据能够解决"人类"生命从何时开始这一模糊的问题。

使用归纳法要避免以偏概全的逻辑错误。

（三）演绎法

是一种"由一般到个别"的论证方法。它由一般原理或者共同特性出发，推导出一个个体应有的特征（特性）。引用名人名言、谚语格言、权威话语的"引证法"也是演绎法的一种。逻辑学中演绎法通常表现为"三段论"。

> 科学家推断，非洲人种进化史最长，现代人类可能起源于进化史最长的人种。因此，现代人类可能起源于非洲人种。

运用演绎法要防止偷换概念。也要防止"三段论"中大、小前提的错误。

（四）比较法

把多个事物或事件，或一个事物的多个方面放在一起进行比较，进而得出结论的论证方法。比较法分为类比和对比两种。

类比法：从已知的某事物的事理或特征推论到相类似的另一事物也应具有类似的事理或特征的论证方法。例如：

> 一些人认为教师资格测验是不公正的双重测试。"教师已经是大学毕业生，"他们说："他们为什么还要被测试？"那我要问：律师是大学毕业生，而且是专业学院的毕业生，但他们还要参加律师资格考试。还有其他大量的行业，如会计、精算师、医生、建筑师等等，同样是大学毕业生，也同样要参加相关的资格考试，难道教师就更特别吗？

对比法：把性质特点不同、相反的事物放在一起加以比较，或把一个事物的不同方面进行比较，从而证明观点的论证方法。例如：

立法机构常年运作是不必要的，也是很不方便的；但行政机关常年运作是绝对必要的，因为不是总需要制定新的法律，但总需要执行已制定的法律。

（五）反证法

通过证明反面观点的错误来间接证明己方观点正确的论证方法。例如：

　　人类历史上无论哪个时代、哪个地方，任何人都不可能拥有绝对的自由。无论是原始社会中部落的首长，还是封建时代的帝王，他们都要受一定的规则的限制，不可能随心所欲地想干什么就干什么。因此，任何时代，一个人拥有的自由度不论高低，都只能是相对的。

驳论常用的"归谬法"也是反证法的一种。例如：

　　按你的说法，只要能挣钱就是好男人，那么那些贩毒的、走私的、充当职业杀手的、抢银行的、贪污受贿的，便都是你心目中的好男人典范了？

思维与写作训练

一、假如有人想了解你所读学校的校园环境，需要你来介绍，你该怎样介绍呢？请写一篇介绍你就读学校校园环境的说明文。

二、下面是几则辩论赛题目，请你分别担任正反方，分别设计立论和驳论的要点、方法。
　　1．"现代生活，仍然需要保留传统仪式"
　　2．"谦让，会让你失去更多的机会"
　　3．"科技，会让人变得越来越懒"
　　4．"城市里，邻里关系可有可无"
　　5．"道德水平会随着生活水平的提高而提高"

三、指出下列文字使用的论证方法：

1．倘若说，作品愈高，知音愈少。那么，推论起来，谁也不懂的东西，就是世界上的绝作了。（鲁迅《文艺的大众化》）

2．萧伯纳有一次参加一个舞会，对震耳欲聋的流行音乐非常厌烦。一个贵妇对他的神态很不理解，问他："这么流行的音乐，您为什么不喜欢呢？"萧伯纳回答："流行的就一定是好的吗？那流行感冒呢？"

四、指出下列文字在论证上的逻辑或方法错误：

1. 卖国贼是说谎的，所以你是卖国贼。我骂卖国贼，所以我是爱国者。爱国者的话是最有价值的，所以我的话是不错的，我的话既然不错，你就是卖国贼无疑了。（鲁迅《论辩的魂灵》）

2. 某女读者问某杂志："贵刊封面为何总是一个外国的俏女郎，难道中国女青年没一个比得上那些黄头发、蓝眼睛吗？"得到的答复是："难道你不觉得外国妞也很美吗？"

3. 古时，某人为了吹嘘自己文章天下第一，特意写了如下打油诗："天下文章数三江，三江文章数吾乡；吾乡文章数舍弟，舍弟请我改文章。"

4. 莎士比亚的十四行诗是伟大的文学作品，因为莎士比亚是个伟大作家，他写了十四行诗。

五、请针对现实社会的热点新闻写一篇新闻时评或时事评论类作文，篇幅在1000字左右。

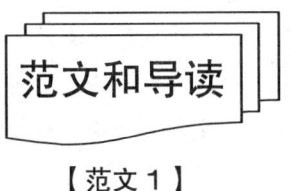

【范文1】

老子哲学（节选）
梁启超

一、老子的传记（略）

二、老子的学说

我很感觉困难，因为才讲到正文，讲的便是老子。老子的学说，是最高深玄远的，而且骤然看去很像无用，恐怕把诸君的兴味打断了。所以，我先奉劝诸君几句话：头一件，诸君虽然听得难懂，还须越发留心听下去。因为你的脑有一种神秘力，会贮藏识想，久后慢慢发芽，你现在虽不懂，将来要懂起来，我的讲义总可以给你一个大帮助，像吃橄榄，慢慢的会回甘哩。第二件，诸君别要说这种学问无用。因为我们要做事业、要做学问，最要紧是把自己神智弄得清明，正和做生意的人要有本钱一般，像老子、庄子乃至后来的佛学，都是教我们本钱的方法。我第一次讲学问分类的时候，说那第二类精神生活向上的学问，一部分就是指这些。这些操练心境的学问，恰恰和你们学体育来操练身体一般，万不可以说他无用。

如今讲到本题了。研究老子学说就是研究这部"五千言的《老子》"。这部书有人叫他做《道德经》，虽然是后起的名称，但他全部讲的不外一个"道"字，那是无可疑了。这书虽然仅有五千字，但含的义理真多，我替诸君理出个眉目，分三大部门来研究：第一部门是说道的本体，第二部门是说道的名相，第三部门是说道的作用。

第一　本体论

什么叫作本体论？人类思想到稍为进步的时代，总想求索宇宙万物从何而来，以何为体？这是东西古今学术界久悬未决的问题。据我想来，怕是到底不能解决。但虽然不能解决，学者还是喜欢研究他。研究的结果，虽或对于解决本问题枉用工夫，然而引起别方面问题的研究，于学术进步，就极有关系了。今为引起诸君兴味起见，要把全世界学术界对于这问题的大势，用最简略的语句稍为说明。

这个问题最初的争辩，就是有神论和无神论。有神论一派，说宇宙万有都是神创造的。然则宇宙无体，神就是他的体，我们不必研究宇宙，只要研究"神"就够了。但"神"这样东西，却是只许信仰，不许研究。所以主张有神论的，归根便到学问范围以外。总要无神论发生，学问才会成立，所谓"本体论"才会成个问题。第二步的争辩，就是一元论、二元论、多元论——或是唯物论、唯心论、心物并行论。其错综关系略如下：

既已将神造论打破，则万有的本体，自然求诸万有的自身。最初发达的是从客观上求，于是有一元的唯物论或多元的唯物论。一元的唯物论，当很幼稚的时代，是在万物中拈出一物认它为万物之本。如希腊的德黎士（Thales）说水为万物之本；波斯教说火为万物之本；印度有地宗、水宗、火宗、风宗、空宗、方宗、时宗等。多元的唯物论，如中国阴阳家言"五行化生万物"；印度顺世外道言"四大（地、水、火、风）生一切有情"等。还有心物混杂的多元论，如印度胜论宗说万有由九种事物和合而生：一地，二水，三火，四风，五空，六时，七方，八我，九意。但多元论总是不能成立，因为凡研究本体的人，原是要求个"一以贯之"的道理，这种又麻烦又有罅漏的学说，自然不能满意。所以主张唯物论的人，结果趋向到一元。印度诸外道所说的"极微"，近世欧美学者说原子的析合、电子的振动，算是极精密之一元的唯物论了。以上所说各派的人，都是向客观的物质求宇宙本体。但仔细研究下去，客观的物质是否能独立存在，却成了大问题。譬如这里一张桌子，一块黑板，拿常识看过去，都说是实有其物。但何以说他是有，是由我的眼看见，由我的心想到，然则桌子、黑板，是否能离开了我们意识独立存在？假如我们一群人都像桌子一般没有意识，是否世界上还能说有这块黑板？我们一群人都像黑板一般没有意识，是否世界上还能说有这张桌子？再换一方面说，诸君今日听我说了桌子、黑板之后，明天虽然把这桌子、黑板撤去，诸君闭眼一想，桌子、黑板依然活活现出来。乃至隔了许多年，诸君离开学校到了外国，一想起今日的情事，桌子、黑板还牢牢在诸君心目中。这样说来，桌子、黑板的存在，不是靠他的自身，是靠我们的意识。简单说，就是只有主观的存在，没有客观的存在。这一派的主张，就是唯心的一元论。在欧洲哲学史上，唯物、唯心两派的一元论，直闹了二千多年，始终并未解决，其中还常常有心物对立的二元论来调和折衷，议论越发多了。

再进一步，本体到底是"空"呀还是"有"呢？又成了大问题。主张唯物论的，骤看过去，好像是说"有"了，但由粗的物质推到原子，由原子推到电子，电子的振动，全靠那视而不见听而不闻的"力"，到底是"有"还是"空"，就很难说了。主张唯心论的，骤看过去，好像是说"空"了，但唯心论总靠我自己做出发点。"我"到底有没有呢？若是连我都没有，怎么能用思想呢？所以法国大哲笛卡儿有句很有名的话，说"我思故我在"。我既不"空"，那末，宇宙本体，自然也都不"空"了。所以这"空有"的问题，也打了几千年官司，没有决定。这是印度人和欧洲人研究本体论的大略形势。

佛说却和这些完全不同。佛说以为什么神咧、非神咧、物咧、心咧、空咧、有咧，都是名相上的话头，一落名相，便非本体，本体是要离开一切名相才能证得的。《大乘起信论》说得最好：

> 依一心法有二种门，一者心真如门，二者心生灭门，是二种门皆各总摄一切法。……以是二门不相离故。

心真如门是说本体,心生灭门是说名相。真如的本体怎么样呢?他说:

是故一切法,从本已来,离言说相,离名字相,离心缘相,毕竟平等,无有变异,不可破坏,唯是一心,故名真如。以一切言说假名无实,但随妄念,不可得故。言真如者,亦无有相。谓言说之极,因言遣言,此真如体无有可遣,以一切法悉皆真故,亦无可立,以一切法皆同如故。当知一切法不可说,不可念,故名为真如。

我们且看老子的本体论怎么说法?他说:

有物混成,先天地生,寂兮寥兮,独立而不改,周行而不殆,可以为天下母。吾不知其名,字之曰"道",强名之曰大。

又说:

天法道,道法自然。

又说:

谷神不死,是谓玄牝。玄牝之门,是谓天地根,绵绵若存,用之不勤。

又说:

玄之又玄,众妙之门。

又说:

道冲而用之,或不盈,渊兮似万物之宗,……湛兮似或存。吾不知谁之子,象帝之先。

又说:

视之不见名曰夷,听之不闻名曰希,搏之不得名曰微,此三者不可致诘,故混而为一。……绳绳不可名,复归于无物,是谓无状之状,无物之象，是谓惚恍。迎之不见其首，随之不见其后。

又说：

道之为物，惟恍惟惚。惚兮恍兮，其中有象。恍兮惚兮，其中有物。窈兮冥兮，其中有精。其精甚真，其中有信。

又说：

微妙玄通，深不可识，夫唯不可识，故强为之容。

我们要把这几段话细细的研究出个头绪来。他说的"先天地生"，说的"是谓天地根"，说的"象帝之先"，这分明说道的本体，是要超出"天"的观念来求他，把古代的"神造说"极力破除。后来子思说："天命之谓性，率性之谓道。"董仲舒说："道之大原出于天。"这都是说颠倒了。老子说的是"天法道"，不说"道法天"，是他见解最高处。

他说"有物混成"，岂不明明说道体是"有"吗？他怕人误会了，所以又说："视之不见，……听之不闻，……搏之不得，……绳绳不可名，复归于无物。"然则道体岂不是"无"吗？他又怕人误会了，赶紧说："是谓无状之状，无物之象。"又说："惚兮恍兮，其中有象。恍兮惚兮，其中有物。"然则道体到底是有还是无呢？老子的意思以为，有咧、无咧，都是名相的边话，不应该拿来说本体，正如《起信论》说的："真如自性，非有相，非无相，非非有相，非非无相，非有无俱相。"然则为什么又说有说无呢？所谓"因言遣言"，既已和我们说这"道"，不能不假定说是有物，你径认他是"有"却不对了，不得已说是"非有"。你径认他是"非有"，又不对了，不得已说是"非非有"。其实有无两个字都说不上，才开口便错，这是老子反复丁宁（叮咛）的意思。

究竟道的本体是怎么样呢？他是"寂兮寥兮"、"视之不见，听之不闻，搏之不得"的东西，像《起信论》说的"如实空"。他是"其中有精，其精甚真，其中有信"的东西，像《起信论》说的"如实不空"。他是"独立而不改，周行而不殆"的东西，像《起信论》说的"毕竟平等，无有变异，不可破坏"。他是"可以为天下母"、"似万物之宗"、"是谓天地根"的东西，像《起信论》说的"总摄一切法"。《庄子·天下》篇批评老子学说，说他"以虚空不毁万物为实"，这句话最好。若是毁万物的虚空，便成了顽空了，如何能为万物宗、为天地根呢？老子所说，很合着佛教所谓"真空妙有"的道理。

他的名和相，本来是不应该说的，但既已开口说了，只好勉强找些形容词来，所以说："微妙玄通，深不可识。夫惟不可识，故强为之容。"试看他怎么强为之容？他说了许多"寂兮寥兮"、"窈兮冥兮"、"惚兮恍兮，恍兮惚兮"。又说："渊兮似……"、"湛兮似……"又说："豫焉若……犹兮若……俨兮若……涣兮若……敦兮其若……旷兮其若……混兮其若……"不直说"万物之宗"，但说"似万物之宗"；不直说"帝之先"，但说"象帝之先"；不直说"不盈"，但说"或不盈"；不直说"存"，但说"绵绵若存"。因为说一种相，怕人跟着所说误会了，所以加上种种不定的形容词，叫你别要认真。

"名"也是这样。他说："吾不知其名，字之曰道，强名之曰大。"又说："是谓玄牝。"又说："玄之又玄。"又说："无状之状，无象之象，是谓惚恍。"因为立一个名，怕人跟着所立误会了，所以左说一个，右说一个，好像是迷离惝恍，其实是表示不应该立名的意思。

然则我们怎么样才能领会这本体呢？佛经上常说"不可思议"，寻常当作"不能够思议"解，是错了。他说的是"不许思议"，因为一涉思议，便非本体。所以《起信论》说："离念境界，唯证相应。"老子说的，也很有这个意思，他说："知者不言，言者不知。"又说："其出弥远，其知弥少。"又说："为学日益，为道日损。损之又损，以至于无为。"因为要知到（道）道的本体是要参证得来的，不是靠寻常学问智识得来的，所以他又说："绝学无忧。"他又说："上士闻道，勤而行之。中士闻道，若存若亡。下士闻道，大笑之。不笑，不足以为道也。"道的本体，既然是要离却寻常学问智识的范围去求，据一般人想来，离却学问智识，还求个什么呢？求起来有什么用处呢？怪不得要大笑了。

第二　名相论（略）
第三　作用论（略）

（本文为梁启超1920年在清华大学的讲演，收于《梁启超全集》第10卷，北京出版社，1999年）

【导读】

本文整体上用了分解说明法，从本体论、名相论、作用论三个方面（角度）对老子的哲学进行了解说。对于何为"本体论"，作者先用了一个简单的诠释性的说明，再分两类（有神论、无神论）分别说明，然后又进行分类解说（一元论、二元论、多元论），其下运用举例说明。在具体引述和解说老子哲学时，作者又运用了比较说明法，拿佛经来与老子学说相比较，以便触类旁通。

【范文2】

文学和出汗
鲁迅

　　上海的教授对人讲文学，以为文学当描写永远不变的人性，否则便不久长。例如英国，莎士比亚和别的一两个人所写的是永久不变的人性，所以至今流传，其余的不这样，就都消灭了云。

　　这真是所谓"你不说我倒还明白，你越说我越胡涂"了。英国有许多先前的文章不流传，我想，这是总会有的，但竟没有想到它们的消灭，乃因为不写永久不变的人性。现在既然知道了这一层，却更不解它们既已消灭，现在的教授何从看见，却居然断定它们所写的都不是永久不变的人性了。

　　只要流传的便是好文学，只要消灭的便是坏文学；抢得天下的便是王，抢不到天下的便是贼。莫非中国式的历史论，也将沟通了中国人的文学论欤？

　　而且，人性是永久不变的么？

　　类人猿，类猿人，原人，古人，今人，未来的人，……如果生物真会进化，人性就不能永久不变。不说类猿人，就是原人的脾气，我们大约就很难猜得着的，则我们的脾气，恐怕未来的人也未必会明白。要写永久不变的人性，实在难哪。

　　譬如出汗罢，我想，似乎于古有之，于今也有，将来一定暂时也还有，该可以算得较为"永久不变的人性"了。然而"弱不禁风"的小姐出的是香汗，"蠢笨如牛"的工人出的是臭汗。不知道倘要做长留世上的文字，要充长留世上的文学家，是描写香汗好呢，还是描写臭汗好？这问题倘不先行解决，则在将来文学史上的位置，委实是"岌岌乎殆哉"。

　　听说，例如英国，那小说，先前是大抵写给太太小姐们看的，其中自然是香汗多；到十九世纪后半，受了俄国文学的影响，就很有些臭汗气了。那一种的命长，现在似乎还在不可知之数。

　　在中国，从道士听论道，从批评家听谈文，都令人毛孔痉挛，汗不敢出。然而这也许倒是中国的"永久不变的人性"罢。

　　二七，一二，二三。

（本篇最初发表于1928年1月14日《语丝》周刊第4卷第5期，收于《鲁迅全集》第3卷）

【导读】

　　这是一篇经典的驳论文。作者充分运用了归谬法、例证法、假设法（譬如……）来驳倒对方（梁实秋）的论点。

下编
实用文体

第九章　中国大陆常用公文

公文即公务文书，有广义和狭义的所指。广义的公文，指各类机构、社团、组织在处理涉及各类公私事务、业务，或发布各类涉及一定范围的公众的信息时使用的各类带有特定形式特征的文章。狭义的公文，特指"法定行政公文"，指由国家或地区官方机构通过法规规定的公务文书。例如在中国大陆，狭义的公文指的是由中共中央办公厅、国务院办公厅2012年4月16日发布的**《党政机关公文处理工作条例》**所规定的"决议""决定"等15类公文；在台湾，指的是台湾《公文程式条例》（2004年5月修正版）所规定的"令""呈"等6大类21种文种。广义的公文，除法定行政公文外，还包括非法定公文，即如规章制度、会议文书、简报、调查报告、研究报告、企划书（计划）、总结、备忘录、演讲稿、致辞、演说词、聘书、述职报告等各机构公务活动中常用的文书。本章所谓"常用公文"是指狭义的法定行政公文中的几个主要品种。

公文的使用者，并不限于官方机构，实际上广义的公文几乎应用于所有机构、社团，即使是狭义的公文，其中一些文种，如通告、报告、通知、函等，非官方的机构、社团和企业也经常运用。因此，无论是公务员系统的从业者，还是企业和事业单位的从业者，都要学会通过公文来处理业务和事务，使各项工作得以正确、高效地进行。

第一节　党政机关公文概述

《党政机关公文处理工作条例》（中办发〔2012〕14号）（以下简称《条例》）规定：党政机关公文是党政机关实施领导、履行职能、处理公务的具有特定效力和规范体式的文书，是传达贯彻党和国家方针政策，公布法规和规章，指导、布置和商洽工作，请示和答复问题，报告、通报和交流情况等的重要工具。

【花絮】古代公文：武松与两个告示

……这武松提了哨棒，大着步，自过景阳冈来。约行了四五里路，来到冈子下，见一大树，刮去了皮，一片白，上写两行字。武松也颇识几字，抬头看时，上面写道："近因景阳冈大虫伤人，但有过往客商，可于巳、午、未三个时辰，结伙成队过冈，请勿自误。"武松看了，笑道："这是酒家诡诈，惊吓那等客人，便去那厮家里歇宿。我却怕甚么鸟！"横拖着哨棒，便上冈子来。……走不到半里多路，见一个败落的山神庙。行到庙前，见这庙门上贴着一张印信榜文。武松住了脚读时，上面写道：

"阳谷县示：为景阳冈上新有一只大虫伤害人命，见今杖限各乡里正并猎户人等行捕未获。如有过往客商人等，可于巳、午、未三个时辰结伴过冈。其余时分，及单身客人，不许过冈，恐被伤害性命。各宜知悉。政和……年……月……日。"

（《水浒传》第二十二回）

一、党政机关公文的特性

1. 政治性

公文是传达贯彻党和国家方针政策，公布法规和规章，指导、布置和商洽工作，请示和答复问题，报告、通报和交流情况等的重要工具。公文的内容与国家的政治、政策密切相关。

2. 权威性

党政公文代党政机关立言，公文的内容是各机关组织、开展工作的依据，正式发布的公文，对其适用范围内的机关、团体和个人起规范约束作用，具有法定的权威性和特定的效力。

3. 实用性

公文是以完成特定的公务活动为目的，为承担某种具体而明确的公务职能而写作的一种文体。

4. 规范性

公文的规范性主要体现在两个方面，一是体式规范，二是程序规范。

（1）**体式规范**。公文的体式指的是公文的文体、结构、格式和语言。公文作为一种特殊的应用文，具有特定的结构、格式和语言要求。公文格式遵照国家有关部门专门制定的规范化标准，现行的是《党政机关公文格式》（GB/T 9704—2012）（以下简称《格式》），它对公文用纸、版面要求、印制装订要求、公文格式各要素编排规则、公文中横排表格、计量单位、标点符号和数字的用法等，作了详细、明确的规定。该标准适应了现代办公自动化的要求，既突出了公文庄重、醒目、实用、美观的文面形态，又利于电子公文的处理。

（2）**程序规范**。公文处理工作是指公文拟制、办理、管理等一系列相互关联、衔接有序的工作。而公文的拟制、办理和管理都必须经过规定的处理程序。公文的拟制一般要经过起草、审核、签发等程序。只有经过领导人签发的文稿才能印刷、用印和传递。联合发文由所有联署机关的负责人会签。公文办理包括收文办理、发文办理和整理归档。收文办理的主要程序包括签收、登记、初审、承办、传阅、催办、答复。发文办理的主要程序包括复核、登记、印制、核发。公文管理包括密级的确定、变更或解除、公文印发传达范围的确定和变更、公文的撤销和废止、涉密公文的清退或销毁等内容，其中每一项内容都有对应的具体的办理程序。任何人不得违反公文办理程序擅自处理，只有这样，才能维护公文的严肃性与权威性，才能实现公文处理工作的规范化、科学化、制度化，提高办公效率。

5. 时效性

公文是为解决现实工作中存在的实际问题而形成和使用的，为推动现实工作服务。一项工作一旦完成，公文的使命亦随之结束。失去时效后，公文依法具有查考的价值。

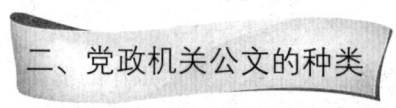

二、党政机关公文的种类

《条例》中规定的公文有决议、决定、命令（令）、公报、公告、通告、意见、通知、通报、报告、请示、批复、议案、函、纪要，共计15种。

按紧急程度划分，公文可分为平件和急件，急件又可分为"特急"和"加急"两类。

按秘密程度划分，公文可分为一般公文和涉密公文，涉密公文又可分为"绝密""机密"和"秘密"三类。

按行文方向划分，公文可分为下行文、上行文和平行文。**下行文**是指具有隶属关系的上级机关发给下级机关的公文；**上行文**是指具有隶属关系的下级机关发给上级机关的公文；**平行文**是指同系统内的平级机关或不相隶属的机关之间来往的公文。

【知识链接】请从互联网上下载阅读：党政机关公文处理工作条例（中办发〔2012〕14号，2012年4月）和党政机关公文格式（GB/T 9704—2012）。

三、党政机关公文的行文规则

行文规则是指公文在运行传递中应遵守的各项规定。为了准确运用行文规则，确保公文的正常运行，首先应了解并正确地确定公文的行文关系和行文方向。

1. 公文的行文关系

行文关系是行文时发文单位与受文单位的关系，是机关单位之间的组织关系在公文运行中的体现。我国党政机关、企事业单位、社会组织之间及其内部各部门之间的组织关系和行文关系主要有以下三种：

（1）**上下级关系**。包括领导和被领导关系、指导与被指导关系、监督与被监督关系，等等。领导和被领导关系，指同一垂直组织系统中存在直接职能往来的上下级机关之间的关系，如党中央和省委、国务院和省政府等都是这种有隶属关系的领导关系。省委宣传部和市委宣传部、省经贸委和市经贸委则是指导关系。监督关系如纪检对同级、下级机关的纪律监督、政协对党政部门和社会组织的民主监督等。上级可向下级行文指挥、布置工作，了解情况，处理问题，回答请示询问；下级则应按照上级来文精神开展工作，向上级行文报告情况，请求帮助和指示。

（2）**平级关系**。即相同级别的机关或者部门、单位之间的关系。如A省政府与B省政府之间，C县政府与D县政府之间，省政府下属的各个厅、局之间，厅、局所属的各个处之间，都是平级关系。其代表性文种是平行文"函"。

（3）**非隶属关系**。指不是同一垂直组织系统、不发生直接职能往来的机关之间的关系。这些机关包括平级机关或不同级别的机关，如省政府各厅之间、省政府各厅与市政府之间，都属于非隶属关系。这些机关之间，若有公务需要联系，用函行文即可。

2. 公文的行文方向

行文方向是指公文以发文机关为立足点向不同机关运行的方向。根据行文关系，可将公文的行文方向划分为上行文、下行文和平行文三种。

3. 公文的行文规则

行文规则作为公文运行中应遵循的规矩、法则，《条例》第四章对公文的行文规则进行了详细的规定：

行文应当确有必要，讲求实效，注重针对性和可操作性。

行文关系根据隶属关系和职权范围确定。一般不得越级行文，特殊情况需要越级行文的，应当同时抄送被越过的机关。

同级党政机关、党政机关与其他同级机关必要时可以联合行文。属于党委、政府各自职权范围内的工作，不得联合行文。

党委、政府的部门依据职权可以相互行文。部门内设机构除办公厅（室）外不得对外正式行文。

重要的**上行文规则**：

（1）原则上主送一个上级机关，根据需要同时抄送相关上级机关和同级机关，不抄送下级机关。

（2）党委、政府的部门向上级主管部门请示、报告重大事项，应当经本级党委、政府同意或者授权；属于部门职权范围内的事项应当直接报送上级主管部门。

（3）下级机关的请示事项，如需以本机关名义向上级机关请示，应当提出倾向性意见后上报，不得原文转报上级机关。

（4）请示应当一文一事。不得在报告等非请示性公文中夹带请示事项。

（5）除上级机关负责人直接交办事项外，不得以本机关名义向上级机关负责人报送公文，不得以本机关负责人名义向上级机关报送公文。

（6）受双重领导的机关向一个上级机关行文，必要时抄送另一个上级机关。

重要的**下行文规则**：

（1）主送受理机关，根据需要抄送相关机关。重要行文应当同时抄送发文机关的直接上级机关。

（2）党委、政府的办公厅（室）根据本级党委、政府授权，可以向下级党委、政府行文，其他部门和单位不得向下级党委、政府发布指令性公文或者在公文中向下级党委、政府提出指令性要求。需经政府审批的具体事项，经政府同意后可以由政府职能部门行文，文中须注明"已经政府同意"。

（3）党委、政府的部门在各自职权范围内可以向下级党委、政府的相关部门行文。

（4）涉及多个部门职权范围内的事务，部门之间未协商一致的，不得向下行文；擅自行文的，上级机关应当责令其纠正或者撤销。

（5）上级机关向受双重领导的下级机关行文，必要时抄送该下级机关的另一个上级机关。

第二节 下行文：通知、通告、通报

通知、通告、通报都是告知类下行公文。

通知使用最广泛，任何层级的机构在面向下辖对象作告知时，都可以使用通知；**通告**相较于通知，发文机构的层级高一些，相关事项涉及的对象更广泛一些，多用于具有**广而告之**性质的面向不特定对象（机构或人员）的告知。

通知可以是事务性的，就事说事，不含价值倾向，通报则涉及的事项在性质上更严重些，更带有价值倾向性（或褒或贬）。通知与通报的区别有：1.适用范围不同。通报用于传达重要的精神或情况，通知用于传达一般精神或情况，通知没有通报的表彰或批评功能。2.写作方式不同。通报注重教育性，有一定的议论；通知注重执行，很少议论或不议论。

一、通知

《条例》规定："通知。适用于发布、传达要求下级机关执行和有关单位周知或者执行的事项，批转、转发公文。"通知是党政机关、企事业单位使用频率最高、适用范围广泛的一种常用公文。

（一）通知的种类

根据通知的内容性质和作用，一般可以分为：

1. 发布性通知

这类通知要告知的是本机关决定的事项，发文对象包括下属机关、平行机关和不相隶属的机关，如《国务院办公厅关于印发中央预算单位2016—2017年政府集中采购目录及标准的通知》。当某个机关单位认为本单位的特定文书需要正式发文，或需要将某个特定部门制订的规章制度上升为机关单位共同执行的事项，或需要将机关单位负责人的讲话等转化成单位的意志，可通过印发来完成。

印发的功能有三：其一，将非公文（如计划、规划、纲要等）转化为公文，以增强被印发文件的效力，如《广东省人民政府办公厅关于印发广东省战略性新兴产业发展"十三五"规划的通知》；其二，将单位内部某机构制定的表达部门意图的规章制度等，上升为整个单位的意志，如《××省人事厅、教育厅关于印发××省高等学校专业技术职务结构比例管理试行意见的通知》；其三，将领导的讲话、发言等上升为单位的集体意志，如《××局关于印发××同志在××××座谈会上讲话的通知》。

2. 批转性通知

批转，将某一下级机关报来的文件(如请示、报告、意见、纪要等)审核批准并转发给有关下级机关，如《××省人民政府关于批转省发展改革委××省2017年改革指导意见的通知》。当某一机关认为下级机关所发的公文具有一定的参照、指导、借鉴作用，便可在表明自身态度的基础上，将下级机关的文件批转发送到其他下级单位，要求其学习、效仿、借鉴或执行。

3. 转发性通知

转发，将上级机关、平级机关或不相隶属机关发来的公文转发给下级机关，如《广东省人民政府转发国务院关于在市场体系建设中建立公平竞争审查制度意见的通知》。当某一机关认为上级的文件需要办理，或认为平级机关、不相隶属的机关单位的文件值得本单位参照、学习、借鉴时，便可将该文件转发给有关下级单位。

4. 事务性通知

要求下级机关办理与有关单位共同执行或周知的事项，用以部署工作，安排活动，解决具体问题，如《科技部高新司关于召开国家级示范生产力促进中心绩效评价整改评审会的通知》。

5. 指示性通知

用于上级机关指示下级机关如何开展工作。如国务院发布的《国家行政机关公文处理办法》的通知。这种通知带有政策性、指导性，主要用于对重要工作、重大问题阐明方针政策，提出工作原则。它对现实工作针对性强，有一定的领导权威。

6. 任免性通知

国家机关中的上级机关对下级机关、群众告知有关用人事项的公文，用于任免和聘用干部。如《关于×××等同志职务任免的通知》，目的是使下级机关和群众了解做出任免、聘用决定的机关、职位、相关依据，以及任免、聘用人员的基本信息和具体职务，使任免信息进一步公开化、透明化。

（二）通知的结构与写法

通知由标题、主送机关、正文和落款组成。批转、转发性通知还需要在落款后附上批转、转发的文件的主体。

1. 标题

通知的标题由"发文机关+事由+文种"组成，如《国务院关于开展第三次大督查的通知》。

批转、转发性通知的标题比较复杂，实际操作中，为了避免重复"关于"和"通知"，在文字处理上通常可以采用以下方式：

（1）转发的公文不是通知时，省略第一个"关于"。如原题《国务院办公厅关于转发安全监管总局等部门〈关于依法做好金属非金属矿山整顿工作意见〉的通知》，省略后成为《国务院办公厅转发安全监管总局等部门关于依法做好金属非金属矿山整顿工作意见的通知》。

（2）转发的公文是通知，省略第一个"关于"和最后的"通知"：如原题《广东省人民政府关于转发〈国务院关于开展第三次全国经济普查的通知〉的通知》，省略后成为《广东省人民政府转发国务院关于开展第三次全国经济普查的通知》。

（3）多次转发的公文，省略发文事由中多余的文字。例如，××市人民政府关于转发《××省人民政府转发人事部关于××同志恢复名誉后享受××级待遇的通知》，标题可简化为《××市人民政府转发人事部关于××同志恢复名誉后享受××级待遇的通知》，标题中省略的省人民政府转发的过程，在正文中交代清楚即可。

2. 主送机关

通知的主送机关必须是需要阅知和办理通知事项的单位，应当使用机关全称、规范化简称或者同类型机关统称。

3. 正文

通知的正文一般包括缘由、事项和结语三方面的内容。不同种类的通知正文，在写法上的侧重点各有不同。

（1）发布性通知和批转、转发性通知的正文一般包括以下三部分内容：一是标明将发布、批转、转发的文件或法规、规章的名称，并表明发文的态度，说明该文件或法规、规章通过或施行的日期；二是写明与被发文件或法规、规章相关的事项，如缘由或法规、规章如何处置，或本次所发文件的意义及注意事项；三是提出执行希望和要求。其中，第二、第三项内容可酌情省略。

（2）事项性通知的正文要写出通知的缘由、具体的事项、执行要求等。特殊情况下，可不写缘由。

事项性通知常以"特此通知"等语句作为结束语。但批转、转发以及指示性强的通知，一般不用结尾语"特此通知"。

4. 落款

通知要签署发文机关的名称，并写明发布通知的年、月、日。若发文机关名称已在标题中出现，则可省略发文机关只签署日期。

（三）对被批转、转发文件的技术处理

批转、转发文件时，要将被批转、转发的文件"斩头去尾"，留下主体部分，以取消被批转、转发文件的独立性，将不能取消的信息补进相应位置，使其成为被批转、转发的对象，大致需要分四步进行：

（1）取消被批转、转发文件的版头，原文件版头中的发文字号在通知正文的"引用文件"部分体现，如"现将《国务院关于开展第三次全国经济普查的通知》（国发〔2012〕60号）转发给你们"。

（2）取消被批转、转发文件的主送机关。

（3）取消被批转、转发文件的印章、附注，保留原发文机关署名和成文日期；若原文件无发文机关署名的，则需要补加。

（4）取消被批转、转发文件的版记。

【例文1】

国务院办公厅关于印发中央预算单位
2017—2018年政府集中采购目录及标准的通知

国务院各部委、各直属机构：

《中央预算单位2017—2018年政府集中采购目录及标准》已经国务院同意，现印发给你们，请遵照执行。

附件：中央预算单位2017—2018年政府集中采购目录及标准

国务院办公厅
201×年×月×日

【例文2】

××省人民政府关于批转省发展改革委××省
2017年改革指导意见的通知

各地级以上市人民政府，各县（市、区）人民政府，省政府各部门、各直属机构：

省政府同意省发展改革委《××省2017年改革指导意见》，现转发给你们，请认真贯彻执行。

附件：××省2017年改革指导意见

××省人民政府
2×××年×月×日

【例文3】

科技部高新司关于召开国家级示范生产力促进中心
绩效评价整改评审会的通知

天津、河北、山西、内蒙古、辽宁、黑龙江、江苏、浙江、安徽、湖北、广西、重庆、贵州、陕西、新疆科技厅（委），有关国家级示范生产力促进中心：

为加强国家级示范生产力促进中心的管理，对2011年度绩效评价为E类的中心，召开整改情况评审会。现将有关事项通知如下。

一、整改要求

1. 根据《国家级示范生产力促进中心认定和管理办法》（国科发高〔2011〕173号）第十条第三款，对限期整改、但未能通过整改评审的中心，将取消其国家级示范生产力促进中心资格。

2. 按照《科技部办公厅关于公布国家级示范生产力促进中心2011年度绩效评价结果的通知》（国科办高〔2012〕45号）的要求，评价结果为E的示范中心，须制定整改方案，认真整改，并将整改情况报省级科技部门审查通过后，于9月30日前报送我司和火炬中心。

3. 请有关省、自治区、直辖市科技部门，通知相关中心，按时参加评审会。未参加评审会或未通过评审的中心，将被取消国家级示范生产力促进中心资格。

二、评审会要求

1. 已报送整改方案的示范中心

共17家。请围绕整改工作进展、自身发展、典型业务、下一步工作打算等内容，准备汇报材料。

2. 未报送整改方案的示范中心

共4家。请说明未报送整改方案的具体原因；并围绕整改工作进展和下一步工作打算，准备汇报材料。

三、其他事项

1. 会议时间：2012年11月9日，8日报到。

2. 会议地点：五洲大酒店（重庆市渝北区红锦大道63号，嘉州花园附近，电话：023—67676666）

3. 汇报要求

每个单位汇报时间为10分钟（请采用Powerpoint格式），答辩时间5—10分钟。各汇报单位必须严格控制时间。

4. 各中心报到时，须提交以下材料：

（1）书面材料。一式7份，5000字左右（不得过度装订）。

（2）答辩材料。采用Powerpoint格式，提交电子版。

5. 各中心须于11月3日前，将参会人员反馈我司。

四、联系人和联系方式

1. 高新司：迟明、李志农，电话：010-58881565/4。

2. 火炬中心：金学奇，电话：010-88656271。

专此通知。

附件：参加答辩生产力促进中心名单

科技部高新技术发展及产业化司
20××年×月×日

二、通告

《条例》规定："通告。适用于在一定范围内公布应当遵守或者周知的事项。"通告一般不用文本形式印发，而是采用张贴或者在报纸等媒体公布。

根据通告的内容，可将通告分为知照性通告和规定性通告。

1. 知照性通告。 知照性通告用于告知一定范围内的单位或个人一些具体的事项，如《××市人民政府2013年夏秋季征兵工作的通告》。

2. 规定性通告。规定性通告用于向社会公布各有关方面应当遵守或执行的事项，如《浙江省海洋与渔业局关于2017年浙江省海洋禁渔休渔通告》。遵守什么、怎样遵守，需要十分明确清楚，具有很强的强制性和约束力。

（一）通告的结构与写法

通告由标题、正文和落款三部分组成。

1. 标题

通告的标题由"发文机关+事由+文种"组成，如《山东省临沂市地方海事局禁航通告》。

2. 正文

通告的正文一般包括缘由、事项和结语三方面的内容。

（1）缘由。简要写明发布通告的目的、意义，规定性通告还要写明法律依据。接着用"现通告如下""特作如下通告"等语句作为过渡。

（2）事项。是通告的主体。要写明需要一定范围内的有关方面遵守或周知的事项。有的通告内容较少、事项单一，便采用篇段合一的方法，直接写明告知公众的事项。对于较复杂的事项，一般采用分条列述的方法。

（3）结语。常用"特此通告"或"本通告自发布之日起实施"等作为结语。

3. 落款

通告要签署发布通告的机关的名称，并写明发布通告的年、月、日。如果发文机关名称已在标题中出现，可省略发文机关只签署日期。

（二）通告的写作要求

（1）内容要合法。通告的内容必须与有关的法律法规相符合。

（2）事项要完整具体。需要有关方面周知、遵守的事项要写得明确具体，如事项的起止时间、应该怎么做、不应该怎么做，要遵守、执行什么、禁止做什么等。

（3）语言要通俗易懂。通告面向社会公众，语言要简单明了，便于群众理解和执行。

【例文1】

广州市人民政府关于全市防空警报试鸣暨"羊城天盾—2017"城市人民防空演习的通告

穗府〔2017〕19号

为增强市民的国防观念和防空意识，根据《中华人民共和国人民防空法》和《广州市人民防空管理规定》等有关规定，现就我市防空警报试鸣暨"羊城天盾——2017"城市人民防空演习有关事项通告如下：

一、防空警报试鸣时间和范围

2017年9月16日11:30—11:43在全市范围内进行防空警报试鸣。11:30—11:33试鸣预先警报；11:35—11:38试鸣空袭警报；11:40—11:43试鸣解除警报。

二、防空警报信号规定

预先警报：鸣36秒，停24秒，反复3遍，时间为3分钟；

空袭警报：鸣6秒，停6秒，反复15遍，时间为3分钟；

解除警报：连续鸣放3分钟。

三、防空警报信号（信息）发放

全市固定警报器、机动防空警报车及部分多媒体多功能防空防灾预警报知系统，同时发放防空警报信号；广州市广播电视台34频道和新闻资讯广播（FM96.2MHz）、金曲音乐广播（FM102.7MHz）、经济交通广播（FM106.1MHz）频道、公交车移动电视、广州地铁电视将同步发放防空警报信号；中国电信广州分公司、中国移动广州分公司、中国联通广州分公司和市有关部门，将以手机短信息形式同步群发防空警报试鸣信息。

四、其他事项

在防空警报试鸣期间，除在部分社区、机关、学校、企业、地铁站开展疏散掩蔽等内容的实兵演练，以及在中石化广州分公司贮运部收转区域组织消除空袭后果等内容的实兵演练外，全市生产、生活秩序及社会活动照常进行。

广州市人民政府

20××年×月×日

【例文2】

浙江省海洋与渔业局关于2017年浙江省海洋禁渔休渔通告

根据《中华人民共和国渔业法》《浙江省渔业管理条例》和《农业部关于调整海洋伏季休渔制度的通告》（农业部通告〔2017〕3号）有关规定与要求，结合我省实际，现将2017年我省海洋捕捞禁渔规定通告如下：

一、休渔作业类型：除钓具外的所有作业类型。

二、禁渔休渔时间

（一）梭子蟹禁渔期：北纬27度至31度沿岸和近海，4月1日12时至9月16日12时禁止以抱卵梭子蟹或幼梭子蟹为主要捕捞对象的作业渔船生产。

（二）单船桁杆拖网（桁杆拖虾）、笼壶类、刺网类、围网类及船敷箕状敷网（敷网）作业休渔时间：5月1日12时至8月1日12时。

（三）单锚张纲张网（帆式张网）作业休渔时间：5月1日12时至9月16日12时；其他张网作业休渔时间：5月1日12时至8月16日12时。

（四）拖网类及其他未列举海洋捕捞作业休渔时间均为：5月1日12时至9月16日12时。

（五）产卵带鱼保护区保护规定：北纬28度30分至30度30分、东经125度以西到机动渔船底拖网禁渔区线以东海域，5月1日12时至6月30日12时禁止拖网渔船及其他以捕捞产卵带鱼为主的作业渔船进入该保护区生产。

（六）东海带鱼国家级水产种质资源保护区保护规定：核心区4月16日12时至7月1日12时，禁止所有捕捞作业生产（注：核心区由以下6点连接而成：A点：北纬30度30分、东经123度10分；D点：29度0分、122度35分；H点：28度30分、122度10分；I点：28度30分、122度30分；E点：29度0分、122度55分；B点：30度30分、123度30分）。

（七）捕捞许可证核定两种作业类型或一种作业类型两种作业方式的，只要其中某个作业仍处于休渔期内，则该捕捞渔船仍要进行休渔。不得在休渔期间实施作业变更（变更为休渔时间一致或更长的作业除外）。

（八）渔业捕捞辅助船随上述不同作业实行同步休渔。

（九）其他未尽事宜，根据"农业部通告〔2017〕3号"有关规定执行。

上述调整后的海洋捕捞禁渔休渔规定，自2017年4月1日起施行。

特此通告。

2017年3月1日

三、通报

《条例》规定:"通报。适用于表彰先进、批评错误、传达重要精神和告知重要情况。"通报属于下行文。

通报可以分为表彰性通报、批评性通报和情况通报三类。

1. 表彰性通报。用于宣传个人或集体的先进事迹,如《国务院办公厅关于对国务院第四次大督查发现的典型经验做法给予表扬的通报》。再如《广东省人民政府关于表彰全省就业创业工作及新型农村和城镇居民社会养老保险工作先进单位先进个人的通报》。

2. 批评性通报。用于批评典型人物或单位的错误行为、不良倾向、丑恶现象和违章事故等,如《××市监察局关于对××同志违纪问题的通报》。

3. 情况通报。上级机关把现实社会生活中出现的重要精神、情况告知所属单位和群众,以供工作参考,如《国家安全监管总局办公厅关于矿用安标产品专项检查情况的通报》。再如《国务院办公厅关于西安地铁"问题电缆"事件调查处理情况及其教训的通报》。

(一)通报的结构与写法

通报由标题、正文和落款三部分组成。

1. 标题

通报的标题由"发文机关+事由+文种"组成,如《广东省人民政府关于表彰全省就业创业工作及新型农村和城镇居民社会养老保险工作先进单位先进个人的通报》。

2. 正文

不同的种类的通报,正文的写法也有所不同。

(1)表彰或批评性通报

表彰或批评通报,既可按时间顺序来写,也可以按逻辑关系安排结构,大致分为四个部分:

第一部分是**概述主要事实**,把表彰或批评对象的名字、事情发生的时间、地点、经过、结果等要素写清楚。此部分标准,表彰性通报要详写,批评性通报要略写。

第二部分是分析事实性质,表彰性通报简要分析人物行为品质或事件的典型意义；批评性通报详细分析错误的行为或事故的原因，说明其性质和危害。

第三部分是阐明有关决定，简要阐明有关表彰或处理决定。

第四部分是提出号召、要求，学习先进人物的优秀品质，或从错误中吸取教训。为了防止类似事件再次发生，批评性通报还要求提出改进措施。

由于写作目的各有不同，表彰性通报和批评性通报内容的详略也有所不同，写作时要注意适应写作目的，详略得当、重点突出。

（2）情况通报

情况通报正文一般包括两项内容：通报有关情况；分析并做出结论。具体写法多样，有的先讲情况，然后分析情况并得出结论；有的先简要分析做出结论，再列举情况来说明结论的正确性。由于事故通报的目的是防止类似事件再度发生，所以在正文的尾部往往用较长的篇幅说明改进措施。

情况通报的情况交代大多按照事情的轻重安排顺序，若只通报一件事情，一般按时间顺序组织材料；若通报同一主题下的多件事情，则先写重要情况，后写次要的情况；或根据逻辑关系，按并列顺序或因果顺序等组织材料。事故通报，则可采取倒叙形式，先写事故造成的重大损失，再写事故的发生、经过及处理情况；详略需根据通报的主题进行安排。

3. 落款

通报要签署发布通报的机关的名称，并写明发布通报的年、月、日。如果发文机关名称已在标题中出现，可省略发文机关只签署日期。

（二）通报的写作要求

（1）事实清楚。把事实交代清楚，是写好通报的关键。通报的写作要注意用事实说话，言之有物，切忌空发议论。注意使用叙述性语言。

（2）分析入理。通报的分析要实事求是，入情入理，准确精当，不能妄加议论，无限上纲。事例要典型，用语要得当。

（3）语言简洁庄重。其中表扬和批评的通报还应注意用语分寸，要力求文实相符，不讲空话、套话，不讲过头的话。

【例文1】

广东省人民政府关于表彰2016年广东省专利奖获奖单位和个人的通报

各地级以上市人民政府，各县（市、区）人民政府，省政府各部门、各直属机构：

根据《广东省专利奖励办法》（粤府令第202号）规定，经广东专利奖评审委员会评审，省知识产权局审核，省政府决定授予"盐酸聚六亚甲基胍在防治柑桔酸腐病上的应用及其保鲜剂"等15项专利第三届广东专利金奖，给予每项10万元奖励；授予"全灵芝孢子油的制备方法"等55项专利第三届广东专利优秀奖，给予每项5万元奖励；授予夏树强等10位发明人第三届广东发明人奖，给予每人2万元奖励。对我省获得第十八届中国专利金奖的"一种桥接转发方法"等4项专利、获得第十八届中国外观设计金奖的"手机（Ascend Mate 3）"等2项专利给予每项100万元奖励，对我省获得第十八届中国专利优秀奖的"用固定化果糖基转移酶生产蔗果低聚糖的方法"等120项专利、获得第十八届中国外观设计优秀奖的"蓝牙耳机（CN-1000B）"等16项专利给予每项50万元奖励。

各地、各部门要以习近平总书记系列重要讲话和对广东工作重要批示精神为引领，充分发挥知识产权制度促进创新驱动发展的积极作用，不断提高专利成果转化和实施水平，为我省实现"四个全面、三个支撑、两个走在前列"目标任务提供有力支撑。

附件：2016年广东省专利奖获奖名单

广东省人民政府
2017年7月4日

【例文2】

国务院办公厅关于西安地铁"问题电缆"事件调查处理情况及其教训的通报

国办发〔2017〕56号

各省、自治区、直辖市人民政府，国务院各部委、各直属机构：

党中央、国务院高度重视质量安全。习近平总书记明确指出，供给侧结构性改革的主攻方向是提高供给质量，提升供给体系的中心任务是全面提高产品和服务质量，要树立质量第一的强烈意识，下最大气力抓全面提高质量。李克强总理强调，我们追求的发展必须是提质增效升级的发展，提质就是要全面提高产品质量、服务质量、工程质量、环境质量，从而提高经济发展质量。西安地铁"问题电缆"事件曝光后，习近平总书记、李克强总理作出重要批示，要求加强全面质量监管，彻查此事，严肃处理。国务院责成质检总局会同有关部门和单位组成西安地铁"问题电缆"部门联合调查组,赴陕西省开展了深入调查,并组织对"问题电缆"进行排查更换。近日,国务院常务会议听取了调查处理情况汇报,决定依法依纪对西安地铁"问题电缆"事件进行严肃问责,严厉打击违法犯罪,进一步落实"放管服"改革要求,加强全面质量监管。现将有关情况通报如下。

一、主要问题及原因

通过调查核实,2014年8月至2016年底,陕西省西安市地铁3号线工程采购使用陕西奥凯电缆有限公司(以下简称奥凯公司)生产的不合格线缆,用于照明、空调等电路,埋下安全隐患,造成恶劣影响。这是一起严重的企业制售伪劣产品违法案件,是有关单位和人员与奥凯公司内外勾结,在地铁工程建设中采购和使用伪劣产品的违法案件,也是相关地方政府及其职能部门疏于监管、履职不力,部分党员领导干部违反廉洁纪律、失职渎职的违法违纪案件。暴露的问题主要有以下几个方面:

一是生产环节恶意制假售假。奥凯公司为牟取非法利益,低价中标后偷工减料、以次充好。生产过程中故意只将线缆的两端各15米左右按合同要求标准生产以备抽检,中间部分拉细"瘦身",通过内部操作来控制产品质量等次。其产品大多未经有关机构检验,而是通过弄虚作假、私刻检验机构印章、伪造检验报告等手段蒙混过关。

二是采购环节内外串通。在工程线缆采购招投标中,奥凯公司向建设单位、施工单位人员送礼行贿。西安市地铁建设指挥部办公室以及施工单位的个别领导干部违规"打招呼",为"问题电缆"中标提供方便。线缆采购……

(略)

国务院办公厅

2017年×月×日

第三节 上行文:请示、报告

请示和报告都是上行公文。它们之间的区别在于:

(1)行文目的不同。请示是向上级机关请求指示、批准,是请求性公文,重在呈请,目的在于希望得到上级机关的支持或批准,上级机关必须批复;报告是向上级机关汇报工作、反映情况、回复上级机关的询问,是陈述性公文,重在呈报,目的在于下情上传,不需上级机关答复。

（2）行文时间不同。请示必须在事前行文，绝不允许先斩后奏；报告则比较灵活，根据实际情况，多在事中、事后行文。

（3）请示必须一头主送，以防不同上级意见不一而互相推诿，贻误工作；报告根据需要可同时报送两个或多个主送机关。

（4）请示必须一文一事，报告可以一文多事。

一、请示

《条例》规定："请示。适用于向上级机关请求指示、批准。"请示的主要功能在于向上级机关请求对某项工作、问题做出指示，对某项政策界限给予明确，对某事予以审核批准。请示是典型的上行文。必须请示的事项有：

（1）主管上级单位明确规定必须请示批准才能办理的事项。

（2）对现行方针、政策、法令、规章、制度不甚了解，需要上级明确答复才能办理的事项。

（3）工作中发生了新情况，又无章可循，需要上级明确指示才能办理的事项。

（4）因情况特殊难以执行现行规定，需要上级重新指示才能办理的事项。

（5）因意见分歧而无法统一，难以工作，需要上级裁决才能办理的事项。

（6）事关重大，为防止工作失误，需请示上级审核的事项。

请示可分为请求指示的请示、请求批准的请示和批转性的请示。

1. 请求指示的请示。一般是政策性请示，下级机关需要上级机关对原有政策规定做出明确解释，对变通处理的问题做出审查认定，对如何处理突发事件或新情况、新问题做出明确指示。如《××市××区人事劳动社会保障局关于执行就业援助政策有关问题的请示》。

2. 请求批准的请示。在工作过程中，如果需要上级批准下级制定的有关规定、方案、规划或下级遇到人、财、物等方面自己无法解决的困难，提出解决的方案请上级审批帮助等，往往用这类请示，如《××区人民政府关于报废车辆的请示》。

3. 批转性的请示。下级机关就某一涉及面广的事项提出处理意见和办法，需各有关方面协同办理，但按规定又不能指令平级机关或不相隶属部门办理，需上级机关审定后批转执行，这样的请示就属此类。如《关于中国公民自费出国旅游管理暂行办法的请示》。

批准性指示和批转性指示除了在行文目的上的不同，在执行范围上也不一样，批准性请示的执行范围一般就是请示单位自己；批转性请示的执行范围不仅是请示单位自己，而且还包括其他有关单位。

（一）请示的结构与写法

请示由标题、主送机关、正文和落款署时等部分组成。

1. 标题

请示的标题由"发文机关+事由+文种"组成。需要注意的是，请示的标题中对于事由的概括，不能出现"申请""请求"之类的词语，否则会与文种"请示"本身所含有的请求之意重复。另外，文种也不能写成"请示报告"。

2. 主送机关

请示的主送机关就是负责受理和答复请示的机关。

3. 正文

请示的正文一般包括缘由、事项和结语三方面的内容。

（1）缘由。是提出请求的具体原因，关系到请示事项是否成立，因此要写得具体明白，有理有据。

（2）事项。陈述具体的请示要求，必须一事一请，明确具体。

（3）结语。常用"当否，请批示""当否，请指示""以上请示，如无不妥，请批转×××贯彻执行"等作为结束语。结语应单独成段。

4. 落款

请示要签署发布请示的机关的名称，并写明请示的年、月、日。如果发文机关名称已在标题中出现，可省略发文机关只签署日期。

请示一定要注明联系人姓名和电话，便于及时联系，以免贻误工作，写法同附注，即居左空二字位加圆括号编排在成文日期下一行。

（二）请示的写作要求

（1）请示必须一文一事。

（2）请示不得多头主送，不得抄送下级和平级，不能送上级机关领导个人，一般不能越级。

（3）两个及以上单位联合请示时，需确定好主送机关，协商一致后主送领导机关。

（4）写作时要做到有理有据，条理分明。论证要论据充分，说理透彻，善于选择典型材料，能从全局的高度紧紧抓住受文者的心理。事实、数据要准确；把审核时需要了解的有关情况写清楚，为上级审核提供可靠依据。必要时，对所请示事项，提出几种明确、切实可行的参考意见或方案请上级裁决。较长的内容要分条分项来写。有些情况简单，或有条文和规定可依据，则只需写明依据的条文或规定名称，不必详细阐述道理。

（5）下级机关的请示事项，如需以本机关名义向上级机关请示，应当提出倾向性意见后上报，不得原文转报上级机关。

【例文1】

××区人民政府关于报废车辆的请示

市财政局：

我区公务车（车牌号×××××××）为普通型桑塔纳，购于20××年×月，账面原值为145991.9元，行驶里程已逾30万公里，车况差，维修保养费用极高，且经政府汽车定点维修部门检测，该车已过报废期，无继续维修价值，特申请为该车办理报废手续。

特此请示，请批复。

××区人民政府
20××年×月×日

（联系人：××× 联系电话：××××××××）

【例文2】

关于中国公民自费出国旅游管理暂行办法的请示

国务院：

随着对外改革开放的不断扩大，人民生活水平不断提高，近年来，中国公民自费出国旅游不断增加，为适应改革开放形势，加强中国公民自费出国旅游的管理，特制定了《中国公民自费出国旅游管理暂行办法》。

以上暂行办法如无不妥，请批转发布执行。

附件：中国公民自费出国旅游管理暂行办法

国家旅游局（盖章）
公安部（盖章）
××××年×月×日

二、报告

《条例》规定:"报告。适用于向上级机关汇报工作、反映情况,回复上级机关的询问。"报告是党政机关、企事业单位和社会团体广泛使用的一种陈述性上行公文。

根据报告的内容,可将报告分为工作报告、情况报告和回复报告。

1. **工作报告**。用于向上级机关汇报工作,以便于上级机关掌握工作的进展。工作报告一般要汇报工作的进展、成绩、经验、问题和打算,其内容和写法类似于工作总结,如常见的政府工作报告。

2. **情况报告**。用于向上级机关反映某一方面的专门情况,传递专题信息,包括本地区、本单位发生的重大事件,以及一些带倾向性的问题,如某一时期的社会思想动态等,如《全国人民代表大会常务委员会执法检查组关于检查〈中华人民共和国文物保护法〉实施情况的报告》。

3. **回复报告**。用于针对性地回复上级机关的询问。

（一）报告的结构与写法

报告一般由标题、主送机关、正文和落款署时等部分组成。

1. **标题**

报告的标题一般由"发文机关+事由+文种"组成,如《农业部2011年度绩效管理总结报告》。

2. **主送机关**

指发文的主要对象。要根据报告内容,选准主送机关。不能送个人、不能越级。

3. **正文**

报告的正文一般包括缘由、事项和结语三方面的内容。

（1）报告缘由。概括说明报告的目的、意义或根据,然后用"现将有关情况汇报如下""现报告如下"等过渡语引出报告事项。

（2）报告事项。主要包括基本情况,取得的成绩和经验,存在的问题、教训等,今后工作的安排或将采取的措施等。

不同类型的报告侧重点不同:

工作报告综合性强,常用总结式写法,主体部分的内容以成绩、做法、经验、体会、打算、安排为主，在叙述基本情况的同时，有所分析、归纳，找出规律性认识。

情况报告侧重于陈述问题的来龙去脉，分析其产生的原因及后果，提出针对性的解决方法。要一事一报，体现其专一性，切忌在同一报告中反映几件各不相干的事项和问题。

回复报告主要是围绕上级机关的询问和要求进行答复，有问必答、答其所问，重点陈述对上级所询问问题的处理，包括处理的依据、态度、意见、措施和效果等。答复要具备针对性和及时性。

（3）结语。常用的结束语有"特此报告""专此报告"等。

4. 落款署时

报告要签署发布意见的机关的名称，并写明发布的年、月、日。若是在会议上所做的报告，一般在标题下标明会议名称、时间和报告人的姓名，不需再在文后落款署时。

（二）报告的写作要求

（1）实事求是。报告的目的是下情上传，让上级机关了解具体的情况，帮助决策者做出正确的决策。这就要求报告必须真实反映客观事实。

（2）重点突出。报告的内容要根据主题的要求安排主次，重点的、主要的内容，安排在前面，详写；非重点的、次要的内容，略写。同时要注意点面结合，增强说服力。

（3）简明扼要。在突出重点的情况下，力求简明扼要。切忌流水账似的罗列事实。

（4）切忌将报告当作请示，要求上级指示或批准。报告也不得夹带请示事项。如需请示，则另用请示行文。

【例文】

全国人民代表大会常务委员会执法检查组关于检查 《中华人民共和国文物保护法》实施情况的报告

2012年6月26日在第十一届全国人民代表大会常务委员会第二十七次会议上
全国人大常委会副委员长 路甬祥

全国人民代表大会常务委员会：

2012年4月至5月，全国人大常委会执法检查组开展了文物保护法执法检查。

现在，我代表执法检查组向常委会报告有关情况：

一、执法检查的工作情况（略）

二、贯彻实施文物保护法的主要工作及成效（略）

三、存在的主要问题（略）

四、对进一步贯彻实施文物保护法的建议（略）

全面贯彻实施文物保护法，依法做好文物工作，是一项长期而艰巨的任务，需要我们坚持不懈的努力。我们要以这次执法检查为新起点，充分发挥监督职能，继续督促和支持各级政府依法履行职责，改进工作，推动我国文物保护事业取得新进展。

以上报告，请审议。

第四节　平行文：函的写作

《条例》规定："函。适用于不相隶属机关之间商洽工作、询问和答复问题、请求批准和答复审批事项。"函的使用非常广泛，各级党政机关、企事业单位、社会团体都可以使用。函不用正式文件的文头纸，也不按正式文件编制文号，而是另行编号，或不编号。

按内容和目的分类，函可分为商洽函、询问函、答复函、告知函、请求函、联系函等，也可按行文方向分为发函和复函。还可以按性质分为公函和便函。

（一）函的结构与写法

函由标题、主送机关、正文和落款署时四部分组成。

1. 标题

函的标题由"发文机关+事由+文种"组成，如《××大学关于同意办理派出手续的函》。有去函和复函之分。去函一般叫《××××关于××××的函》，复函一般叫《××××关于××××的复函》。也可以直接由"事由+文种"组成，如《关于×××的函》或《关于××××的复函》。

2. 主送机关

函的主送机关就是接收函的机关。一般是明确单一的，但有时内容涉及部门多，也有排列多个主送机关的情况。

3. 正文

函的正文一般包括缘由、事项和结语三方面的内容。函不用正式文件的文头纸，也不按正式文件编制文号，而是另行编号，或不编号。

缘由。简要写明发函的缘由、背景和目的。复函在写缘由时一般首先引叙来文的标题、发文字号，然后再交代根据，以说明发文的缘由。

事项。事项是函的主体，说明函告或函请事项。不同种类的函，正文写法不同：商洽函，要以协商的语气说话，要清楚表述希望对方协助解决什么问题；询问函与答复函的提问要简洁、明确、具体，回答要针对提问一一作答；请求批准函，类似请示；审批复函类似批复；告知函类似通知。

结语。常用"可否，盼函复""妥否，请函复""特此函告""敬请大力支持为盼""此复"等作为结束语，也可随正文结束而结束，不写结语。

4. 落款

函要签署发函的机关的名称，并写明发函的年、月、日。如果发文机关名称已在标题中出现，可省略发文机关只签署日期。

（二）函的写作要求

一事一函。开门见山，直截了当。函有"轻骑兵"之称，一般篇幅短小，写作时要注意用语简洁。用语要把握分寸。无论是对平行机关还是不相隶属机关行文，都要注意语气平和有礼，不要倚势压人或强人所难，也不必逢迎恭维、曲意客套。

【例文1】

广东省环境保护厅关于广东达志环保科技股份有限公司上市环保核查情况的函

中国证券监督管理委员会：

根据广东达志环保科技股份有限公司的上市环保核查申请，我厅按照《关于对申请上市的企业和申请再融资的上市企业进行环境保护核查的通知》（环发〔2003〕101号）、《进一步规范重污染行业生产经营公司申请上市或再融资环境保护核查工作的通知》（环办〔2007〕105号）及《关于进一步优化调整上市环保核查制度的通知》（环发〔2012〕118号）要求，对该公司组织进行了上市环保核查。

本次核查范围为该公司所属的3家企业，具体情况见附件。经广州市环境保护局和江门市环境保护局初审,以及我厅组织的核查与社会公示,该公司核查范围内企业基本符合上市公司环保要求。经审议,我厅原则同意广东达志环保科技股份有限公司通过上市环保核查。

附件:广东达志环保科技股份有限公司核查范围内企业概况

广东省环境保护厅
20××年×月×日

【例文2】

国家发展改革委关于同意浙江省开展投融资模式
创新试点建设方案的复函

发改投资〔2017〕1687号

浙江省发展改革委:

  你委《关于申请开展投融资模式创新试点的请示》(浙发改投资〔2017〕645号)及所附《浙江省投融资模式创新试点建设总体方案》收悉。经研究,现函复如下。

  一、支持你省根据《中共中央 国务院关于深化投融资体制改革的意见》(中发〔2016〕18号)精神,按照所报方案开展投融资模式创新试点工作。

  二、你委提出的投融资模式创新试点,是投资领域供给侧结构性改革和"放管服"改革的重要举措,对继续做好投融资体制改革的顶层设计具有重要的实践支撑作用,对全国各地优化营商环境、促进投资便利化、激发社会投资活力和扩大有效投资具有典型示范作用。请你委充分认识此项试点的重要意义,精心组织,善作善成,争取试点工作的最好效果。

  三、试点方案提出的以承诺制和区域评价、联合评审为路径深入推进投资审批制度改革,以在线平台一体化和大数据共享支撑投资项目全生命周期管理,以调整优化技术类审查主体发挥市场作用和转变政府角色等内容,涉及相关部门履职方式的同步调整和适应,是投资管理流程的再造,是一场深刻的投资项目审批模式革新。请你委在省委省政府的领导下,注意调动和发挥各有关部门的积极性,主动对接沟通,做好服务指导,确保形成工作合力。

  四、创新试点工作要认真贯彻中发〔2016〕18号文件精神,处理好依法行政和改革创新、简政放权和放管结合、制度设计和基层首创的关系,需要通过试点达到政府履职提质增效、企业投资规范有序、政府和市场的关系更加合理的目标，政策性、实践性都很强。请你委精心指导湖州、嘉兴等市先行先试，重点探路、及时总结、灵活优化、逐步推广，确保试点有序稳妥进行。

试点中的重要成果和重要情况要及时报告我委。我委将密切关注、加强调度、及时总结可复制、可推广的经验，在全国范围内宣传推广，推动我国投融资体制改革不断深入。

国家发展改革委
2017年9月20日

【例文3】

国务院办公厅关于同意建立
服务业发展部际联席会议制度的函

国办函〔2016〕8号

发展改革委：

你委关于建立服务业发展部际联席会议制度的请示收悉。经国务院同意，现函复如下：

国务院同意建立由发展改革委牵头的服务业发展部际联席会议制度。联席会议不刻制印章，不正式行文，请按照国务院有关文件精神，认真组织开展工作。

附件：服务业发展部际联席会议制度

国务院办公厅
2016年1月15日

思维与写作训练

一、思考题

1. 重要的上行文规则有哪些？重要的下行文规则有哪些？
2. 通知与通报的区别主要体现在哪些方面？
3. 请示与报告的区别主要体现在哪些方面？

4. 撰写报告有哪些注意事项？

5. 不同类型通报的正文内容及写法有何不同？

二、病例析改

题1：

××股份有限公司关于召开20××年度股东大会会议的通知

各位股东：

  为了贯彻执行《上市公司股东大会规范意见》和我公司《公司章程》的有关规定，公司拟定于20××年12月20日在公司第三会议室召开20××年度股东大会，会议将就董事会、监事会提出的有关事项进行审议。

××股份有限公司
20××年12月10日

题2：

通　　知

公司各部门负责人和全体员工：

  出现安全事故谁都不想，但是，我司市场营销部昨天晚上发生火灾，烧掉了许多客户的资料和多台电脑，给公司造成了严重的损失，还好没有烧死人。为了"杀鸡儆猴"，杜绝此类事故的再发生，公司要召开一次"防火会议"，下面是开会的有关事情。

  一、开会的时间和地点：下个星期一下午在公司会议室举行。

  二、开会要解决的问题：对火灾事故的发生要负领导责任，要对直接责任的人进行处理。加强管理制度，提高防火安全意识。

  三、公司员工都要参加会议，不参加会议的人扣发当月奖金。

广东利达贸易有限公司防火安全检查组（印章）
2012年9月6日

三、根据材料拟写公文

1. 自2015年来，××有限公司广州办事处的办公设备一直未进行大的更换，原有设备日益老化，维护成本高，且性能难以满足现代办公要求，因此向总公司请求增加办公经费10万元，用于购置10台电脑，一台复印机，三台打印机。

2. 2013年6月25日凌晨，××公司保安王强在值班时，看见一个瘦小男子慌兮兮地夹着一个黑色皮包向东门走去，便上前盘问，该男子翻门而逃，王强追了上去。该男子见王强追上来，就说："给你5000元，放了我吧。"王强没有答应。歹徒拔出一把刀，对王强威胁说："别过来，过来就捅死你！"王强不惧威胁，一步一步逼近歹徒。搏斗中，王强胸口不慎被歹徒捅了一刀，但仍然忍痛与歹徒搏斗，直至将歹徒制服。事后，公司奖励王强1000元，并通报表扬。

3. ××公司拟邀请××大学的校领导和负责就业工作的相关老师参加该公司举办的校企合作见面会，洽谈秋季校园招聘和校企合作相关事宜。

第十章　新闻通稿、消息与简报

现代社会是一种信息型社会，信息的传播在人们的工作、生活和社会的运行中都是必不可少的。因应**信息传播与发布**的需要，就产生了新闻通稿、消息报道、工作简报等各种类型的应用文体。

新闻通稿和消息报道是依托于**大众传播媒体**（报刊、电视、广播、互联网等），用于向单位外部、向社会发布信息，具有广而告之的性质。简报则传播范围有限，也不必依托于大众传媒，常常按公文那样印制和报送、传递、张贴。

消息报道是由专业的新闻工作者（俗称记者）采编和写作，由专业新闻媒体（如报社、通讯社、电视台）内部把关（经过编审改程序）之后发布于新闻媒体（报纸、广播、电视、网站等）之上的新闻类作品，是新闻报道的最主要和最常见的品种。（新闻文体中除包含这种消息报道外，一般还包括通讯、新闻评论这两大品种。）

<u>**新闻通稿**则具有宣传和广告性质，是事由发生单位的信息员、宣传人员采写的，提供给专业的新闻媒体或大众传媒，供记者采写消息时参考。</u>专业新闻机构的采编人员（记者）常常以事由单位提供的这种新闻通稿为基础，加以增删、调整和提炼，形成自己的报道文章，发表于新闻媒体上面。

第一节　新闻通稿的写作

所谓"新闻通稿"，最初是指新闻机构的通用稿件，是一些新闻通讯社的"专利"。通讯社工作人员在采访到一些重要新闻以后，会以一种统一的方式发给全国需要稿件的各大媒体，这类稿件就叫作"新闻通稿"。比如，我国媒体在播发国内外重大新闻时，全国媒体一般都会采用新华通讯社的通稿，或以它的通稿为基础，略加调整，形成自己的报道。

后来，随着各类公私社团、机构出于宣传推广、信息发布等公关方面的需求而自觉利用新闻媒体来达到其目的，**新闻通稿**便产生了新的含义：**专门用来指由各类非媒体机构、组织撰写并提供给媒体发布的通用新闻稿件**。在港澳，这种新闻通稿又被称为"新闻发布稿"。新闻通稿的发布主体既包括企业，也包括政府机构、协会、事业单位和其他非营利组织，它们将自己的最新信息写成稿件，发送给新闻媒体、投资界、政府决策者和大众，通过发布信息进而造成舆论影响。

一、新闻通稿的用途和特点

新闻通稿主要用于发布机构信息，但从两岸四地新闻通稿所发布信息的内容看，由于内地与台港澳地区不同的社会体制，内地与台港澳地区对于这种文体在使用上的差异还是比较明显的。新闻通稿的用途有以下几个方面：

第一，发布机构重要信息。如政府的政策、计划，企业的重大活动、重要人事变动、业务拓展，大学里的重要活动、学术会议的信息等。这类用途，内地与台港澳地区是一致的。

第二，发布重大灾难、灾害的官方信息，或对本机构不利的传言或信息进行正式回应。这类用途，尤其是灾害信息的发布，主要是内地在使用。

第三，公布公众关注的事件的调查结果或研究结果。如消费者委员会发布的各类产品评估报告、社团机构的社会问题调查报告、大学或研究机构的新科技研究报告、政法机构对重大案件的案情通报等。这类用途，内地与台港澳地区大致相同。

第四，宣传新产品、推介新服务。如企业推介某型号新产品或新设备、银行推行网上银行服务等新业务。这类用途，台港澳地区较为常用。不过，近年来，随着外资企业在内地的业务的开展，这类用途的新闻通稿在内地也开始有所应用。

新闻通稿是有可能成为新闻的稿子，是新闻的半成品，新闻通稿如果被媒体使用并发布，就会成为正式的新闻。新闻通稿名为新闻，自然具有新闻文体的某些特点，如及时性、公开性、真实性等。但因为其特别的用途，它又具有与一般新闻不同的特点。这些特点体现在以下几个方面：

第一，发布主体的业余性。新闻通稿与一般新闻报道最大的不同点在于，其撰写、发布者一般都不是专业的媒体机构及其工作人员，如报社、电台、电视台、新闻网站的记者，而是不具备新闻媒体专业资格的各类企事业单位的宣传部门或公关部门的工作人员。

第二，撰写立场的倾向性。与一般新闻报道主要是站在信息发布或舆论监督的立场，用客观、公正、不偏不倚的态度来撰写有明显的不同，新闻通稿撰写、发布的目的主要在于传播、宣传与本机构相关的信息。因此，这种文章所体现的通常是撰写、发布机构的立场与态度，具有明显的倾向性。

第三，传播目的的功利性。与一般新闻报道主要是发布信息，没有直接的功利性目的不同，新闻通稿可以说是利用各类媒体为本机构进行免费宣传，以扩大影响。因此，新闻通稿通常都有比较明显的功利性目的，比如社团机构发布活动信息，通常是希望有更多人员、机构来参与活动；生产企业发布产品信息，当然是希望有更多客户使用；政府机关发布政策信息，自然是希望其政策被公众周知、理解和接受。

第四，公布方式的间接性。因为撰写者不具备新闻媒体从业资格，因此新闻通稿通常是提供给各类媒体机构的新闻采编人员，由这些媒体机构决定是全文采用、部分采用还是不采用。所以，新闻通稿是间接通过媒体公布的，而非撰写机构直接公布的。

二、新闻通稿的写作要点

新闻通稿的内容与专业新闻媒体上的消息报道并无太大区别，也是要包含新闻的六大要素：何时、何地、何事、何人、何因、何果。新闻通稿的文体构成也大体同于消息报道，包括标题、导语、主体三大部件。因为并非专业的新闻记者所写，所以新闻通稿的写作不必像记者那样过于讲究文体格式和写作技巧上的雕琢，关键是要在内容上把握好，要写出让媒体记者和一般社会大众都感兴趣和价值的内容来。

（一）善于发掘新闻价值

新闻通稿之所以能够吸引新闻媒体，最大的原因首先在于其新闻价值。如果没有新闻价值，新闻媒体是不会愿意让其利用自身作为宣传工具和公关手段的。因此，在新闻通稿的构思及撰写阶段，要注意从及时性、新奇性、事实性、吸引力等角度对所要发布的信息中的新闻价值加以发掘和强调，使文章首先能引起新闻媒体的注意和兴趣，进而通过媒体影响到受众。

发掘新闻价值，可以适当地注意以下方面：

（1）看信息中是否有较大影响力的因素可供发掘。如大众所关注的、牵涉到大众利益的、对社会有重大影响的信息。

（2）看信息中是否有一定新鲜度的因素可供发掘。如新产品的新功能、调查中的新发现、科技上的新发明等。

（3）看信息中是否有一定吸引力的特殊性因素可供发掘。如活动类通稿中突出国内外知名人物的参与，演出类通稿中突出著名演员的表演、所表演的节目的原创性，等等。

（4）看信息中是否有典型事例可供发掘。如一生默默无闻奉献的山区教师，人与动物和谐相处的事例等。

（二）客观地表达主观意图

尽管新闻通稿主要体现的是发布机构的意志，是为发布机构服务的，但毕竟要经由新闻媒体来取舍和公布，因此，既要表现发布单位的主观意图，又要注意尽量模仿媒体的语言（口吻）、模仿媒体报道的客观角度来写作，要使用第三人称而避免使用第一人称。如称呼发布机构本身要注意避免用"本公司""我们"这样的表述方式，而改用"该公司""活动组织者"的称谓。这样做不但可以方便新闻媒体采用，而且可以增加内容的客观性和可信度。总之，在撰写过程中要尽量减少、淡化发布机构的色彩，尽量以发布的信息、公布的事项为中心来进行写作。

（三）尊重新闻写作的基本规律

新闻通稿毕竟是用来发布新闻信息的，因此，写作上也应该遵守新闻写作的基本规律。这些基本规律包括：

1. 交代清楚新闻的所有基本元素

新闻的基本元素，通常以五个"W"来概括，即时间（When）、地点（Where）、人物（Who）、事件（What）和原因（Why）这五个要素。新闻通稿当然也要交代清楚这几个要素。有些新闻通稿，如活动类的，有时还得增加一个要素，即"How"。对于有意采访的媒体或活动参与者，要提供联系方式，如联络人及其职位、电话、传真、电邮地址、活动地址、索取资料途径等。

2. 按照新闻写作的模式构思全文

新闻，尤其是要闻报道，通常采用倒金字塔式的写作结构，这既是新闻写作的重要规律，也是对读者阅读习惯的一种尊重。它的得名是因为这种结构很像一座倒置的金字塔，把最重要的新闻事实放在导语里，然后将一系列新闻事实按其重要程度依次排列，最不重要的排列在最后。这种结构方式，可以保证读者总是先了解到新闻中最重要的信息。因此，新闻通稿的写作，尤其是重大新闻通稿的写作，也应尽可能地借鉴新闻报道的模式来构思全文。

3. 撰写醒目的标题和导语以吸引媒体及受众

要使新闻具有吸引力，让受众产生仔细阅读的兴趣，标题及导语可以说是最重要的因素之一。用一两句简洁、形象的语言概括出新闻事件的主要内容，并引起人们对此条消息的关注，是一个好的标题的价值所在。如果可能的话，为所撰写的新闻通稿构思一个富有吸引力的标题，是十分重要的。导语的设计，可以根据新闻事实的特点，选择一两个最能激发受众兴趣的点，放在导语中。

4. 注意保持内容的真实性

新闻报道的一个重要特点就是内容的真实性。新闻通稿虽然体现的是发布机构的意图，甚至有时具有一些广告作用，但也必须遵守新闻报道的真实性原则，避免过分宣传、言过其实，以免影响受众的信任度，从而使得宣传效果适得其反。比如，在以往的一些活动类通稿中，对于所报道的活动情况使用了"万人空巷""盛况空前"之类夸大其词的宣传语言，这类现象应该尽量避免。

还有一点值得注意：保持真实性并不是说一定要有令人信服的新闻细节。一般而言，消息式的新闻通稿以概括主要信息为主，细节并不重要；若是通讯式的通稿，则可适当地运用具体材料，包括细节。

此外，由于发布目的的不同，用于刊登的新闻通稿一般会把所有的新闻要素都写进正文中；而用于吸引媒体派人前来采访或参加新闻发布会的新闻通稿，则主要突出容易吸引媒体的新闻线索，但具体材料并不全部写明，保持某种神秘感以吸引媒体，详细资料则留待记者来临后再提供。

5. 注意写作时的主旨明确、集中

优秀的新闻通稿要求主旨明确，中心突出。新闻通稿的各部分之间要有一定的联系，背景、材料与事例的叙述都要紧紧围绕所写作的主旨，千万不能面面俱到，那样反而削弱了主要信息；次要信息、专业术语等可以放在背景材料中加以展示，或在记者提问环节中进行回答。同时，数据、图表、图像等信息的运用也能增强说服力。一般情况下，新闻通稿正文不宜过长，1000字左右即可，背景材料的字数也不宜过多，最好不要超过3000字。

第二节　消息的写作

新闻写作中的消息与人们日常生活中的"消息"是不同的。1993年出版的《新闻学大辞典》中对消息的定义是："以最直接、最简练的方式报道新闻事实的一种新闻文体，是最经常、最大量运用的报道体裁。"

一、消息写作的五要素

消息的五要素，又称为**新闻五要素**，或简称为五个W。就是说写一条新闻必须交代以下五个方面的问题，即何时（When）、何地（Where）、何人（Who）、何事（What）、何故（Why）。由于这五个要素的每个英文单词都是以W开头，所以通称五个W。五个W，一直被称为新闻写作的基本规律。

新闻五要素理论的出现是适应现代新闻报道的需要而产生的。1889年3月30日，美联社记者约翰·唐宁从一艘澳大利亚轮船上发回了一条消息，其第一段就是五个W俱全的导语：

【萨摩亚群岛阿庇亚3月30日电】南太平洋沿岸有史以来最猛烈、破坏性最大的风暴，于3月16日、17日横扫萨摩亚群岛。结果，有六艘战舰和十艘其他船只要么被掀到港口附近的珊瑚礁上摔得粉碎，要么被摔到面对阿庇亚小城的海滩上搁浅。与此同时，美国、德国的143名海军官兵有的葬身珊瑚礁上，有的则在远离家乡万里之遥的无名死者墓地上找到了永远安息的场所。

在新闻五要素中，"何事"是最重要的一个要素。因为新闻是事实的反映，没有事实就无所谓新闻。而作为新闻要素的事实，必须是新近发生的事实。新闻中的"何时"是每条新闻必不可少的新闻要素，它的表现形式一种是具体时间概念，另一种是笼统时间概念，如最近、近来、目前等等。

"何人""何地""何故"这三个新闻要素，从总的新闻写作看，就显得没有前两个那么重要。"何人"在新闻中，有时指群体，有时是个人。"何地"虽然不是每条消息都必备的，但有时则是一篇消息的根基。"何故"在一条新闻中不属于新闻主体，而属背景材料。

总之，在消息写作中，关于五个W的运用，一要遵循；二要灵活；三要讲究。既不能随意摒弃，也不能墨守成规。一些要素的舍弃，须坚持三条原则：不言而喻的，不交代也不影响新闻事实的说清和主题的阐明的，属于保密需要的。这三种情况下都可以省略。

二、消息的种类

作为传媒中最常见的一种新闻体裁，消息的分类方法比较多，可以按消息报道的内容、领域或字数等划分。我国新闻界习惯于依照消息的写作特点和表达形式将消息大体上分为六种：动态消息、综合消息、经验消息、特写性消息、评述性消息和人物消息。

1. 动态消息

动态消息是新闻媒介中最常见的，它报道当前发生、发现或正处于运动状态的具体事实。动态消息可以分为事件性和非事件性两种。前者报道一个单独的突发性事件，后者报道时间性相对较弱的新成就、新情况、新动向、新问题等等。大量的非事件性新闻是我国新闻传播的一大特点，许多记者的高明之处就在于赋予非事件性消息以事件性，从而使新闻具有强烈的动感和可读性。

2. 综合消息

顾名思义，综合消息是一种报道面广、材料丰富、时效性较差的非事件性新闻。它反映的是全局性的情况、成就、趋势、动向和问题，点面结合。它的写作过程，是在掌握大量材料的基础上，做出本质的分析和综合，然后提炼出主题，根据主题的需要，选取材料，设计结构。把握全局是这一消息形式的特点。例如：

> 在许多人为中国的民主争论不休的时候，中国的农民正以前所未有的规模尝试着民主。据一项最新统计，已有5亿农民参加了村民委员会的直接选举。
> ……
> 李学举透露，随着村民自治制度的逐步建立，我国农民的直接选举可望在本世纪最后10年里得到普及、巩固和完善。其间，绝大部分村委会将经历3次换届选举，近9亿中国农民将由此受到初步的民主政治训练。
>
> （王晓晖《五亿农民初尝民主直选》）

以农民选举产生村委会为标志的中国农村村民自治制度的建立，是一件世人瞩目的大事，涉及许多方面的问题，而且也不是一朝一夕可以完成的，因此，以这样的事件为题材的消息，必然是综合性的。我国新闻传播强调指导性的特点，决定了在媒介中，综合消息是一种十分常见的体裁。

3. 经验消息

这种消息是对于一些具体部门、单位的典型经验及成功做法的集中报道。它通过反映贯彻执行党的路线、方针、政策所取得的某一方面的工作经验，推动全局，指导实际工作。

经验消息的写作的基本要求是：第一要针对现实，有的放矢。写经验消息，很重要的一点是选择好典型，就是选择那些先进的有普遍意义的新闻事实。我们的新闻报道是有目的的，而经验消息的目的性和指导性则更加明确。第二要具体实在，便于学习。经验消息是概括性强的一种文体，特别是交代情况，介绍成绩时，不要太琐碎拉杂，而应该做一般概括性的介绍。但在介绍经验时，要具体实在。第三，经验消息也要尽量写得生动和富有情感。

4. 特写性消息

像电影的特写镜头一样，特写性消息的特点就是"放大"和"再现"，相当于影视中的近镜头，它的效果就是用活生生的形象说话，令读者身临其境，如闻其声，如见其人。有人曾对这种体裁的写作要领作了这样的概括：反映现场气氛，捕捉逼真形象，抓住事物特征，注意情节高潮。

特写性消息是报纸在面临广播电视的巨大冲击时的应对手段之一。在时效性上，报纸无法与广播电视网络相比，但电子传媒转瞬即逝的特点，又使得报纸在现场感、细节等方面有充分的创造空间。因此说，特写性消息具有十分鲜明的时代特点。

5. 评述性消息

评述性消息是报纸上常见的新闻文体。它的名称很多，有的叫新闻述评，有的叫记者述评，有的叫新闻分析，有的将记者来信、采访札记也包括在内。评述性消息的基本定义是："评述性消息是新闻记者感到单纯地报道客观事实不能满足读者需要，或不能达到自己目的时，对某种形势、事态、问题发表自己的意见和看法，进行分析和解释的一种特殊的报道形式。它是一种介于纯新闻与新闻评论、调查报告之间的文体。"夹叙夹议是评述性消息的突出特点。好的评述性消息不仅要对现实生活进行评论，还要向读者展示事物的发展趋向，引导读者展望未来。

6. 人物消息

人物消息是以写人为主的消息。迅速及时地反映人物的某种行动或某个侧面，时效性较强。写作上要抓住人物的本质特征，简明扼要地勾勒出人物的风貌，并注意反映人物的思想或精神。例如：

美联社报道：英国首相撒切尔夫人5月5日（周末）下午，花了6个小时的时间，为当记者的女儿粉刷房间。

撒切尔夫人今年58岁，她政务繁忙，但每天早晨都早起为丈夫准备早餐，然后去首相府处理公务。

撒切尔夫人有"铁娘子"之称，在英阿马岛危机中表现出极其强硬的铁手腕，至今还给人以深刻的印象。但另一方面，她又是一个女人味十足的贤妻良母。这一点，以上这条消息刻画得十分到位。

三、消息的文体结构

一般认为，消息的结构是指消息的整体与部分、部分与部分之间的组织关系。消息的结构大体上由标题、导语、主体、背景材料和结尾等四个部分组成。

（一）标题

严格意义上的新闻标题在20世纪20年代已经确立，并沿用至今，不断发展。这是"标题新闻时代"。这个时代，人们依据新闻标题决定是否进一步了解新闻内容。报纸业的发展和新闻观念的更新，使新闻标题越来越受到重视。而网络媒体的出现，整个页面全是密密麻麻的标题。新闻标题对受众的诱导作用空前重要。

新闻的标题有**单一结构**和**复合结构**两种。单一结构的标题只有主题，复合结构的标题不但有主题，而且还有引题、副题或者同时具有引题、副题。主题是新闻中最主要的核心内容，引题和副题都是对主题的进一步引导或补充。如报纸消息《不吃发菜，少穿羊绒，行不行》的标题是由引题、主题、副题构成的：

年均20万人搂草原发菜　众多山羊啃吃草根树皮，2亿亩草原遭严重破坏
不吃发菜，少穿羊绒，行不行
专家认为发菜并不具有多少营养药用价值
不少国家为保护生态环境而限养山羊

单一结构、复合结构标题通俗地讲也就是单行标题和多行标题。

单行标题要求一语中的，用简洁明了的叙事性语言点明消息的精髓，提炼出全篇的主要内容。单行标题的形式在如今的网络新闻中更为盛行：一方面是因为网络的特殊性，要求消息的标题更一目了然；另一方面是因为网络消息的标题更适合单行的形式。

多行标题的内容更为丰富，包含更多的信息，多用于重大事件和重要因素较多的消息。多行标题一般包括引题、正题和副题。引题又被称作眉题或肩题，是正题的引子，一般位于正题的上方。它的作用主要是揭示新闻事实的思想、提出问题、说明原因、交代背景、烘托气氛。副题也被称为子题或辅题，是正题的

辅助题，一般位于正题之后。它的作用主要是补充事实，揭示所报道新闻事实的结果，用来辅助说明情况，对新闻事实作出评价、强调新闻特征、交代事实详情。如：

亲商　护商　为商
福州全方位推进开放型经济
实际利用外资超过80亿美元，世界500强落户31家

除此之外，多行的标题还讲究虚实之分。实题是要把新闻事实中最主要的内容或基本内容用一句话交代清楚，虚题则是把消息所要传达的主要意图简洁明了地表达出来。虚实结合，才能体现多行标题的精彩和作用。

（二）导语

"导语"是一个外来词语，即英文"Lead"，在英文词汇中是引导、引入的意思。在新闻写作中，导语即指消息的开头，是新闻报道中最重要的部分。通常，在标题和消息头（消息发布机构名称、发布时间、地点的交代）之后紧接着的一段话就是导语。

导语一般有三个作用，第一，就是用精炼的文字反映消息的要点，使读者看了导语以后，就知道这一条消息大体上传达了什么信息。第二，就是引出主题以及阐述这个主题。第三个作用是唤起读者的兴趣，让读者情不自禁地把这条消息看完。例如：

我国选手获得奥运会第一块金牌

【新华社洛杉矶1984年7月29日】（记者高殿民）中国在奥运会历史上"零的纪录"的局面在今天11时10分（北京时间30日凌晨2时10分）被中国射击选手许海峰突破。许海峰以566环的成绩获得男子自选手枪冠军，夺得了本届奥运会的第一块金牌。……

这条消息，导语首句就点出了新闻事件的意义，引人关注和感慨。
历史上有不少著名的一句话导语。例如：

【《纽约先驱论坛报》（1939年）9月20日讯】欧洲大战于昨天拂晓爆发！

【美联社（1945年）8月14日电】日本已经投降。

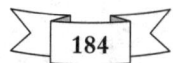

【路透社达拉斯1963年11月22日电】急电：肯尼迪总统今天在这里遭到刺客枪击身亡。

以上三条导语并无太多细节，但新闻中最重要的要素完全齐备了。

（三）主体

导语之后是消息的主体。主体是消息的展开部分，导语揭示的信息、事物和主题，要靠主体作进一步的阐述、解释和补充，使之清晰、完整、丰满起来。主体作为新闻的主干，是对新闻事件的过程、氛围、结果、细节，以及原因和影响的详细交代。主体部分不但要将导语中提到的新闻事实交代清楚，同时还要补充新的事实，甚至要交代相关的背景材料，使消息的内容清晰、完整，使受众对新闻的事实真相有更深入的了解和把握。

（四）背景

背景又称为背景材料或新闻背景，通常是指与新闻事实中的人物或事件相关的历史情况或环境，用来说明新闻事实发生的历史、环境和原因，解释其发生或发展的主客观条件及其意义，交代新闻事件或人物发展的前因后果、来龙去脉，交代新闻事件或人物周围事物的关系，补充有关的知识性、趣味性的材料。

背景材料并非消息独立的结构部分。背景材料大都穿插在消息主体中，有时也写在导语和结尾中，成了消息不可缺少的组成部分。例如《福特总统遇刺　幸而无恙》中一些在现场无法获知的材料：

勒奈特·阿丽丝·弗洛姆，27岁，属于查尔斯·曼松那个恐怖主义团体。在这个团体中，她的代号是"雏鸽"。……

"雏鸽"特地从北加利福尼亚赶到萨克拉门托，从而步正在服刑的41岁的曼松的后尘。

这些背景材料的加入，不仅增加了消息的信息量和可信度，还使行文更加生动活泼，增加了可读性。

（五）结尾

消息写作的结尾可有可无，根据不同的行文特点，对消息的结尾不作特殊要求。一般来说，消息的导语部分已经将新闻中最重要和精华的部分呈现出来，消息的主体部分将新闻事实完整、清晰地交代清楚，故消息的结尾就显得不太重要。需要结尾的消息，也不必另起一段，刻意加一个结尾。

结尾可以画龙点睛地总结全篇，表明消息的主旨和导向；可以设置悬念，引起读者的关注和思考；可以幽默打趣，引发读者的兴趣；可以提出问题，引导读者的议论；可以做出评论，点出消息内容的精髓；可以发出呼吁，引起社会的重视；可以呼应导语，加强消息的整体感；可以含蓄蕴藉，给读者留下想象的空间……

四、消息结构的基本模式

大致上，消息有四种基本结构模式：倒金字塔式结构、时间顺序式结构、混合式结构、自由式结构。

1. 倒金字塔式结构

所谓倒金字塔式结构指的是消息的叙述顺序，是以材料的新闻价值的大小来确定其排列位置的。导语中概括的是全篇最重要最新鲜，读者最感兴趣的新闻事实，新闻价值最大；第二段叙述的事实，新闻价值次之，第三、四、五段的新闻价值也是逐渐递减的。如下例：

世界上最大的石油钻塔开始移动

【美联社苏格兰基肖恩1978年5月5日电】世界上最大的石油钻塔——也许是世界上最大的能够动的东西——今天开始了从苏格兰西岸到尼尼安油田的430英里的第一段行程。

这个价值3亿英镑（5.4亿美元）的60吨钻塔正在由8个牵引车拖运到它的新址，该地在设得淡群岛西北105英里。这一行程需用14天。

随着这个钻塔启运，英国的钻机制造工业发现自己再度陷入危机。在苏格兰和英格兰北部的8个建造厂有一半现在关闭了，只有一个厂今年年底以后才有工作。

这个钻塔高达500英尺。它的混凝土钻台深入水面以下275英尺。

建造这个巨型钻塔的霍华德·多丽丝公司的肖基恩湖建造厂目前也成了寻求订货的厂了。

预料今年北海石油开发工程的投资为5亿英镑（9亿美元），其中不到1/5将用来建筑混凝土钻台。

据认为，混凝土钻台性能较好，因为它抗腐蚀。

这是一条典型的"倒金字塔式"的例子。这条消息全文共7段，编辑由下往上删，删到任何一处，剩下的仍然是一条完整的消息，甚至把全部内容删掉，只剩下个标题，也仍然是一条消息。

便于阅读，是倒金字塔式结构的最大特色和优点。当然，这种结构的消息，也便于编辑安排版面。但倒金字塔式结构也有它的缺点。一是把最精彩的放在开头，后面的内容越来越"淡"，难以吸引人把稿件读完，影响读者获得完整的内容。二是缺乏变化。新闻结构总是使用倒金字塔，常常给读者一种非常老套的感觉。三是这种结构的消息，容易造成标题和导语的重复。倒金字塔结构比较适宜于报道情节不太复杂的动态新闻。

2. 时间顺序式结构

时间顺序式又称为"金字塔式"，是完全按照新闻事实发展的顺序来写，按照时间发展的顺序来写，事件的开头就是消息的开头，事件的结束就是消息的结尾，从头到尾娓娓道来，像讲故事一样，把情节步步推进，把高潮安排在后面。这种结构也叫编年史式结构，还有叫新闻故事的。对于重大新闻事件的报道，"倒金字塔"式结构与金字塔式结构各有所长，而对于一些重要性不足，但趣味十足的材料，采用"倒金字塔"先结果、后原因的设置，一定会索然无味，而采用循序渐进、情节起伏的设置疑问的解悬念结构，却会收到意想不到的效果。

美国《堪萨斯市时报》报道一场火灾的消息就曾采用过这种形式。记者首先描写出事当晚市民、警察安睡的情景，到第5段才点出消息的主题。这是它的第5段：

> 然而，午夜刚过，酣睡的人们就进入了他们永远不会忘记的凶险梦境：堪萨斯市历史上最大的一场火灾——寇茨饭店大火。

接下来，记者以火灾发生的时间顺序逐步展开。由于记者采用了这种编年体结构，中间又穿插了许多先前未曾披露过的轶事，所以这条综述两个月以前发生的一场火灾的消息，仍然受到新闻界的重视。编年体在报道复杂的新闻事件时特别有用。有时，记者也可用它来综述早已发生过的重大新闻。美联社记者、普利策奖获得者保罗·派特在写追记尼克松下台的消息时，用的就是这种结构。他的这条消息，从水门事件发生后第5天写起，以时间为序一直写到两年半以后尼克松辞职为止。

时间顺序式消息的不足之处就是平铺直叙，缺少起伏变化，行文缺少跳动、曲折，最重要的事实、观点、结论推出得比较慢，或者淹没在一般的叙述中，容易消磨读者的耐心。

3. 混合式结构

所谓混合式结构又称为"双塔"式消息,是"倒金字塔式"结构与金字塔式结构两者相结合的形式,它不仅需要一个精彩的重要的新闻事实,或者归纳性的新闻事实做导语,还需要一个结论性、综合性的事实或者是发人深思的问题做结尾。这种结构容量较大,导语之后,可以按时间顺序报道事实,也可以按照逻辑顺序报道事实。

4. 自由式结构

无论海内外,消息写作都在向自由活泼的方向发展。因为现实生活丰富多彩,新闻内容千变万化,这就必然要求消息结构的形式也应多姿多彩。这样一来,上面说的3种结构形式,显然便不能适应新闻内容的广泛性和多样性的要求,因而也满足不了受众的要求。这就必须不断创造新的消息结构形式。有人提出要写散文式的消息,也是基于这种考虑吧。

在我国的消息品种中,除了大量的**事件性消息**外,还有不少**非事件性消息**,其中有些是介绍工作经验的,有的是提出矛盾和问题,有些则解释和评述事件。这些消息,一般说来,都不适宜采用前面三种结构形式,而需要更多地用逻辑思维的方法来层层深入地剖析和阐述新闻事实。

同时,在电视、网络等图像、影像新闻手段大力发展的情况下,报纸除了要竭力增加一些深度报道之外,还要求消息视觉化,即抓取一些典型的场面和细节,写深写活,使消息更加新颖、形象,富有立体感和吸引力。总之,消息的结构方式会更加灵活自由,变化多端。

第三节 简报的写作

简报是党政机关、人民团体、企事业单位用于汇报工作、反映问题、沟通情况、指导工作、交流经验、传递信息的一种简短而具有一定新闻性的机关内部的事务文书。

简报的正式命名并作为一种机关常用文书形式使用,是从1955年6月9日国务院颁发《关于所属各部门工作报告制度的规定》后开始的。该《规定》要求:"各办、外交、计委、建委、体委、民委、侨委,每两周向总理写一次工作简报,明白、扼要地报告所掌管的范围内重大问题的处理、工作中的重要情况和经验。"

一、简报的种类

1. 工作简报

工作简报是反映本部门、本系统各方面工作情况和问题的简报。工作简报一般包括三个方面的内容：一是反映领会和贯彻执行党和国家的方针政策以及上级指示的情况，使上级机关随时掌握具体工作的进展情况；二是迅速反映工作中的经验、教训和问题，便于领导及时推广带有普遍意义的经验，引导各单位借鉴有关教训，以少走弯路，并防止倾向性问题的产生；三是反映工作中的先进事例和错误，有助于上级部门发现并抓住先进典型宣传倡导，抓住错误及时对症治疗，引导各项工作沿着健康的轨道向前发展。

工作简报的内容主要包括基本情况和取得的成效、具体做法、基本经验等。对于一些比较复杂的典型经验，需要有一个清晰的思路，按一定的层次展开说明，形成较高层次的经验认识。

2. 动态简报

动态简报又称为情况简报，是为反映本单位、本系统的思想、政治、经济、文化等方面情况、信息而编写的综合性简报。动态简报着重反映本单位工作有关的正反两方面的新情况、新动向、新问题，为领导和有关部门研究工作提供鲜活的第一手资料，向群众报告工作、学习、生产、思想的最新动态。如下例：

江苏省财政部门帮助农业"三场"扭亏增盈成绩显著

财政部　　　　　　　　　　　　　　　　2003年6月30日

江苏省财政部门，积极帮助该省农业"三场"加强财务管理，促进良种、原种繁育和其他农业副业生产的发展，去年一举改变了"三场"历年亏损的局面。……

在工作进程中出现的典型，带有倾向性、苗头性的或者引起社会强烈反响的问题，可用情况简报来反映，便于及时引起高度重视，及早采取对策措施。动态简报一般按照叙述事情、点明性质或者强调引起重视等内容部分来写。动态简报应尽量突出"简"字，言简意赅，点到为止，不能加一些过多的分析和议论，应侧重于说明情况。

3. 会议简报

会议简报是在召开比较大型的会议时，用以向领导报告会议情况并组织、引导会议的进行而编写的简报。如下例：

全国会计工作会议情况简报
（第5号）

会议秘书处整理　2012年5月18日

十五日下午和十六日，分组讨论了×××副总理的报告。在讨论中，普遍反映，×××副总理的报告，讲得很透彻。……现将讨论中谈到的几点主要体会，简报如下：

……

会议简报主要提供给会议主持人参考，供与会人员交流情况，反映意见。内容包括三个方面：一是报道会议精神，包括有关领导同志的重要讲话和会议的决议；二是介绍会上交流的经验；三是报道会议就某些问题讨论的情况。会议简报要注意自始至终保持连续性，可以使用连续编号的一组简报，使人们对于这次会议的内容、进程、结果有个完整的了解。

会议简报要求能迅速反映出会议上出现的新情况、新问题，使会议主持者了解与会人员的思想、情绪，以及他们的认识、经验等，以便掌握会议进程，提高会议质量，有针对性地解决问题。因此，会议简报必须要简洁。既要反映面上的情况，使人们看到全貌，又要反映典型情况，使人们看到具体的问题或经验。尤其要注意反映随着会议进程而不断涌现的新情况、新问题、新经验、新措施，要把这些内容作为简报反映的重点。

二、简报的特点

1. 真实性

简报一个重要的目的是向领导机关反映情况，而领导机关有时可能根据简报所反映的情况做出决策。正是基于这个特点，决定了简报所写的事例，包括时间、地点、人物、事情的前因后果、来龙去脉、引用的数据、人物语言等，都必须准确无误。对上级既报喜也报忧；既不以偏概全，也不以面盖点，要力求准确全面，真实地反映实际情况。正如真实是新闻的生命，真实亦是简报的生命。

2. 及时性

简报的快，既要体现工作人员的工作态度、思维方法，又要体现其写作能力，因此，要求对问题发现要快、调查要快、总结要快、写作要快，而且印发传递要快。只有这样，才能真正发挥简报对工作的指导作用。否则，简报内容再好，都会失去其应有的作用和价值。

3. 简明性

指简报的内容集中，篇幅短小，提纲挈领。简报名目之前冠一"简"字，可以看出简洁对于简报来说多么重要。内容集中是指除了综合性的简报外，一般简报的内容要集中单一，一事一报，不要在一份简报中写多项内容。如果为了集中反映某种情况，某个问题，也可以把几个内容相关或有共同性的短文编在一期内。<u>一份简报以1000字左右为宜</u>，即使内容较多的综合性简报，字数也应控制在2000字之内。简报的文字要求简洁精炼，行文平实，不需进行艺术描述、理论阐述，也要避免大话空话，只需将"什么情况""怎么回事"交代清楚即可。

三、简报的基本写作方法

简报包含报头和报身。报头是固定印制的格式，只需套用和编号即可。报身是简报的核心部分，写好简报的关键，在于写好报身部分的按语、标题、正文。

1. 按语

按语又称"导语""编者按"。它是简报的编者用一小段简洁明了的文字，对此份简报的主要精神或情况，作简要的说明或议论，如说明材料来源、转引目的、转发范围，表明对简报内容的倾向性意见及表示对所提问题引起讨论研究的希望等。

按语的位置在报头下，标题前。它视需要而使用，并非每篇必有。一般来说，重要的简报必须加上按语，开宗明义，让读者迅速把握简报中的主要精神。另外，下级机关呈报给上级机关的材料很典型，上级机关常用简报的形式予以转发，需要加上按语说明转发的目的、意义、作用或者对所转发的内容作必要的提示或评议；需要传达领导指示或提出工作要求时，也可用按语形式来表达。

2. 标题

简报的标题和新闻标题相似，有单行标题、双行标题和多行标题。简报无论采用哪种标题形式，都应该尽可能地概括出正文的主旨，使人们一目了然。简报的标题要反映出全文的主要信息，它一般是对全文基本事实与中心思想的概括与浓缩。也就是说，简报标题可以是对全文基本事实的概括，也可以写全文的中心思想，当然，也可以既概括基本事实又表达中心思想。概括全文基本事实的标题，人们习惯称之为"实"题；表达中心思想的标题，习惯称之为"虚"题。简报的标题常常虚实结合，把作者的观点、态度等融于对事实的概括中，既让读者了解了全文的基本事实，又了解了作者的态度。如：

再穷不能穷教育　再苦不能苦孩子
下营乡集资办学

简报的标题需要做到准确、新颖、简洁、鲜明、生动、具体。

3. 正文

简报正文的写作，一般由开头、主体和结尾三部分组成。

（1）开头

一般用简洁、明确的一句话或者一段话概括全文的主要情况，主要事实或基本情况，起到开门见山的作用，给读者一个总的印象，为主体的展开做必要的铺垫。简报开头要写全文的核心事实，让读者看完开头就能了解全文梗概，如果找不出一个核心事实，那就选择最重要的事实写进开头。常见的方法有叙述式、提问式、结论式、描写式。

（2）主体

主体部分是简报的主要部分，是对开头部分概括内容的进一步展开。这部分要选择富有说服力的典型材料，加以合理地安排，中心内容要突出、具体，条理要清楚，语言要简洁。一个自然段最好写一层意思，不要把各个方面的内容都汇集在一个自然段里。段与段之间应按照事物的内在逻辑联系层层深入，环环紧扣。

（3）结尾

用一句话或一段话，概括正文的主要内容，或指明事件发展的趋势，或发出号召，或提出今后的打算。事情单一，篇幅短小的，可不写结尾部分。常见的结尾方法有点题式、总结式、归纳式、评论式、提问式、补充式、警告式、预告式等等。但不论是什么样的结尾，都需要做到简洁明快，如果没有话就不要硬写。

思维与写作训练

一、请你为自己参加的某次社团活动、班级活动或志愿者活动写一篇宣传性的新闻通稿。字数500~1000。

二、找一份当天的《人民日报》，摘录其消息类报道的标题，比较、分析这些标题，看看能否对这些标题做出你自己的修改或调整。

三、找一份《羊城晚报》，阅读报纸上的消息报道，找出一些导语，分析其新闻要素表达是否合理。对认为要素表达有问题的导语，你会怎样改？

范文和导读

毛主席在天安门城楼庄严宣告
中华人民共和国成立
首都三十万人齐集天安门广场
隆重举行庆祝典礼

新华社北京一九四九年十月二日电 中华人民共和国中央人民政府毛泽东主席，今日在新中国首都宣布中华人民共和国中央人民政府公告。这是在北京庆祝中华人民共和国中央人民政府成立的典礼上宣布的。典礼在北京天安门前举行，参加这个典礼的有中国人民政协全体代表和首都各工厂职工、各学校师生、各机关人员、市民、近郊农民和城防部队共三十万人。主席台设在天安门城楼上，面对着列满群众和飘扬满红旗的人民广场。当毛泽东主席在主席台上出现时，全场沸腾着欢呼和掌声。

下午三时，中央人民政府委员会秘书长林伯渠宣布典礼开始。中央人民政府主席、副主席、各委员就位，乐队奏义勇军进行曲，毛泽东主席宣布说："中华人民共和国中央人民政府已于今天成立了。"毛主席亲自开动有电线通往广场中央国旗旗杆的电钮，使第一面新国旗在新中国首都徐徐上升。这时，在军乐声中，五十四门礼炮齐鸣二十八响。毛主席宣读中央人民政府公告(见另电)。

毛主席宣读公告完毕，阅兵式开始。阅兵由人民解放军朱德总司令任检阅司令员，华北军区司令员兼京津卫戍区司令员聂荣臻将军任阅兵总指挥。朱总司令驱车检阅各兵种部队后回到主席台上宣读人民解放军总部命令。受阅部队随后便分列经主席台前由东向西行进,前后历时三小时。受阅部队以海军两个排为前导,接着是一个步兵师、一个炮兵师、一个战车师,一个骑兵师,相继跟进。空军包括战斗机、蚊式机、教练机共十四架在广场上空自东向西飞行受阅。在阅兵式中,全场掌声像波浪一样,一个高潮接着一个高潮。

阅兵式接近结束时,天色已晚,天安门广场这时变成了红灯的海洋。无数的彩色火炮从会场四周发射。欢呼着的群众在阅兵式完毕后开始游行。当群众队伍经主席台附近走出会场时,"人民共和国万岁!""毛主席万岁!"的口号声响入云霄。毛主席在扩音机前大声地回答着:"同志们万岁!"毛主席伸出身子一再地向群众招手,群众则欢呼鼓掌,手舞足蹈,热情洋溢,不能自已。当游行队伍都已有秩序地一一走出会场时,已是晚间九点二十五分。举着红灯游行的群众像火龙似的穿过全城,使新的首都浸在狂欢里直到深夜。

【导读】

这篇消息属于重大事件的报道,因此内容较充实,篇幅较长,标题上采用了四行标题,以示重要。消息的第一段是导语,是比较标准的写法:第一句就点明了本消息的主题,第二、三、四句是基本背景的交代,第五句是焦点对象(人物或场景)的交代。接下来三段文字是消息的主体部分,依时间顺序交代了整个典礼的过程。这三段文字依倒金字塔结构排列,重要性依次递减。

第十一章 调查问卷与调查报告

第一节 调查与调查报告

调查是指为了解情况而进行考察。**调查的方法**包括视察、访谈、问卷调查等。在调查之后,就收集到的情况进行分析和研究,然后写出调查报告,供有关各方面了解情况、进行应对或是做进一步的深入研究。

问卷调查是社会调查的一种手段,能够快速高效地进行大量信息收集。问卷调查假定研究者已经确定了所需要了解的情况和信息范围,然后带着明确的目的来设计要问的问题,以便收集到有用和有效的信息。

调查报告是反映对某个问题、某个事件或某方面情况做调查研究后所获得的结论的文章。它可以在报刊上发表,可以单独出版,也可以作为内部资料,供政府领导机关或其他各相关机构作为处理问题、制定政策的依据或参考。1840年4月马克思为法国《社会主义评论》写了《工人调查表》。恩格斯写过《英国工人阶级状况》一书。毛泽东同志也曾写过许多著名的调查报告,如《湖南农民运动考察报告》。这些都是非常经典的调查报告的范例,值得大家好好研读。

调查研究的生命力在于了解到真实可靠的信息,为此在调查之前的准备工作方面,在调查方法和形式的采用,在调查过程中所花的时间、精力和细致程度方面,在对调查所获情况和信息的客观分析和认真总结方面,在调查报告的写作方面,都需要付出很大的心力,绝不可以图轻松和省事,敷衍应付。

【案例】

美国肯德基炸鸡打入中国市场的一个重要经验,就是在广泛收集信息的基础上进行科学的预测。起初,肯德基公司派一位执行董事来中国考察市场。他来到北京街头,看到川流不息的人流,穿着都不怎么讲究,就报告说,炸鸡在中国有消费者,但无大利可图,因为中国消费水平低,想吃的多,但掏钱买的少。由于他没有进一步进行相关信息的收集整理,仅凭直观感觉、经验做出预测，被总公司以不称职为由降职处分。接着公司又派了另一位执行董事来考察。这位先生在北京的几个街道上用秒表测出人流量，然后请500位不同年龄、职业的人品尝炸鸡的样品，并详细询问他们对炸鸡的味道、价格、店堂设计等方面的意见。不仅如此，他还对北京的鸡源、油、面、盐、菜及北京的鸡饲料行业进行了详细的调查。经过总体分析，得出结论：肯德基打入北京市场，每只鸡虽然是微利，但消费群巨大，仍能赢大利。果然，北京的第一家肯德基店开张不到300天，就赢利高达250多万元。

调查研究非常强调准确与客观，否则，不仅毫无价值，还可能贻害无穷。1979年6月，中国曾派一个访问团，去美国考察初级教育。回国后，写了一份三万字的报告，在见闻录部分，有四段文字：（1）学生无论品德优劣、能力高低，无不趾高气扬、踌躇满志。（2）小学二年级的学生，大字不识一斗，加减乘除还在掰手指头，就整天奢谈发明创造。（3）重音、体、美，而轻数、理、化。无论是公立还是私立学校，音、体、美活动无不如火如荼，而数、理、化则乏人问津。（4）课堂几乎处于失控状态。学生或挤眉弄眼，或谈天说地，或跷着二郎腿，更有甚者，如逛街一般，在教室里摇来晃去。结论：美国的初级教育已经病入膏肓。在同一年，作为互访，美国也派了一个考察团来中国。他们在看了北京、上海、西安的几所学校后，也写了一份报告，在见闻录部分，也有四段文字：（1）中国的小学生在上课时喜欢把手放在胸前，除非老师发问时，举起右边的一只，否则不轻易改变；幼儿园的学生则喜欢把手背在后面，室外活动时除外。（2）中国的学生喜欢早起，七点钟之前，在中国的大街上见到的最多的是学生，并且他们喜欢边走路边用早点。（3）中国学生有一种作业叫"家庭作业"，据一位中国老师解释，它的意思是学校作业在家庭的延续。（4）中国把考试分数最高的学生称为学习最优秀的学生，他们在学期结束时，一般会得到一张证书，其他人则没有。在报告的结论部分，他们是这么写的：中国的学生是世界上最勤奋的，在世界上也是起得最早、睡得最晚的；他们的学习成绩和世界上任何一个国家的同年级学生比较，都是最好的。结论：可以预测，再用20年的时间，中国在科技和文化方面，必将把美国远远地甩在后面。（马忠圣、马志英《两份错误的预言》）40年过去了，无论是美国初级教育病入膏肓的预判，还是中国用20年时间在科技、文化上超过美国的预判，都没有成为事实。双方的预言都错了，错就错在对于所调查得到的情况没有做出更深入和更客观、更辩证的分析。

调查的信度和效力，既表现于调查方法的科学（比如调查问卷的科学设计），以保证所收集到的情况和信息的真实可靠，又表现于调查之后的科学分析和总结上，这会体现于调查报告的撰写中。

第二节 调查问卷的设计

调查问卷主要由一系列需要被调查者作回答或选择的问题构成，同时也包括必要的对于调查目的的说明，以便被调查者更好地合作，此外，问卷中还应包括被调查者的身份信息。调查问卷通常被打印成传单形式，以便发到被调查者手中，或者被发布在互联网站、QQ、微信等现代传播媒体上（俗称**网络问卷调查**）。在被调查者填完问卷后，问卷会被调查者收回并加以整理和分析，从而得出结论。

调查问卷的编制步骤：第一步，明确需要获取哪些方面的信息，据此设计问题。第二步，将问题转换为方便被调查者进行答题操作的题型，如选择题或简答题。要设计题干表述、答案选项、回答方式、答题指引。第三步，拟完之后的调整与修改。调查问卷是问卷调查的必备载体，必须认真设计，以保证调查的可靠性和有效性。

一、问卷设计的原则和技巧

调查者根据自己的调查目的，根据所需要了解和获得的信息来有针对性地设计问卷。

（一）原则

1. **目的性原则**。问卷设计必须根据调查目的来进行，能拟出可从被调查者那里得到最多且最可靠的信息的问题，做到既不遗漏一个问句以致需要的信息资料残缺不全，也不浪费一个问句去取得不需要的信息资料。因此，从实际出发拟题，问题目的明确，重点突出，没有可有可无的问题或是含糊无效的问题与选项设置。

2. **逻辑性原则**。问题的排列应有一定的逻辑顺序，符合应答者的思维程序和习惯。一般是先易后难，先简后繁，先具体后抽象。此外，在问题或选项的设计上也要注意科学的逻辑或现实生活的情理，不能设计出不科学、不合情理的问题或选项。

3. <u>**体谅被调查者的原则**</u>。要注意揣摩被调查者的心理，避免设置让被调查者反感的问题、选项或是让其不知如何回答的问题。要使被调查者能够充分理解调查目的,乐于回答、准确回答。对于一般被调查者,要避免使用专业术语或过于艰深的文字,一般应使用简单用语表述问题或选项。

4. **便于处理性原则**。设计好的问卷在调查完成后,能够方便地对所采集的信息资料进行检查核对,以判别其正确性和实用性,也便于对调查结果的整理和统计分析。

5. **合理的问卷长度原则**。如果一份问卷在20分钟之内还无法完成答题,一般的被调查者都难以忍受,除非这个调查对他非常重要,或者是为了其他目的(比如报酬和礼物)才参与调查。而且,这样即使完成了调查,也隐含一定的风险,比如被调查者没有充分阅读和理解调查问题的含义,或者没有认真选择问题选项,最终会降低调查结果的可信度。

(二)技巧

问卷调查不同于面对面的访谈,访谈、座谈这些直接调查方式可与被调查者更直接地沟通,便于获取真实、有效的信息。而问卷调查这种方式,调查者面对的是数量较多的随机选择的一群被调查者,调查者和被调查者往往不会见面,无法直接沟通,这会使调查者无法有效控制被调查者如何答题,无法核实所答信息的真伪,因此在问卷设计上需要良好的沟通性与高超的问卷设计技巧。

首先,要限定目标人群,有针对性地设计问卷。要事先预料到被调查人群的特点或其可能的合作态度,要善于揣摸被调查者心理,预测被调查者可能的兴趣、耐性、隐私和合作性等,有所趋避。

其次,要限定问卷容量,合理设计问题与选择项,预估答题时间。问卷不宜过长,问题不能过多,一般控制在20分钟以内回答完毕为宜。

第三,要注意问题或选项设计的科学性与逻辑性,注意问题与选项表达的文字要准确且易懂,不要出现不合情理的问题与选项设计,或是容易让被调查者产生抵触情绪和不如实填写、选择的问题、选项,不要出现选项之间的重叠、交叉、抵触或是明显的缺项、不完整。

第四,注意次序编排的科学性。容易回答的问题放前面,较难回答的问题放稍后,封闭式问题放前面,自由式问题放后面。由于自由式问题往往需要时间来考虑答案和语言的组织,放在前面会引起应答者的厌烦情绪。将个人资料的事实性问题放卷尾,以免放在开头让读者有顾虑而放弃答卷。

二、调查问卷的格式和写法

1. 标题

标题标明了调查的目的、主题或问题范围，可以指导答题。如《关于大学生恋爱情况的调查问卷》。标题一定要明确而具体。

2. 卷首语

卷首语一般包括三个方面的内容：一，表明调查主体身份（谁在做调查），说明调查目的（为何要调查、调查的意义）与目标（关注重点与兴趣点）。这是调查者的自我介绍部分，要说明调查者的身份、**调查的目的、意义**和主要内容。二，与被调查者沟通情感，获取理解与合作，如说明选择被调查者的途径和方法（随机、抽样），调查的匿名和保密原则，提出对被调查者的希望和要求，等等。三，指导答题，如填写问卷的说明，提交答卷的方式和时点等。

为了能引起被调查者的重视和兴趣，争取他们的合作和支持，卷首语的语气要谦虚、诚恳、平易近人，文字要简明、通俗、有可读性。一般放在问卷第一页，标题的下面，也可单独作为一封信放在问卷的前面。

【例文1】《学生心理健康家长调查问卷》卷首语：

亲爱的家长朋友，为了使我们的心理健康教育更加有实效、更加深入，我们设计了这次问卷调查，希望您能同我们密切合作，如实、认真地加以回答。我们对您的支持表示深切的感谢！请您仔细阅读问卷中的每一道题，根据自己孩子的实际情况，将答案写在答卷纸上。

学生心理健康家长调查组
××××年×月×日

【例文2】《扶贫中国行全民公益心愿调查问卷》的问候信：

扶贫中国行全民公益心愿问卷调查是一次公益行动，感谢您在百忙之中参加本次心愿之旅，感谢您用笔表达公益心愿，帮助我们完善现代化公益管理服务平台（融通讯技术、互联网技术、金融技术、传统服务等为一体），促进中国公益事业向前发展，为帮助每个单位和个人实现扶贫公益心愿做出新贡献。

一、"心愿"在这里特指您的扶贫公益心愿。填完此表时您已开始心愿之旅。用手机编辑短信"95"发送到10699999；按照短信回复提示操作，即可在中国扶贫基金会成功设立由您命名的个人基金（每月捐款5元，12月捐款60元），启动您的公益心愿之旅。我们将根据基金发起人的需求提供个性化服务。

二、调查问卷主要内容：（一）详细了解您的公益心愿：根据公益项目现有的科学分类方法，我们把公益项目分为援助型和倡导型两大类，并把15种、共125个公益项目建成"全民公益心愿超市"供您浏览选择；（二）详细了解您的参与方式、参与程度，以便帮助您早日实现公益心愿；（三）在您实现公益心愿的过程中，我们需要知道您希望我们提供什么服务。

三、调查问卷填写方法：在合适的选项下打"√"，每一问题可多选。请在问卷的"其他"处用文字填写您的其他心愿。请您下载《扶贫中国行全民公益心愿调查问卷》填写后，邮寄到中国扶贫基金会。

邮寄地址：北京市海淀区双榆树西里36号南楼四层，邮政编码：100086
收件人：朱峰；联系电话：010-62655199；传真：010-62639953；邮箱：rdd@fupin.org.cn

我们承诺对您的相关信息严格保密。

谢谢！

扶贫中国行全民公益心愿调查组
××××年×月×日

3. 样式选择

问卷样式主要有：条文式、表格式。

答题方式设置主要有：选择、判断（对错）、排序、简答等。

4. 题项设计

所设置的问题要有有效性，具体易答，不可笼统含糊。

问题的形式，主要有以下三种形式：

（1）开放式。只提出问题，不提供任何具体的选项，由被调查者自行回答；这可以得到比较真实的信息，但信息比较分散，难以进行综合处理。如：您喜欢与哪一类人做朋友？

（2）封闭式。特点是给定选项，由被调查者从中选择答案；这便于综合处理，但选项要全面、完整，否则就可能遗漏信息，为此有时要加上"其他"这个选项，或者留下空白选项让受访者自己填写。如：

您求职的主要途径是：
□人才市场　□劳动力市场　□民办劳务中介机构　□朋友介绍　□新闻媒体的招聘信息　□其他

（3）半开放式。部分问题给定选项，部分问题由被调查者自行回答；这可以得到比较全面的信息，但制卷要求高，处理反馈信息有一定难度。如：

在广东新闻和新闻联播之间常播放一些短广告，在看到这些广告时，您一般是：
□从头到尾都认真看广告
□只认真看感兴趣的广告
□不留意具体内容，但耐心等待下面的节目
□换频道看其他节目
□开着电视干其他事情
□其他：_____

调查问卷的题目类型：
（1）简单判断题
也称"是否式"。在一个问题后面提出"是"与"否"供被调查者选择，两者必居其一，具有鲜明的排他性。如：

您今年是否已经成为健身俱乐部成员？（选中答案，点击前面圆圈）
○是　　　　○否

（2）单项选择题
问卷中的问题是针对被调查者的感受程度（满意/不满意）以及其他意见的，被调查者从中选择符合自己实际情况的一项作答。要注意的是，所供选择的答案应当具有全面的包容性。如：

您认为，现在对党员来说"讲理想信念太遥远，没有必要，讲权利义务才必要"的说法：
○正确　○有一定道理　○错误　○说不清楚

（3）多项选择式
提出一个问题之后，提供几种备选答案，被调查者可以同时选中其中几项。如：

您上网经常做些什么？
○聊天　○游戏　○浏览新闻　○交友　○看电影　○发电子邮件　○查阅资料　○其他

（4）表格组合题

也称矩阵式。对问卷中的几组问题异中求同，集中同类问题，组合成表格式，让被调查者选答。

矩阵式的优点是节省问卷的篇幅，同时把同类问题放在一起，显得更为整齐、醒目，回答方式又相同，也节省了回答者阅读和填写的时间。但是，这是一种有较大缺陷的形式，容易使人产生呆板、单调的感觉，而且较为含糊，不易得到真实有效的信息。在一份问卷中这一种形式的问题不易用得太多。

（5）主次排序题

在问题后列出各种备选答案，由被调查者根据重要、次重要的先后顺序排出序号。如：

您目前在购买私家车中遇到的困难是（将最困难、最急于解决的问题排为"1"，其次为"2"，以此类推写在方框中）？

□缺少经济后盾

□没有车位

□学车难

□选择车型拿不定主意

□家庭意见不统一

□听说私家车不久要降价

□道路不畅达，经常塞车

（6）文字表述题

指问卷中的问题有一定的复杂性，依靠简单的判断和选择不能全面完整地反映被调查者的真实想法，需要被调查者用一定数量的文字进行综合回答，这有利于更充分地了解情况。如：

您认为要解决我市交通堵塞问题的关键是什么？该如何处理这一关键问题？

5. 选择项设计

选项设置要有区分度，各项不可交叉、重叠、包含。
选项要穷尽，可用"其他"与填空来穷尽问题的答案。

6. 受访者个人信息

受访者个人信息是被调查者的背景资料，即关于个人的性别、年龄、婚姻状况、收入、职业、学历等问题的信息。出于降低敏感性的考虑，可把背景资料的问题放在问卷的最后，以免放在开头让被调查者感到紧张，不愿意参与调查。

第三节　调查报告的写作

一、调查报告的种类

1. 介绍典型经验的调查报告

某一地区、某一单位、某一企业，在贯彻落实党和国家的各项方针政策过程中，或在日常的思想政治、经济建设、科学教育等方面取得了突出的成绩，为了把他们的具体做法和成功奥秘反映出来，可以对他们进行专题的调查，然后写出调查报告，这种类型就是介绍经验的调查报告。

介绍经验的调查报告跟工作通讯中那些以反映工作成绩为主的类型有些近似。区别在于调查报告重在调查，特别注重对调查过程和调查所得情况的叙述和列举。

2. 揭露问题的调查报告

跟上一类型相反，这是针对某一存在的问题展开调查，以揭示这一问题的深层原因和后果为主要目的的调查报告。它的主要功能是揭露和批判，探究问题产生的原因，分析问题的症结所在，提供解决问题的思路和方法。如《关于校园贷乱象的调查报告》《关于大学生逃课情况的调查报告》。

3. 反映新生事物的调查报告

这是针对社会现实中某种新近产生或新近有了长足发展的事物而写的调查报告。在现实社会中，新生事物总是不断涌现的。反映新生事物的调查报告的文体功能，就是全面地报道某一新生事物的背景、情况和特点，分析它的性质和意义,指出它的发展规律和前景。比如《关于互联网大数据应用前景的调查报告》《关于新型社交媒体发展情况的调查报告》等。

4. 反映社会情况的调查报告

这是针对一些社会情况所写的调查报告。这里所说的社会情况,主要是指社会风气、百姓意愿、婚恋、赡养、衣食住行等群众生活各方面的基本情况。《北京人出游记——北京居民旅游消费调查》《中国夫妻过得怎样》等,都属于这种类型的调查报告。

二、调查报告的格式

1. 标题

标题有两种形式:

(1)单一标题。由"调查对象或范围+调查时间+调查事项+文种"组成。如《成都市2008年上半年私车销售情况调查》。有时四要素并不齐全,但调查对象和调查事项绝不可缺少,如《关于大学生课堂违规使用手机情况的调查》。

(2)双标题。正(主)标题标示问题或主旨,副标题则表明调查时限、范围、事项和文种等。如《金融风暴惹的祸?警惕新一轮读书无用论扩大——2009年关于××地区学生流失情况调查》。

2. 引言

即开头、前言或绪论。或交代调查对象的性质、范围、调查所用的方式以说明调查资料的可信性;或概述有关情况,指出存在的问题;或总括取得的成绩等等。如:

> 曾经风靡一时的组合家具今年的销售状况如何?市场调查表明:组合家具的销售日趋疲软,已进入衰退期。(《组合家具已进入衰退期》)

又如《谁在买私车?年轻车主及个体业主是主力——关于杭州私家车主构成的独立调查》的引言:

> 近年来,如火如荼的汽车消费热潮中,数以万计的杭州百姓人家圆了汽车梦。据统计,杭州私家车拥有量已从去年年底的每100户家庭2.5辆上升到

3.1辆左右。预计到今年年底,杭州将成为我国轿车发展最快的城市。

那么,是哪些人推动了杭州私家车消费的狂潮?杭州车市有哪些明显的特征?这些问题无疑是很多业内人士和有车族关注的焦点。近日,我们在一些酒店、写字楼、停车场、生活小区等地通过当面访问以及电话采访、网上调查等方式,对杭州私家车情况做了一次抽样调查。此次调查共发放300份问卷,回收有效问卷253份。

3. 正文

正文是调查报告的主体部分,要介绍被调查事物的基本情况,所获得的基本信息,分析其原因或预测其发展趋势,最后提出对策与建议。因此,内容上一般由三部分组成。

(1)情况概述。概括介绍调查对象的基本情况以及调查所得的主要信息。有时还要说明调查的方法、调查的对象范围等等背景性信息。

(2)分析归纳。对调查所获信息进行详细的分析和科学的说明与解释,总结出带有本质性、规律性的结论。

(3)建议措施。根据调查结论,提出相应的对策和建议,为相关决策服务。

4. 结尾

结尾的写法有多种,常见的有:总结式——总述内容,明确观点;指导式——指明努力的方向;启发式——提出发人深省、引人思索的问题;号召式——预示前景,发出号召。

5. 落款

即写上调查单位和个人,注明调查时间。署名也可在标题下居中位置。

思维与写作训练

一、针对大学生的恋爱问题,设计调查问卷并写出调查报告。

二、针对大学生的校外兼职情况,设计调查问卷并写出调查报告。

三、针对大学生的闲暇时间安排情况,设计调查问卷并写出调查报告。

范文和导读

香港语言景观调查研究
胡伟

一、引言

随着香港社会的迅速发展，各种语言在香港长期共存。在众多语言中，中、英这两种语言是最主要的。英语是金融商业、现代科技、高等教育（甚至是中小学教育）等领域通行的语言。在香港，中小学已陆续开设全英语授课的科目，高等院校或大学都以英语作为教学语言。香港由于历史原因（我国的文字改革是在1956年，那时香港还是英国的殖民地），一直沿用繁体字，文化教育、传播媒体、行政公文、标牌告示大多都是使用繁体字。香港政府的语言政策是"两文三语（Bi-literacy and Tri-lingualism）"，"两文"为中文和英文，"三语"为粤语、英语和普通话。

语言景观以公共标牌的可视性书面文本为研究对象，它通过分析公共空间语言标牌上的语言使用情况，不仅可以让我们了解到当地的社会语言生态，还可以看出该区域内的语言权势、政策取向以及族群的身份认同与社会地位，并为语言政策和语言规划提供参考性建议。目前在世界各地的许多城市都有这方面的研究。Jaworski和Yeung（2010）、Mee Ling Lai（2013）研究了香港公共领域的文字性标识。尚国文、赵守辉（2014a，2014b）研究了语言景观的分析维度与理论方法等。俞玮奇等（2016）选取北京和上海两地韩国侨民聚居区语言景观进行对比研究，揭示了全球化背景下新型"亚社区"的社会语言秩序。张媛媛、张斌华（2016）研究了澳门语言景观中的多语状况。巫喜丽、战菊（2017）考察了全球化背景下广州市非洲移民聚居区的多语景观现状。目前关于香港语言状况的社会语言学研究较少。

二、研究方法

（一）抽样区概况

笔者在香港选取了3个调查区域，它们分别为：1.旺角。旺角位于九龙西部，新旧楼宇林立，旧住宅楼宇地铺多为商店或餐厅。以弥敦道为界，购物中心集中在东面，住宅区在西面。交通十分发达，有巴士及港铁，更有专线小巴通宵行驶。2.铜锣湾。铜锣湾位于香港岛的中心北岸之西，是香港的主要商业及娱乐场所集中地。区内有多家大型百货公司及大型商场，包括有崇光百货、时代广场、利舞台广场以及世贸中心。同时，铜锣湾购物区也是全世界租金最贵的地段之一。3.尖沙咀。尖沙咀是九龙油尖旺区的一部分。经过多次填海工程后，今天的尖沙咀已增加不少土地面积，却依然是一个高度发展区域，一直以来都是香港的"心脏地带"。这三个区域，既包括靠近居民生活区的街道，也包括香港城市中心的繁华地带。

（二）语料采集及统计方法

本研究语料来源于实地影像记录。2018年6月，笔者对抽样区进行拍照记录。使用数码影像实地搜集街道两侧可视范围内的语言标牌(包括路牌、门牌、建筑名称牌、店名招牌、宣传海报、广告牌、警示牌、信息牌等)，共得到1826个有效样本。然后按照语言种类、优势语码、标牌主体、电子招牌、中文简繁体等特征对所得标牌进行编码，编码结束后对各类标牌的频数及所占百分比进行统计分析。本文参考了张媛媛、张斌华（2016）的研究框架。

三、调查结果

（一）香港语言景观中的语言使用状况

1. 香港语言景观中的语言数量与种类

本文按照标识上出现语言的数量来判断单语、双语与三语标识。只出现一种语言的标识看作单语标识，出现两种语言的标识看作双语标识，出现三种语言的标识看作三语标识。根据数据分析结果，我们发现，1826个有效样本中有42.72%是单语样本，55.91%是双语样本，1.37%是三语样本（表1）。总体来看，双语与三语样本共占57.28%，比单语样本多出约15个百分点，这充分证明了香港社会语言景观多语的性质。

表11-1 香港语言景观中单语、双语与三语标牌数

标识类型	数量	百分比（%）
单语	780	42.72
双语	1021	55.91
三语	25	1.37
总计	1826	100

香港大部分单语样本是中文（53.97%）或英文（38.72%），中文单语样本如：古早味休闲台湾。英文单语样本如：VANS、Mad for Garlic、Coffee Central By Coffee Exchange。另外，香港的单语样本中除了中文、英文以外还出现了多种其他语言，如日文、韩文、法文、泰文（表2）。

表11-2　香港单语标牌类型

语言类型		数量	比例
中文	繁体	368	47.18%
	简体	53	6.79%
英文		302	38.72%
日文		26	3.33%
韩文		17	2.18%
泰文		6	0.77%
法文		8	1.03%
总计		780	100%

香港双语标识上的语言以中英为主，占双语与三语标牌的91.01%（表3），而中日、中韩、中法、中泰、英泰的比例相对较小。双语标识如：唐阁（Tang Court）、欣图轩（Yan Toh Heen）、板长寿司（ITACHO SUSHI）、喜来稀肉（서래갈매기）、新麻蒲（마포갈매기）、Khon Kaen（**ขอนแก่น**）、Grill（**ขุนทอง**）。

三语标识有中英日、中英韩、中英泰语言，可是并不常见（表3），且使用这些语言的商铺大多都是与这种语言所在的国家相关的餐厅或商店，例如：崇光百货（SOGO、そごう）、大阪烧肉（YAKINIKU FUTAGO HK、ふたご）、雪话雪冰（Snow Story、눈이야기）、炑八韩烤（KOREAN BBQ & BAR、먹벙）、木槿花韩牛专门店（MUGUNG HANWOO BEEF SPECIALIST、무궁화）、酱缸韩国料理（JANG DOK KOREAN RESTAURANT、장독）、真心泰国菜（BONNIE'S THAI RESTAURANT、**อาหารไทยที่แท้จริง**）、泰斗（Thai Master Restaurant & Bar、**ครัวไทยแท้**）、莎娃迪卡（Sawasdee Krub Thai Restaurant、**สวัสดีครับ**）。尖沙咀大街上的景点指引图版，也是混合了中英日语言。

表11-3　香港双语与三语标牌类型

	中英	中日	中韩	中泰	中法	英泰	中英日	中英韩	中英泰	总计
数量	952	25	23	6	7	3	15	10	5	1046
比例（%）	91.01	2.39	2.20	0.57	0.67	0.29	1.43	0.96	0.48	100

2. 香港语言景观中的主导语言

主导语言是指在多语样本包含的若干语言中，占据优势地位的那种语言。占据主导位置的语言往往是一个地区的官方语言或强势语言。Scollon & Scollon（2003）指出：对样本中主导语言的判定通常是根据所占的位置、字体的大小和颜色等要素来确定。在香港的语言景观中，大多数标识的主导语言是中文，占55.04%；其次是英文，占37.95%；而日文和韩文占的比例很小，分别只有2.96%和3.12%；法文和泰文都不足1%，分别为0.33%和0.60%（表4）。

表11-4　香港语言景观中的主导语言

主导语言	数量	比例（%）
中文	1005	55.04
英文	693	37.95
日文	54	2.96
韩文	57	3.12
法文	6	0.33
泰文	11	0.60
总计	1826	100

香港回归前，两语流通的程度按英语、汉语的顺序排列。回归21年后，中文在香港语言景观中居于首位，英文次之。在1826个样本中，含中文的样本有1464个，含英文的样本有1287个。在这些样本中，中文为主导语言的有1005个，英文为主导语言的有693个。这些数据显示，在香港回归祖国21年后的今天，香港语言景观中的两种主要语言无论是使用频率还是使用的显著性方面都形成了中文稍微优先于英文的局面。

邹嘉彦、游汝杰（2001）指出：在不同的语言和方言互相接触竞争的过程中，决定胜负的关键因素是各方的语言竞争力。而语言竞争力又分为政治竞争力、文化竞争力、经济竞争力、人口竞争力和文字竞争力。

表11-5　香港语言竞争力比较表

	政治	文化	经济	人口	文字
中文	+	+	+	+	+
英文	+	−	+	−	+
其他	−	−	−	−	+

政治竞争力方面，香港回归后，中文和英文都是香港的法定语文，享有平等的地位和权利，政府向公众发表的主要文件，均备有中英文本。其他语言不占优势。文化竞争力方面，香港长期以来都以华人为主，中国传统文化和风俗习惯在香港得到了很好的传承和保留，英语与其他语言和文化不占优势。经济方面，旅游业、酒店及饮食业、批发及零售业等，都是推动香港经济增长的主要行业。在2018年5月，访港旅客中，来自中国内地及台湾的，有3968430人，占总数的80.1%；其他访港旅客多数会英文，中文和英文都占优势。人口方面，香港740万人口中，约有91%为华裔人士，外籍人士占8.6%。其他国籍人士主要为：菲律宾人（共184 322人）、印尼人（共168 871人）、印度人（共31 989人）。这些外籍人士多用英文。英语作为当今世界的国际通用语言，事实上在许多国家和地区都享有半官方的地位（Moody，2008），也频繁地作为主导语言出现在这些国家和地区的语言景观中。在文字方面，虽然中文、英文都有自己的文字系统，但中文是香港社会一直以来使用的文字，英文是官方和香港中高等教育机构使用的语言，因此，香港语言景观形成了目前中英为主的语言格局，而其他语言较少。使用其他语言的商店多是一些国际品牌的服装和名品店，这些商店的目标群体并不仅仅是说其他语言（如法语）者，而是当地的消费者和来自各个国家和地区、特别是中国内地的消费者。在这里，语言已经不是起到它最基本的沟通作用，而是出于商业目的的一个符号象征。这也证实了先前学者关于招牌上少数族群语言使用的一个论断："商业标识上的语言不仅仅是用来表达信息，更重要的是一种象征意义。（Landry & Bourhis，1997）从交际功能来看，中英两语已经能够满足香港社会的交际需求。从内部语言和外部语言来看，中文是香港本地居民之间的交流工具，英文是香港与外部世界的交流工具。因此其他少数族群语言很少出现在香港语言景观中。

（二）三区语言景观对比分析

从调查数据（表6）可见，在三区的单语样本中，旺角的中文单语样本比例最高，达到30.2%，尖沙咀的英文单语样本比例较高，为17.8%；双语样本中，铜锣湾的双语样本数量较多，总共占60.41%，而其余两个区域的所占的比例也不小，都超过五成；三语样本数量在三个区域里面均不突出，分别只有1.98%（旺角）、2.21%（铜锣湾）和0.6%（尖沙咀）。

香港回归后，内地对香港文字使用的影响主要体现在简体字的出现与增加。香港语言景观整体上使用繁体字，旺角和尖沙咀这两个区域可能由于与内地商业来往较为密集一点，那里简体字的出现比例比铜锣湾多（表7）。然而，这些简体字通常都出自比较传统一点的店铺内悬挂的标牌，较少出现在正规的商业招牌上。香港地区由于历史原因并未经历过文字简化运动，在人们平日文字书写上仍是沿用繁体汉字为主。然而，随着香港回归后与内地来往的增多，香港简体字的使用开始增加。香港语言景观包含汉字的样本共有1464个，其中绝大部分沿用繁体字，只有53个样本使用简化字。

表11-6　香港三个区域语言景观对比（百分比）

	旺角	铜锣湾	尖沙咀
中文（单语）	30.2	18.3	21.6
英文（单语）	8.32	14.4	17.8
泰文（单语）	1.1	1.21	0.7
法文（单语）	1.3	0.8	0.9
日文（单语）	1.35	1.66	1.7
韩文（单语）	0.37	1.01	1.3
中英（双语）	50.6	55.1	51.3
中泰（双语）	0.8	1.5	0.8
中日（双语）	1.15	1.52	1.2
中法（双语）	1.1	0.7	1.04
中韩（双语）	1.73	1.35	1.06
英泰（双语）	0	0.24	0
中英日（三语）	0.77	1.18	0.34
中英韩（三语）	1	0.68	0.26
中英泰（三语）	0.21	0.35	0
总计	100	100	100

表11-7　香港三个区域繁简字使用对比

采样区	简体字比例	繁体字比例
旺角	16.7%	83.3%
铜锣湾	9.8%	90.2%
尖沙咀	16.4%	83.6%

(三)官方和非官方、涉外商业区与本地居民生活区域的语言景观对比

根据以往学者（Ben-Rafael, 2004）的研究框架，语言景观研究的招牌可以分为两类：1. 政府和公共标识。2. 私人和商业标识。政府和公共标识包括政府通告、交通街道标识、公共事务通知、慈善机构广告、教会活动和议会选举的相关告示。私人和商业标识包括民间告示、商业广告、商业机构招牌、民间团体活动告示等。我们根据这一分类对香港语言景观样本进行分析发现，香港官方和非官方语言景观在主导语言、单语样本、双语与三语样本的语言使用上都体现了一致性：主导语言都以中文为主，单语样本都以中文单语为主，双语样本都以中英两语为主（表8、9）。根据目前统计的数据，在683个官方样本中，有506个样本同时包含了中英两种语言，占总比例的74.08%。非官方样本使用率最高的是中英双语样本，占39.02%；其次是中文单语样本，占28.43%；英文单语样本则位列第三，占23.36%。从这些数据中可以看出，非官方样本的中英双语样本、英文单语样本以及中文单语样本所占的比例相差不是太大。

表11-8　香港官方与非官方语言景观样本中的主导语言

样本类型	主导语言						总计
	中	英	日	韩	法	泰	
官方	436	210	16	15	3	3	683
非官方	569	483	38	42	3	8	1143
总计	1005	693	54	57	6	11	1826

表11-9　香港官方与非官方语言景观样本

样本类型	语言类型													总计
	单语					双语与三语								
	中	英	日	韩	法	泰	中英	中日	中韩	中泰	中法	英泰	中英日	中英韩	中英泰	

样本类型	中	英	日	韩	法	泰	中英	中日	中韩	中泰	中法	英泰	中英日	中英韩	中英泰	总计
官方	96	35	10	8	4	3	506	11	6	1	3	0	0	0	0	683
非官方	325	267	16	9	2	5	446	14	17	5	4	3	15	10	5	1143
总计	421	302	26	17	6	8	952	25	23	6	7	3	15	10	5	1826

本次调查在每个取样区域均选取了两条街道，其中一条是主要商业街道，经营的对象既包括本地居民，也包括外地来港游客；另外一条是居民生活背街，经营的对象主要是街道附近的本地居民。本次收集的302个英文单语样本中有218个都集中在涉外商业区，本地居民生活区中的英文单语样本仅有84个；日、韩、法、泰等语言主要是出现在涉外商业区（表10）。而涉外商业区域和本地居民生

活区域的语言景观差异为后者较少单用英文。涉外商业区域的英语使用量非常大，居民生活区域主要以中英双语标识为主，较少出现日、韩、法、泰等语言的标识。本地居民生活区和涉外商业区的语言景观差异则体现在英文的使用率上。本地居民生活区域中，包含英语的样本占总样本（1826个）的28.26%，比涉外商业区域的少13.96%。这说明涉外商业区域更多地体现出商业诉求，因而那里的英语使用频率会比本地居民生活区域的英语使用频率大。

表11-10 香港涉外商业区与本地居民生活区域的语言景观

样本类型	语言类型															总计
	中	英	日	韩	法	泰	中英	中日	中韩	中泰	中法	英泰	中英日	中英韩	中英泰	
本地居民生活区域	202	84	5	7	1	3	432	0	0	0	0	0	0	0	0	734
涉外商业区域	219	218	21	10	5	5	520	25	23	6	7	3	15	10	5	1092
总计	421	302	26	17	6	8	952	25	23	6	7	3	15	10	5	1826

四、香港特色语言景观

本文对香港的特色语言景观也进行了调查，包括抽样区外的其他区域。

（一）特色地名牌

香港多用"湾、涌、澳、洲、滘"等与水有关的词语作为地名，如铜锣湾、浅水湾……

（二）特色街道牌

（略）

（三）特色店名牌

（略）

（四）特色菜牌

（略）

（五）特色广告牌

（略）

五、结语

香港是一个多语社会,多语样本(包括双语与三语样本)占总样本数的55.91%。语言标牌主要是中、英这两种语言,少数族群的语言在香港语言景观中表现并不明显。香港回归前,英语是首要的官方语言,两语流通的程度按英、中的顺序排列。回归21年后,中文在香港语言景观中居于首位,英文次之。香港回归后,内地对香港文字使用的影响主要体现在简体字的出现与增加,这种现象在总样本中占据的比例还比较少,且主要集中在内地游客比较多的区域。可以预料,随着香港与中国内地往来的进一步加强,这种影响会不断加强。香港官方和非官方语言景观在主导语言、单语样本、双语与三语样本的语言使用上都体现了一致性。涉外商业区域和本地居民生活区域的语言景观差异为后者较少单用英文,涉外商业区域更多地体现出商业诉求。香港的特色语言景观很有价值,展示了香港的历史与文化。

(备注:附注和参考文献略。)

【导读】

《香港语言景观调查研究》是一篇研究型调查报告。"七分调查三分报告",作者花了大量时间进行调查,通过三个商业街区的比较,深入研究了问题。该文的材料全面典型,既有"点"上的材料,也有"面"上的材料。报告写作上则是宏观分析与微观分析相结合,定性分析与定量分析相结合。

第十二章　申论及其写作

申论，简单来说就是"**申而论之**"，从字面来理解，"申"即引申、申述，"论"即议论、论证，合在一起就是指针对特定话题提出自己观点并展开相应的论述。在当前语境下，申论是指在国家机关、公务员录用考试中，考生根据指定的材料进行综合分析，进而提出见解，加以论证的一种文体。它是随着公务员以及事业单位招聘考试制度化之后出现的。

作为一种选拔人才的科学测试方式，申论是在充分吸收古代**策论**的基础上，融入当代**基础写作**和**公文写作**的相关情况而发展起来的，要求考生能够对给定材料有所理解、分析、概括、加工，进而考查其阅读理解能力、综合分析能力、提出问题以及解决问题的能力、文字表达能力等。

第一节　《申论》考试的常见内容

2005年4月27日颁布、2006年1月1日开始实施的《中华人民共和国公务员法》明确规定："录用担任主任科员以下及其他相当职务层次的非领导职务公务员，采取公开考试、严格考察、平等竞争、择优录取的办法。"自此以后，我国的公务员录取考试就走上有法可依的规范化道路。公务员录取考试包括笔试和面试两个层次。在通过笔试之后，根据一定的比例确定相应进入面试人员名单。可以说，笔试考试成为公务员考试的敲门砖。目前的公务员考试笔试包括两科，即《行政职业能力测验》和《申论》。其中《行政职业能力测验》涵括范围非常广泛，题量大，且全部为客观性试题（选择题）。《申论》则是在充分阅读给定材料的基础上，全部为主观表达题。

根据目前国家级和各省市区公务员招录考试的命题情况，《申论》均是要求考生在充分阅读给定的5—6则材料的基础上，按要求答题，一般为3—5道题。总体而言，《申论》考试的题型大致可以分为概括材料型、提出对策型、引申论证型三种，在具体答题时均有相应的字数要求。一般概括材料型、提出对策型均规定字数上限，即不能超过××字；引申论证型则要求控制在1000—1200字之间，或者1000字以上。

一、概括材料型

《申论》考试的首要目标就是考查考生对材料的理解能力。在规定的时间内，让考生阅读多达5000甚至7000字的材料，因此对材料的概括成为《申论》考试的一种方式。总体而言，在申论考试上，对给定资料进行概括，或者是直接要求考生概括"主要内容"，有的则要求概括"原因""理由""情况""观点""危害""对策""措施""目的""意义"等，不一而足。在具体考试中，作为材料概括型的题设，一般涉及概括主要问题、概括主要内容、概括主要理由、综合性概括等几种基本类型。

其一，概括主要问题。比如，2017年国家公务员考试《申论》真题（省级），第一题如此设定："根据'给定资料1'，概括S市为建设美丽水系、打造优美环境实施了哪些主要措施？"2015年湖南省公务员考试《申论》真题，第一题要求考生"根据'给定资料1'，概括'创客运动'在中国迅猛发展所产生的积极效果"。这种题设，材料内容比较丰富，而且叙述性文字较多，要求考生根据给定材料，将相关要点提炼出来，而且做到语言精练，不能超过规定字数。

其二，概括主要内容。比如，2016年国家公务员考试《申论》真题（省级），第一题："阅读'给定资料2'，概括全国'两会'代表委员们所关注的若干问题，及其所给出的具体建议。"委员们所关注的"问题"以及给出的"建议"在材料中有详细介绍，但是总体上比较散乱，多以委员个体的身份来进行表达，颇有些"自说自话"，但是实际上他们共同关注的话题有较多共性，需要考生将其提炼概括出来。又如，2016年国家公务员考试《申论》（地市级以下）第二题如此要求："请你根据'给定资料2'，列出H市政府办理'市长信箱'群众来信的基本流程和要求。"

其三，概括主要理由。比如，2016年国家公务员考试《申论》（地市级以下）第三题："根据'给定资料3'，回答下列问题：1.T县政府出台的规定引发了社会热议。请你分析引发热议的主要原因有哪些；2.对于T县政府出台的规定，网友们有的赞成，有的反对。请你对网友们的意见进行梳理，概括他们赞成和反对的主要理由。"在相关材料中，命题者罗列了19条网友的留言，考生需要在通盘了解的基础上，对这19条留言进行分门别类，从而概括出赞成和反对的理由。这需要在通读材料的基础上进行"合并同类项"，从而达到精准概括的目的。

其四，综合性概括。比如，2013年国家公务员考试《申论》（地市级以下）第二题："根据'给定资料4—6'，请你概括目前汉语生态环境面临的主要问题。"因为涉及多个资料，其内容更加庞杂，难度系数更高，体现出对考生的综合概括能力的考查。考生需要在通读"给定资料4—6"的基础上，把握"目前汉语生态环境面临的主要问题"这一指向去归纳概括，全面准确是其答题的基本要求。

总体而言，材料概括题型虽然在具体指涉上有一定区别，但是都体现出对考生阅读理解能力、综合分析能力、语言表达能力等方面的要求。在具体答题时，应当把握以下一些基本原则：其一，在充分把握给定资料的基础上，全面、深入、准确地概括相关内容。其二，语言表达需要准确而精炼。由于有字数限制，这要求考生能够在准确理解给定资料的基础上，进行精准表达，仅仅依靠"抄材料"或者以偏概全都不能达到目标。

二、提出对策型

阅读理解相应资料，并在此基础上进行概括只是《申论》考试的第一步。能否根据给定资料并结合实际情况提出合情合理的对策或者建议、看法等，是公务员招录考试的又一个测试目标。当然，提出对策并不能完全由考生自由发挥，而是要紧紧围绕给定资料来进行，因此这一题型实际上是在概括材料的基础上的进一步深化。

比如，2018年国家公务员考试《申论》真题（副省级）第二题如此表述："上级部门来W市考察，请你根据给定资料2，就W市在经济转型升级过程中的探索，写一份汇报提纲。"答题的具体要求是"紧扣资料，内容具体；语言流畅，有逻辑性；不超过400字"。考生可以根据实际情况进行发挥，但是绝不能脱离给定资料自说自话，否则的话只可能是隔山打牛。"给定资料2"是以记者视线探访W市智能经济发展的方方面面，既有工业园区、企业生产车间的相关情况，也有普通民众、专家、企业家对中国机器人峰会的期待，还有地方政府的所作所为等。在答题的时候，既要紧扣材料，又要突出重点，才能真正使得这份"汇报提纲"对"上级部门"产生相应的参考价值。

又如，2017年江苏省公务员考试《申论》真题（A类）第一题："请你借鉴关于H省评选'最美基层文化人'的成功做法，拟定一份本省展开类似活动的工作方案。"第二题："'网红'现象引起社会热议，请针对文中不同观点，谈谈你的见解。""工作方案"和"见解"都涉及考生在充分把握给定资料的基础上，谈个人的看法，既需要立足资料本身，又要在结合社会现象进行综合分析的基础上，简洁地进行书面表达。

三、引申论证型

《申论》考试最终是要体现考生对社会问题的看法，因此落脚点是引申论证。试卷提供了5~7则、长达5000~7000字的阅读资料，各则资料之间表面上关联性不大，但是却有内在的逻辑性。在具体题设上，一般是根据相关给定资料，写作相应的发言稿，或者是写作一定篇幅的论说文。

比如2018年公务员考试海南卷，给定5组资料，第二题说："假设GY村所在的省份将开展一次关于古村的保护与开发的经济交流会，请你根据材料2，写一份介绍GY村保护和开发情况的发言稿。"同时要求"紧扣材料，内容全面；逻辑清晰，语言准确；字数不超过500字"。由于是发言稿，不光要符合发言稿的基本文体特征，需要在紧紧把握材料的基础上，厘清相应思路，并且体现出一定的思辨性。第三题："根据材料3中画线部分'我们的"简单"和"繁琐"的总量并没有变，它们只是在不同的人群间流动，但就是这不停的流动，推动了社会的改变'，写一篇文章。"具体要求为"自选角度，立意明确；联系实际，不拘泥于'给定资料'；思路清晰，语言流畅；总字数1000~1200"。如果不能把握"简单"和"繁琐"的内涵进行引申思考，文章只能停留在表面现象层面，很难有新的见地。

引申论证型的题设往往在《申论》考试中占有相当的比重。比如上面所提及的2018年海南卷中，第二题"发言稿"分值为30分，第三题分值为50分。这种题设不光要考查考生对材料的理解能力，更要考查其灵活运用能力。如结合画线部分来分析"简单"和"繁琐"的关系，大致可以引申解读出这样三重内涵：其一，简单和繁琐之间有着内在的辩证统一性；其二，简单和繁琐之间在一定条件下可以实现相互转化；其三，正确把握简单和繁琐的辩证关系，可以推动社会的改变。在具体作文时，或者把握三点，或者把握其中任何一点，结合实际展开深入论述，都可能成就好文章。

第二节 《申论》的命题特征

作为一种科学选拔人才的考试方式的申论，因其具体的指向性，在命题与写作上也呈现出自身的一些基本特征。

一、模拟性

《申论》考试不是单纯的书面应答,更具有模拟公务员日常工作的性质。作为公务员,对社会生活的方方面面都应当有所认识和思考,并且具备较高的思想水平以及较强的材料阅读分析、方案形成能力。由于《申论》考试都是定位于现实问题,因此模拟性是其重要特征。搞清角色定位,才能真正做到有的放矢,答题更有针对性。结合近些年的考题情况,这种模拟性大致可以分为角色模拟、情境模拟、程序模拟等几种。

其一,**角色模拟**。每个人在社会上都要扮演不同的角色。《申论》中的这类题目,就是需要考生在材料所给的情景下来扮演虚拟的角色,通过撰写一定体裁的文章来完成特定的任务。因此,它体现的更多是实际工作能力,即解决乃至灵活处理问题的能力。同时,相对于传统的公文写作,它更加注重内容而非格式,更加注重思路而非程式,强调内容为王。比如2018年公务员考试海南省试题第二题:"假设GY村所在的省份将开展一次关于古村的保护与开发的经济交流会,请你根据材料2,写一份介绍GY村保护和开发情况的发言稿。"虽然并没有明确要求考生进行角色模拟,但是作为发言稿,必然有相应的角色定位,如果角色定位把握不到位,发言稿肯定不会很得体。

其二,**情境模拟**。所谓情境模拟是指模拟现实工作中可能出现的一些情境,要求考生提出相应的对策、方案等,主要考查考生的综合素质以及应变能力,这种题型一般在面试中使用较多。但是随着时代对人才素质提出新的需求,进行相应的情境模拟也成为考查考生综合能力的重要题设。如上面提及的2018年海南省试题中的"写一份介绍GY村保护和开发情况的发言稿",实际上是将角色模拟和情境模拟结合起来的。2018年山东公务员考试《申论》第三题:"假如你是GF项目的工作人员,近期要参加一次'共享经济'经验交流会,会议将把GF项目作为'共享经济'的范本向与会人员作介绍,请你根据'给定资料7—8',撰写一份发言稿提纲"。发言稿既是书面的,又需要考虑到其基本用途,那就是经验交流会上供交流使用,如果不把握好这一情境,答题时就会失之精准。

其三,**程序模拟**。程序模拟是指按照一定的步骤完成相应的指令。对于公务员考试来说,即按照相应的指令或者环节完成答题。程序模拟需要弄清楚出题者的基本意图和具体指向,这样才能做到有的放矢。比如2015年山东省公务员录用考试《申论》试卷(B类)第三题:"假如你是一名政府相关部门的工作人员,请结合'给定资料10—11',就政府如何更好地营造适合企业创新发展的环境,给上级部门写一份建议书。"具体答题要求有"建议明确，具有针对性、可行性；紧扣材料，重点突出"。这就要求考生不只是要结合材料，更要符合建议书的基本规则，这自然对其"程序"有较高的要求。

二、材料内容的广泛性、针对性

因为招考公务员岗位设置各种各样，要充分考虑到考生的总体情况，因此不可能在公务员招考中专门考查专业知识，而是选择与当前社会关联性强的现象进行命题。因此，《申论》命题材料的选取都具有相当的广泛性，可以说涉及社会生活的方方面面。这使得考生不光要有扎实的基本功（理解能力和表达能力等），还需要成为一个关注社会、有担当的青年。

表12-1　新世纪以来国家公务员考试《申论》科目命题一览表

年份		主题	归属领域
2001		药品安全监管	政治+社会
2002		网络监管	文化
2003		安全生产	经济+社会
2004		城市交通拥堵	经济
2005		"三农"问题	经济
2006		应对突发事件	政治+社会
2007		耕地保护	经济
2008		怒江水电开发	经济+生态
2009		产业升级和粮食安全	经济
2010		海洋资源的开发与保护	经济+生态
2011	省级以上	黄河精神和中华文化	文化+生态
	市（地）以下	农村地区教育问题和农村文化问题	文化+社会
2012	省级以上	化解社会道德危机，推进社会道德重建	文化+社会
	市（地）以下	加强安全文化教育，保障公共安全	文化+社会
2013	省级以上	保护物质文化遗产，保留文化多样性	文化+社会
	市（地）以下	文化体制改革与文化繁荣发展	文化+社会

年份		主题	归属领域
2014	省级以上	社会心理健康与社会心态	文化+社会
	市（地）以下	青年心理问题与国民幸福感	文化+社会
2015	省级以上	生命化是合乎伦理的科技发展方向	经济+文化
	市（地）以下	人文让科学更精彩	经济+文化
2016	省级以上	公共素养与大国意识	社会+文化
	市（地）以下	好政策能够涵养理性、德性	政治
2017	省级以上	城市水系	生态
	市（地）以下	城市水系	生态
2018	省级以上	智能经济	经济+文化
	市（地）以下	城市建设与管理	经济+文化

从以上表格可以看出，《申论》试题关注的内容十分广泛，涉及社会的方方面面，尽管每年的重心不一样，出题者的意图也不尽一致，但是都能体现出对社会现象的密切关注，有着强烈的**现实针对性**。当然，出题者并不完全趋向于社会热点话题的关注，这对于考生来说完全以"政治思维"来准备考试，单纯以时事热点来进行应对显然是不够的。只有经常保持对整个社会的密切关注，体现出相应的社会担当，才能最终在考场上有完美表现。

第三节 《申论》中的论说文写作

在《申论》考试中，根据相关指令写作一篇1000~1200字的论说文已经成为必考项目，而且所占比重非常之大。在前些年，论说文所占分值基本上稳定在40分，近些年更是增长至50分。由此可见，论说文写作的成败直接关系到公务员考试的成败。

2014年《申论》国家卷的论说文命题："给定资料写道：'我们或许应当如作家米兰·昆德拉所言，要"慢下来"，因为自在有为的生活是急不得的。'请结合你对这句话的思考，联系自己的感受和社会实际，自拟题目，写一篇文章。" 2015年命题："给定资料6中画线句子写道：'"科技的生命化"，已成为现实世界无法根除的特征。科技将具备人性。'请结合你对这句话的思考，联系社会实际,自拟题目,写一篇文章。"2016年国家卷命题:"'给定资料3'引用了《论语》中的话:'不学礼,无以立。'请以这句话为中心议题,联系社会现实,自拟题目,写一篇文章。"2017年国家卷命题更为简单:"参考给定资料,以'以水为师'为题,联系实际,写一篇文章。"2018年国家卷:"请深入思考给定资料5画线句子'科学、艺术和古文化对于想象力都起着非常重要的作用,构成了想象力的源泉',自拟题目,自选角度,联系实际,写一篇文章。"从以上命题可以看出,出题者多是从"给定资料"中截取一两句话,让考生就此进行思考写作。在具体的写作要求中,一般还涉及这样的指令:"自选角度,见解深刻;参考给定资料,但不拘泥于给定资料;思路清晰,语言流畅;总字数1000~1200。"

根据以上命题的基本特点与规律,虽然命题者并没有明确说明具体的写作文体,但是由于涉及对相关内容的理解且有"见解深刻"等要求,一般应以论说文为主。在具体写作中应当注意这样几个问题:

其一,要注意结合材料认真分析问题,<u>论点要正确、鲜明</u>。由于"画线部分"是从"给定资料"中找出的,结合相应的资料是基本前提,因此仔细阅读材料,并结合自己的理解提炼出相应的论题才符合命题者本意。有些考生在写作时并没有仔细阅读材料,没有把握材料之间内在的逻辑关联性,单纯就画线部分进行延伸作文,极有可能出现"跑偏"现象。例如2018年全国卷,画线部分为"科学、艺术和古文化对于想象力都起着非常重要的作用,构成了想象力的源泉",有些考生并没有认真去阅读材料,只是抓住"想象力"大做文章,没有领会到"科学、艺术和古文化"对想象力的作用,在主题立意上肯定会存在偏差。更有甚者,完全置画线部分于不顾,直接从材料中找一个关键词来做文章,更是不合适。比如2018年海南卷,有些考生不从"简单"和"繁琐"的辩证关系去思考,反而只抓住材料中"引进人才""精准扶贫""创新创业"等去立意写作,属于典型的偏离题意。同样,如果立意不能把握"简单"和"繁琐"的辩证关系,只是泛泛谈论现实生活中既有"简单"也有"繁琐",只是从表面上把握了出题者的意图,也属于不完全符合题意。

其次,在论文写作时既要"参考给定资料",又要<u>不拘泥于给定资料</u>。给定资料虽然内容丰富,但是在写作中如果过于依赖,则有可能导致抄袭、复制、堆砌材料等问题,使最终得分受到影响。同时,如果完全抛开"给定资料",则难免自说自话的问题,甚至可能导致偏离题意。因此适当引用"给定资料"并结合社会现象展开分析,"入乎其内出乎其外",既要体现一定的深度,又要体现相应的广度,这是成就好文章的基本前提。

其三,鲜明的逻辑论证结构是撰写论说文必须具备的。《申论》的考生都是本科毕业生甚至是硕士研究生或者博士研究生,因此对其写作要求也相对较高,切不可拿中学生写议论文的做法来应对《申论》考试。在拟定题目确定主题之后，如何通过逻辑严密的论证强化观点的说服力，是《申论》中论说文写作需要特别注意的。这需要考生在结合给定资料和社会现象的基础上，进行合理的谋篇布局，体现出相应的逻辑结构和论证层次。有些考生在写作中不善于分段表述，开头一段话表明主题立意，最后一段话来收尾，中间所有的文字均为一段，很难让阅读者在短时间内辨析出论证的层次性，自然会影响得分。

其四，需要建构起相应的**政策意识**、**民本意识**、**服务意识**和**实效意识**。这也是《申论》考试不同于其他语言表述类考试的重要地方。《申论》所提供的材料均和社会热点、难点、焦点等相关，因此不具备一定的政策意识，自然很难把握其基本内核。同样，解决问题的出发点，则应当强化以民为本的基本意识，唯有如此，才能真正接地气。比如多次出现的经济+生态或者文化+生态，本质上都是以民为本的体现。服务意识和实效意识也是《申论》答题需要注意的。《申论》考试的目的是招录国家公务员，因此要求考生在写作中体现出服务意识和实效意识，这在某种程度上是对他们未来身份的确认。

其五，<u>在把握政治正确的同时，避免偏激观点</u>。报考公务员的考生都是本科及以上学历的年轻人，对社会有自己的想法，而且体现出一定的思想性，这正是青年人朝气蓬勃的体现。但是，有想法、有思想必须以政治正确为基本前提，追求所谓的"片面的深刻"或者"无知者无畏"并不妥当。在撰写论说文时，应当结合给定资料并适当联系实际展开论述，观点持重又不落窠臼，发人深省又不故作惊人之语，才是理想的好文章。公务员考试希望能够选拔出脚踏实地、有责任有担当的青年人，因此脱离实际夸夸其谈或者因循守旧不知变通都可能被淘汰。

思维与写作训练

一、阅读以下给定资料，概括其主要内容。要求全面、准确并体现出一定的层次性，200字以内。

眼下，一部手机包罗万有，我们瞬间获得的信息，可比李白、苏东坡一生得到的总和还要多。要是你幸福地以为你可以自由选择阅读哪一条信息，那就太天真了。

"叮"的一声被推送到你眼前的每条新闻、购物信息、甚至天气提示，都是精明诡异的算法推荐在操控，当你受到诱惑不由自主点开，你便已跌入流量的圈套，落入网络的陷阱……

这当然不是耸人听闻。

所谓推荐算法，就是依据用户的上网习惯，通过统计，推测出用户可能喜欢的东西并将之固化、深化、泛化。很多标榜"只做内容搬运工"的门户网站，一味追求流量，内容猎奇、低俗、色情甚至无耻，毫无社会责任可言。至于今日头条，更公然宣示"流量为王"的价值观，每天将大量低俗信息灌进用户的手机屏幕。

我们的信息场域被前所未有的算法分野，一个明亮而自由，一个晦暗而糜烂，后者正不断蚕食前者。倘若任其攻城略地，不但会低俗化我们的阅读取向，拉低社会道德，甚至还会消解人类此前努力获取的学习能力和创新能力。

你之所以是你，不是澳大利亚的比尔，不是内蒙草原的乌兰其其格，也不是犹太科学家爱因斯坦，只因你呱呱坠地之后，接受了独特的信息滋养，起初来自你的父母和家庭，之后来自你的自主选择……所谓教养的差异，只不过是你从小到大接受信息的质与量的差异。人是社会关系的总和，也是各种信息的载体。算法推荐无分老幼，性和暴力信息的推送也没有分级和限制，久而久之，你便在不知不觉中被重新"洗脑"。大脑被算法推荐的"喂食"操控并塑造，在低俗信息浸泡中，你变得无聊、庸碌、猥琐，你不再是"你"，而是消耗流量的终端机……

被算法选中的你我，失去了自主选择信息的权利，人性弱点成了商家变现的利器，自由意志成了被他们随意揉捏的泥。这一切正在颠覆亚当·斯密的经典经济学理论：市场经济制度可以使交易各方在追逐个人利益的同时，达成社会利益的最大化，而市场这只"看不见的手"起到良性作用的前提，是没有任何外力来强制和侵犯你的自由选择。所谓自由市场的平衡，正被隐身的算法推荐粗暴地打破——你的自主选择已消失殆尽，我们正被"头条"们导向另一条"通往奴役之路"。

数据本质上是一种公共资源、公共权力。设计过今日头条算法的张一鸣，最近也致辞说："作为研发人工智能的企业，应该永远恪守一条原则：必须对整个人类的未来充满责任感，充满善意。"——我们宁愿选择相信企业的幡然醒悟和迷途知返，但是，在这一过程中，依法治网、从严监管也必须显现出其应有的威慑力量和矫正功能，而不能听之任之、束手无策，这一点尤为重要、尤为紧迫。比如，以子之矛攻子之盾，用大数据实时盘点算法推荐内容，对一切违反传播秩序、甚至触及黄赌毒禁区的行为，出重拳、罚无赦。对那些有悖常理、挑战底线、一意孤行的赢利模式，也要从市场公平公正等角度进行制度化、法治化考量，避免野蛮生长。

我们正在经历公共信息传播的一次重大转变。希望一切都还来得及。

二、阅读以下材料，进行"提出对策"的练习：

近日，"秋水长天 水美中国"采访团调研了G市的水生态文明建设情况。记者经过走访发现，G市某些区县的"水生态+扶贫"模式，对欠发达地区在保持青山绿水的同时大力推进脱贫工作，具有很强的借鉴意义。

G市以山地、丘陵为主，占总面积的80.98%。全市溪水密布，河流纵横。G江是G市最大的河流，其在市内各地又分布有一级支流两条，二级支流十条。资料显示，上世纪80年代，G市所辖的三区十四县水土流失面积达到28.37%。经过30多年的治理，部分地区的生态环境有了明显改善，基本实现了从穷山恶水到青山绿水的转变。

周大姐五年前从上河县城回到了园村老家经营农家乐，记者沿河查看水草长势时，她正在岸边洗菜，竹篮里盛满了自家地里产的水灵灵的白萝卜。

"在县城打工时听说家里的河治好了，还建了漂流项目，就回来开个农家乐，现在每年能挣十多万，比打工好多了。"周大姐的脸上带着笑意。

石县大畲村村主任张某更是直言，"治理前这里就是穷山恶水，治理后可以种莲、种烟、种水稻，还能发展旅游业。"

大畲村的"南庐屋"始建于清朝乾隆年间，历经风雨仍巍然屹立，现在还有人居住，是游客体验客家民俗文化的好去处。

在"南庐屋"旁的一棵大树下，几位村民正坐在石凳上聊天，村里的年轻姑娘文文解答了记者关于为何新房子没人住的疑惑，"这是村里统一规划，我们出钱盖的，建好时间不长，有些人家还在装修呢。"

当记者到达宁县还安小流域时，县水保局副局长符某站在种满了脐橙的山坡上介绍了小流域治理的诀窍：山顶戴帽涵养水源，山腰开垦梯田种果，山窝挖塘筑库养鱼和供水抗旱。

据悉，在小流域治理过程中，宁县坚持把水土流失治理和现代农业发展结合起来，把小流域治理同水保科技示范园建设结合起来，按照"整体规划、分步实施、多业并举、滚动发展"的思路，通过项目资金扶持，引导治理大户——绿森现代农业生态科技开发有限公司，租用了1500多公顷水土流失山地。

绿森公司的现场管理人员赖某，退休后来扶贫点工作，带领乡亲们在保持水土的同时增加收入，黝黑的脸庞见证了这位老人对种植脐橙的热爱。

下山时记者遇到骑着摩托车上山干活的李大哥，他是绿森公司的雇工，年近六旬。他描述了自己的收入情况，"60到80块钱一天，每个月能干15到20天。将山地租给绿森公司的农户，5年后还能分到每亩两成的利润。"

"年纪大了，在外面打工挺难的，现在的收入已经很不错了。"李大哥对家门口的工作显得很满意。

石县水土保持科普示范园所在的地方曾经林草稀疏，农田水利设施简陋，土壤贫瘠，沙土流失严重，生态环境脆弱。示范园项目启动后，通过工程措施与生物措施、农业耕作措施相结合，治山与治水相结合，坡面治理与沟壑治理相结合，建成了"名、优、特、新"的经济果木林，实现了生态和经济效益的有机统一。

示范园于2014年10月启动建设，吸引了大量民间资本及广大群众参与水土流失治理。在建设过程中，采取了政府主导、部门配合、统一规划设计的方式，将示范园区建设与生态旅游有机结合，使水土资源得到了最大程度的保护性开发。

鸿达生态农业开发有限公司参与了这一园区的建设。公司负责人黄某已经投资了约两千万。他告诉记者："自己投资一部分，政府配套一部分。"

黄某在深圳有家贸易公司，生意不错。"本来就是想回家开个农家乐试一试，没想到政府这么重视，就留下来了。"在忙着让记者品尝园区产的葡萄时，他眼神坚定地讲了下一步的打算，"把水留住，把山治好，让乡亲们过上好日子。"

G市水保局局长对黄某的自学能力赞不绝口："他办公室里讲水保的书比我还多呢。"

"民营水保大户雇当地的农民参与治理和开发，群众可直接获得和外出务工一样的报酬，也进一步推动了水土流失治理工作。"石县水保局的王某这样解释"水生态+扶贫"的好处。

小陈就是回乡的外出务工人员，在鸿达公司一个月的收入有4000多元。"以前在广东打工，离家太远，现在可以骑摩托车上班，还可以照顾到家里。"

"脐橙飘香，水保先行"就是生态优先和民生优先并重的鲜活案例，是水土流失地区百姓对水生态文明建设的充分肯定，也是"水生态+扶贫"模式开花结果的生动写照。

以上资料介绍了G市某些区县在实施"水生态+扶贫"模式过程中取得的成效等内容。假如你是G市人大代表，准备提交一份"关于在全市推广'水生态+扶贫'模式的建议"。请根据给定资料，拟定推广"水生态+扶贫"模式的理由和可推广的相关措施。

三、论说文写作训练

以下是从历年公务员考试试题中选择的几道题目。每道题写作一篇论说文。具体要求：（1）见解明确、深刻；（2）参考"给定资料"，但不拘泥于"给定资料"；（3）思路明晰，语言流畅；（4）总字数1000～1200。

1. 请以"共享发展"为主题，自选角度，自拟题目，写一篇议论文。

2. 请围绕"在我们的工作生活中，什么才是真正重要的东西？"这一问题，联系实际，自选角度，自拟题目，写一篇论说文。

3．请深入思考"科学、艺术和古文化对于想象力都起着非常重要的作用，构成了想象力的源泉"这句话的含义，自拟题目，自选角度，联系实际，写一篇论说文。

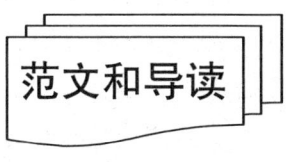
范文和导读

【范文1】

放慢脚步　自在有为

随着我国社会进入转型期，传统的价值观念、社会结构、生活模式等都在发生着急剧变化。面对袭面而来的高速度、快节奏、大压力，很多人被迫加快生活的步伐，无奈陷入了"加急时代"。人们的生活难以慢下来，折射出整个社会的浮躁心态，成为社会心理"亚健康"的表征。从整个社会环境而言，人们需要放慢脚步，创造自在有为的生活。

面对巨大的压力和激烈的竞争，人们始终无法停下奔波的脚步。究其根源：从个人层面看，功利主义和从众心理作祟，人们抱有急功近利的心态，追求往往不切实际；从社会层面看，一些不公平现象加剧了人们的心理失衡，导致了焦虑和恐惧情绪的产生；从政府管理层面看，政府部门忽视了对社会心理问题的关注和引导，造成社会和个人都愈发浮躁。

在全面建成小康社会，加快推进建设富强民主文明和谐的现代化国家，实现中华民族伟大复兴中国梦的新时期，悉心呵护民众的心理健康，让人们放慢生活的脚步，引导社会心态回归理性、独立、平和，就显得尤为必要。

让人们放慢生活的脚步，加强心理引导是根本。浮躁、焦虑、恐惧从根本上来说是心理出现了问题。通过科学的心理引导，帮助人们树立正确的人生观、价值观和道德观，培育坦然平和的心态，至关重要。加强心理引导，首先要明确引导对象，将重点放在就业压力大的毕业生、生活被边缘化的城市迁入人口、仍未摆脱贫困的农村居民等群体身上；其次要丰富引导内容，创新引导形式，采取心理辅导讲座、心理健康节、心理对话节目等多种形式，寓教于乐，寓教于情。

让人们放慢生活的脚步，完善社会治理是关键。党的十八届三中全会提出，要不断推进社会治理体系和治理能力现代化。人们急功近利，一定程度上是由于当前社会在资源占有、机会获取、成果享用等方面存在着不公平现象。完善社会治理体系，就是立足于消除这些不公平。政府部门要加强社会治理能力建设，一方面要推动经济社会发展，做大社会财富这块"蛋糕"，让民众可获取的资源总量显著增长；另一方面要分好"蛋糕"，建立科学合理的收入分配和社会财富共享机制，健全社会保障体系，让所有人能够"有尊严地生活"。

让人们放慢生活的脚步，加强传统文化教育是创新思路。我国拥有五千年灿烂文化，其中儒家思想、老庄哲学等都是其中的瑰宝。无论是"淡泊明志、宁静致远"，还是"有容乃大、无欲则刚"，都蕴含着淡泊名利的真谛。通过加强传统文化教育，汲取文化精华，消弭欲望奢求，平和内心情绪，以一种豁达和淡然来面对世界，从容地奔跑，更好地实现人生的价值。

正如昆德拉所说，要慢下来，因为自在有为的生活是急不得的。当今社会，竞争激烈，超时、超负荷工作严重地损害了人们的身心健康。"慢生活"的提出，是对国人生活质量和生存状态的一种反思，放慢生活节奏是一种技巧，同时也是健康、积极、自信的生活态度。要实现全面建成小康社会，我们需要更加关注国民的身心健康，倡导"节奏慢下来，效率提上去，心态平下来，健康升上去"。

（http://www.chinagwy.org/index.php?c=article&m=view&tid=79091）

【导读】

这是2014年《申论》全国卷论说文的范文。它从人们所处的"加急时代"入手，揭示社会心理"亚健康"的状况，直接提出"放慢脚步，创造自在有为的生活"的观点，立意鲜明，与出题者的意图非常吻合。

在具体论证中，作者先从个人层面、社会层面、政府层面分析了社会和大众心理失衡的主要原因，为后面展开立论提供了重要前提。如何"让人们放慢脚步"？作者分别从"加强心理引导""完善社会治理""加强传统文化教育"等三个方面展开论述，且能结合实际，具有较强的说服力。比如，在"完善社会治理"中，作者提出政府既要做大"蛋糕"，又要分好"蛋糕"，让人们"有尊严地生活"，才能真正减轻民众的"焦虑和恐惧情绪"。这种观点一方面契合了主流价值形态，另一方面又能得到读者的情感共鸣，从而为文章增色不少。在文章结尾，自然而然地将给定资料中昆德拉的话语嵌入文中，提出"放慢生活节奏是一种技巧，同时也是健康、积极、自信的生活态度"观点，并倡导"节奏慢下来，效率提上去，心态平下来，健康升上去"，很好地呼应了主题，体现出完整的结构。因此，这篇文章在谋篇布局上是非常成功的。

同时，《放慢脚步　自在有为》一文语言平实自然，流利通畅，富有感染力，是又一个亮点。"文各有法"，写好论说文，不见得非要追求华丽的辞藻，也不见得非要打造雄浑的气势，意到言止，却又让人觉得韵味悠长、意犹未尽，方是上乘之作。

【范文2】

学礼明礼，筑牢民族复兴根基

近些年来，我国游客大闹国外机场、在旅游景点肆意涂鸦、老人倒在街头无人敢扶等新闻频频见诸报端，令舆论哗然，也发人深省。

我国自古就是礼仪之邦，《论语》中曾有"不学礼，无以立"之说。随着时代的发展和进步，"礼"的内涵也在不断拓展，不仅仅指礼仪礼貌、道德情操，也包括个人的科学素养、社会的诚信意识、政府的服务理念等。当前我国经济建设虽然取得了累累硕果，但文明之花却并未与之同步绽放。要实现美好的中国梦，公民、社会、政府都应学礼明礼，为中华民族伟大复兴筑牢根基。

只有学礼明礼，公民方能自立自强。一是坚定理想信念，认识到国家的命运和个人的命运紧密相连、息息相关，每一个人都享有与祖国同成长、和时代共命运的机会，坚决抵御拜金主义、利己主义等腐朽观念的冲击；二是恪守文明道德，从自我做起，从小事做起，自觉拒绝随地吐痰、"中国式过马路"、公共场所大声喧哗等陋习，不断加强道德自律，提升文明标杆，完善个人修养；三是提升科学素养，树立"以崇尚科学为荣、以愚昧无知为耻"的观念，积极学习现代文化知识，形成科学理性思维，让"绿豆治百病""生吃泥鳅"等伪科学没有市场。

只有学礼明礼，社会方能安定和谐。一是化解诚信缺失，如食品安全问题突出、医患关系紧张等，对此要弘扬诚信的社会文化，推行社会信用体系建设，让守信者处处受益，让失信者处处受限；二是阻止浮躁盛行，如学术界论文抄袭、数据造假，企业界忽视科技创新、山寨产品横行等，对此要提倡踏实扎实的工作作风，纠正不合理的业绩考核方式，更加注重质量和效益；三是遏制戾气蔓延，如一言不合大打出手、网络暴力层出不穷等，对此要加强道德教化和法律约束，让现实世界和虚拟世界都在法治轨道上有序运行。

只有学礼明礼，政府方能高效廉洁。政府的一切权力来自于人民，是受人民的委托而管理经济社会事务。只有不辜负人民的期待，政府才能立于群众的支持拥护之上。一方面，要始终坚持为人民服务的宗旨。新一届中央政府深入推进简政放权以来，各级政府服务质量明显改进，服务效率大为提高。在改革的深水区，必须进一步加快职能转变，打造服务型政府。另一方面，要切实做到严以用权。政府任何一项权力的运用都应当是为了人民群众谋福祉，但也有少数领导干部把权力当作是谋取私利的工具，有的私设"小金库"，有的安排配偶子女"吃空饷"。要把廉政作为政府最基本的行政伦理之一，持续推进反腐倡廉建设。

中华民族的伟大复兴，不仅仅体现在军事、经济、政治等硬实力上，也体现在公民素质、社会风气、政府效能等软实力上。学礼明礼，必将有力地提高我们国家的文明程度，进而推动中华民族屹立于世界民族之林。

（http://www.gjgwy.org/201806/387981.html）

【导读】

这是2016年公务员招录考试《申论》省级以上试卷中的范文。

文章开篇并没有直接提出观点，而是列举了当下一些不文明的现象，而这与我国自古以来就是"礼仪之邦"的形象是不相符的，从而顺理成章引出《论语》中的"不学礼，无以立"，并强调"礼"的内涵随着时代的发展而不断拓展，因此今天我们仍然需要强调"礼"的重要性，因为这关系到"中华民族复兴的根基"，观点就此亮出，顺理成章，很富有时代性。紧随其后，作者展开论证，强调学礼明礼的重要性，对于公民来说可以"自立自强"，对于社会来说可以"安定和谐"，对于政府来说可以"高效廉洁"。三个方面的论证，彰显出学礼明礼应当体现在社会的方方面面，因此在文章结尾强调，中华民族的复兴不仅仅体现在"硬实力"，更体现在"公民素质、社会风气、政府效能等软实力"上，可谓是行云流水，一气呵成。

同时，文章很有现实针对性。比如在论证学礼明礼能推动社会的安定和谐时，又特别强调三点，其一是化解诚信缺失，其二是阻止浮躁盛行，其三是遏制戾气蔓延，对于每一点还简明扼要地提及当前一些突出现象，虽然并没有强调具体案例，但是能够让读者即时想起曾经广受关注的事件，言有尽而意无穷，从而达到以一当百的效果。

【范文3】

岁月失语，惟石能言
——传承非物质文化遗产，维护国家文化安全

三万里残阳山河无疆，五千年汉唐高风激扬。时光的流逝，消却了奕耀千年的传统文化的光芒，却也为我们留下了"能言"的文化宝藏。在这些文化宝藏中，既有有形的物质文化遗产，更有无形的非物质遗产。当前的国际竞争，归根结底是文化和价值理念的竞争，因此，加强非物质遗产的保护，不仅是传承民族传统文化、维护国家文化安全、建设社会主义文化强国的基本要求，更是有效提

升国家软实力的必然选择。

加强非物质文化遗产建设,要内炼其"心"。人民群众是历史的创造者,真正的民俗来源于民间。从记载民众生活的《诗经》到承载传统中国人生命价值的婚礼、建筑、吃住,民俗不仅是社会形态的体现,更是国家民族文明传承的重要组成部分。然而,随着社会环境的变迁及外来文化的侵蚀,传统的习俗、文化渐渐地消逝在了历史的长河中。拯救和传承非物质文化遗产,要从文化安全意识着手,将民俗文化的传承纳入国民经济和社会发展的整体规划,将文化安全注入中小学的基础教育中,充分发挥非物质文化遗产对广大未成年人进行传统文化教育和爱国主义教育的重要作用,将民族文化的发扬融入生活、融入社会主义经济建设中,让其在心与心、行与行中传承。

加强非物质文化遗产建设,要外塑其"形"。不管是重申报、重开发、轻保护、轻管理,还是商业化、人工化和城镇化,其在损害非物质文化遗产的原真性、割裂中国人历史文脉延续的同时,更凸显了我们创新能力的不足,没有很好地挖掘出传统民族文化的内涵,凸显其生动的表现力。加强非物质文化遗产建设,首先要考虑的是做精做细,既要与时俱进,同时应去粗取精,挖掘出传统文化的精华,将民俗文化与社会主义经济建设有机结合。充分发挥政府的导向性作用,构建民俗文化传承人人有责,非物质文化遗产保护人人参与的保护机制,形成以专家学者为主体,广大民众共同参与的生动局面,有效地推进传统文化融入生活、走向世界。

加强非物质文化遗产建设,要兼修其"法"。传统文化的失落,不仅源于我们思想上不够重视,也凸显了行动上缺少有效的保护制度。当今美国的价值理念能够遍行世界,除了其强势的经济实力作为支撑,更为重要的在于形成了有效的保护、发展体系。非物质文化遗产的保护,不仅要建立科学有效的非物质文化遗产传承机制,更应修缮《中华人民共和国文物保护法》,使文化的保护与传承有法可依。同时,加强对违规拆建、盗窃文物的执法力度,严厉打击破坏非物质文化遗产保护工作的违法行为,通过法律的约束形成良好的保护、发展环境。

非物质文化遗产既是历史发展的见证,是中华民族智慧与文明的结晶,更是联结民族情感的纽带和维系国家统一的基础。总之,保护和利用好我国非物质文化遗产,对贯彻落实科学发展观,实现经济社会的全面、协调、可持续发展具有重要意义,是当前社会经济发展中必须常抓不懈的重要工程。

(http://www.chinagwy.org/html/slzl/slfw/201412/46_82634.html)

【导读】

这是2013年国考《申论》卷第五题的范文,有诸多优点值得揣摩学习。

首先，合理使用副标题使得文章的主题立意更加明确。命题作文因为题目已经规定，有时候写作者很难让读者在短时间内明白文章的主题立意。这篇范文有意识使用了副标题，使得主题立意非常明确，那就是谈非物质文化遗产对维护国家文化安全的重要意义。在命题作文中适当使用副标题来强化主题和内容是一个较好的技巧。

其次，文章能够分层次地论证如何"加强非物质文化遗产建设"，体现出较强的说服力。论者提出要"内练其'心'""外塑其'形'""兼修其'法'"三个分论点，并与实际对接起来，具有较强的可操作性。在相关论述之后，论者总结道："非物质文化遗产既是历史发展的见证，是中华民族智慧与文明的结晶，更是联结民族情感的纽带和维系国家统一的基础。"进一步强化非物质文化遗产在历史和当下的重要意义，是对文章主题立意的呼应和强化，给人印象深刻。

其三，联系实际是这篇论说文的又一个特点。比如作者如此写："要从文化安全意识着手，将民俗文化的传承纳入国民经济和社会发展的整体规划，将文化安全注入中小学的基础教育中，充分发挥非物质文化遗产对广大未成年人进行传统文化教育和爱国主义教育的重要作用，将民族文化的发扬融入生活、融入社会主义经济建设中，让其在心与心、行与行中传承。"既体现出社会担当精神，又有着自身的独立思考。当前有不少考生能够通过阅读给定资料，较好把握住写作的主题立意，但是在具体写作中往往陷入自说自话的境地，或者直接将给定资料中的相关材料拿来，许多时候给人一种"千人一面""隔靴搔痒"的感觉。只有在充分理解给定资料的基础上，结合自己日常生活中的相关认识和积累，才能在不落窠臼的基础上增强文章的说服力，让阅卷者眼前一亮。

第十三章　学术论文写作

学术论文是用来表述科学研究成果的一种文章体裁，是析理性、论说性文体的一种高级形态。它不同于一般的议论文，后者人人可写，遵循一般的摆事实、讲道理的议论逻辑，而论文则是针对一门学科或一定领域内亟待研究或解决的问题进行的带有创见性的论说，是经过了专业学习和专门研究之后才能写出的文章，其写作必须遵循严格的概念、判断、推理、实证等科学逻辑，而且对文体格式和语体风格也有专门的要求。

第一节　学术论文的类别和特点

学写论文，首先应该明白学术论文的文体属性及其基本概念。从文章功用的角度，习惯上把文章分为三大类，即文学类文章、实用类文章和文学类与实用类的交叉类文章。学术论文属于实用类文章。

学术论文有两层含义：其一，学术论文的范围限制在科学研究与学术研究领域，非此领域的论说性文章，不能称作学术论文。例如一般的议论文和说明文，如读后感、书评、影评、杂文、实验报告书、调查报告等等，都不属于学术论文。其二，并非科学和学术领域的所有文章都是学术论文。科学研究与学术研究的新成果是学术论文的灵魂和价值所在，不表达科学研究和学术研究的成果与探索的文章，不能称作学术论文。例如科幻作品、科普作品等，都不是学术论文。

学术论文实际上是对**科学研究**和**学术研究**的过程和结果的一种描述与反映，它是对社会科学、自然科学和人文科学领域中的某些对象、现象和问题进行比较系统的研究，以探求其规律、科学或本质特征的理论性文章。学术论文是科学研究和学术探索工作（包括科学实验、田野调查、社会调查、文本文献阅读和分析）之后再加以理性思考和科学总结的成果，也是学术交流的一种工具。

一、学术论文的类别

按照科学领域划分,学术论文包括自然科学论文(理工农医等学科论文)、社会科学论文(经管法政等学科论文)和人文学科论文(文史哲等学科论文)。如果进一步按学科细分,则有多少学科就可分为多少种学科论文,比如哲学论文、文学论文、史学论文、法学论文、化学论文、经济学论文等等。

按照科学研究的性质和功用,可分为基础(理论)研究论文和应用研究论文,前者多侧重科学规律与理论上的探索、辨析,后者则侧重于分析研究实际问题,以指导社会实践和科学、理论的实际应用。

按照科学研究的成果类型可划分为创造性研究论文和整理性研究论文。前者是创新、发现、发明,是探索未知的问题,得出独立见解和创新性成果。后者是综合前人的科研成果,经过科学的梳理、总结归纳和评判,指出某课题的来龙去脉,研究现状和进一步努力的方向。

按照发表的载体形态,则可以分为期刊论文、会议论文、学术专著等。

高等学校的本科生所撰写的课程论文、学年论文、毕业论文、学位论文也属于学术论文,它们往往在教师的指导下进行写作,多属于初级水平或学徒性质的学术论文,主要起学术训练的作用。

课程论文是高等学校的学生在系统地学习了一门专业课程之后,运用所学知识、理论、方法对本课程所涉及的问题的研究,是学以致用的要求,也是对学生课程学习效果的检测。

学年论文一般是大学本科高年级(大三)学生完成的一种学术性、综合性作业,是培养和提高学生运用专业知识进行科学研究与学术探索的一种基础训练。学生撰写学年论文,从选题到撰稿和修改,都是在指导老师的指导和帮助下进行的。

毕业论文是大学专科生、本科生、研究生毕业时需要撰写的论文,是某一学历阶段完成后的总结性作业,是检测毕业者掌握本门学科的基础理论、专门知识和基本技能的水平,以及从事专门性技术工作能力的主要依据。高等学校的本科生、研究生的毕业论文往往也用于申请相应的学位,这也就成了学位论文。

学位论文是申请学位者提供的供鉴定其学术水平用的论文,要经过同行专家的评阅与答辩,一般要存档,等同于公开发表。学位论文一般分为三个等级:学士论文、硕士论文、博士论文。

学士论文要求达到大学本科毕业应有的学术水平,要求运用本门学科的基础理论、专门知识和技能,去解决不太复杂的课题,一般选择一个较小的题目来研究，比如选择本学科某一方向的一个小问题，或是某一重要问题的一个侧面。学士论文的篇幅一般在1万～3万字左右。

硕士论文是高等学校和科学研究机构的硕士研究生，或具有同等学力的人员为申请硕士学位而提交的学术论文，要求有新的发现、新的见解，具有科学价值，能反映出作者扎实的专业基础知识和独立从事科学研究的能力。硕士学位论文的写作时间通常需要一年左右，篇幅一般在3万～8万字。

博士论文是博士研究生或具有同等学力的人员为申请博士学位而提交的学术论文，它要求在本学科领域内有创造性的成果，能反映作者渊博的知识和熟练的科学研究能力。博士论文的篇幅一般在8万字以上，要求对课题的研究完整、深入和系统。博士论文往往也可以算作是学术专著。

学位论文从选题到撰写，也都是在指导教师的指导和帮助下进行的。学位论文的选题通常还要经过**选题论证阶段**，要提交选题报告，说明选题缘由和基本思路以及主要研究内容等等，经过指导教师和专家组的评议、商讨之后才决定是否可以确定选题。选题通过，即可进入正式的研究环节，选题不通过，则要重新选题或者调整选题范围与角度。学位论文在教师的指导和帮助下完成后还要提交**评审**和**答辩**，评审和答辩通过，可授予相应的学位，不通过，则不能授予学位。

二、学术论文的特点

学术论文的特点由学术论文的性质所决定，必然导致学术论文与一般性文章或文学创作等作品的特点有所不同。学术论文一般具有如下特征：

（一）学术性

没有学术性，就不是学术论文。学术，指较为专门的、有系统的学问，即"术业有专攻"。所谓学术性包含专业性、积累性等含义。

1. **专业性**。学术论文的选题、内容、表述等都具有很强的专业性特征。不同学科有自己特定的研究对象和关注范围，一般的学术研究者限于自身的精力和知识背景，只能就本学科领域里的某些问题和对象展开研究。只有知识广博精深而又能融会贯通的学术大家才可以搞跨学科的学术研究，而且这些学科一般也应该有相当高的关联性。比如人们常说"文史哲不分家"，因此有些大家可以在这几个学科领域中自由选题。此外，学术论文的读者对象多是本专业的同行，因此，学术论文常常运用专业化的术语、概念、符号等来进行表述，而不是用日常语言来表述。

2. **积累性**。只有在某一学科专业领域里经受了较长时间的学习和训练的人才能写出学术论文。否则，作为门外汉，即使对某一专业问题发言，也不能称之为学术论文。此外，学术研究的对象也不是凭空产生的，而是本专业发展的历史积累而成的，也就是说，论文的选题不是随意确定的，而是根据本专业的研究历史和现状确定的。而且，学术研究中所需要的理论、方法、概念等也都是由历史积累而成的。总之，后人的学术研究和论文写作是建立在前人的基础之上的，离不了学科的历史积淀。

（二）创造性

学术论文不同于资料汇编，更不同于宣传材料，而是科学研究成果的记录和描述。因此，它的第一个鲜明特点就是有创造性的见解。这在自然科学方面可称之为"发明"，在社会科学方面可称为"发现"，在人文科学方面则称为"创见"。"创造性"一词有丰富的内涵，发现别人没有发现过或没有提出过的问题，创立新说，当然是具有独创性的。纠正前人某些错误的观点，补充前人某些观点的不足之处，也是创造性的表现。综述前人的研究成果，加以分析，提出问题，指出争论所在，提示争论方向，也是创造性的表现。立论一般，但披露新事实、新材料，也是一种创造性。有创造，即使是在前人的基础上向前迈出一小步，都是不容小视的。论文写作应该有自己的发明、发现或独特的见解，这都离不开辛苦的实验、调查或阅读、思考。

（三）科学性

科学性是学术论文的基本特征，也是其生命和价值所在。学术论文的科学性具体表现在如下几个方面：

研究态度的科学性。应该以**严肃的态度**、**严谨的学风**开展学术研究。从事实际应用研究，就必须从具体的实验、实地调查、真实的资料入手，科学分析，实事求是，而不能想当然地假设或是弄虚作假，如编造实验和调查数据等。从事理论研究，应该注重理论的系统性和完整性，注意逻辑严密，而不能主观臆断，随意标新立异。

研究方法的科学性。要根据专业和课题的特点，使用最恰当最可靠的研究方法。比如人类学、社会学的田野考察，文学的文本细读，经济学的统计调查等。要从事实、从资料出发，而不是从理论出发，要从具体事实、材料的分析、整理中提炼结论。若是理论先行，为理论而寻找印证材料，或是先有结论再找材料的研究，都是反科学的研究方法。

论证的科学性。论证的科学性主要表现为逻辑性，逻辑推理要严密，论证过程要清晰、完整。许多学生写论文，罗列完一些材料之后就用"由此可见""显然"这样的论断性的话做出结论，却没有详细分析和解读材料，没有展开逻辑归纳和推演，这属于偷工减料式的做法，根本缺乏论证的过程，就不符合科学性的要求。此外，要符合推理的基本规则。比如归纳推理要以大量的同类现象为基础，因果推理不能强拉因果或是倒果为因，假想推论要有条件限定，有理有节，类比推理要注意可比性和可靠性。又如，在论据的使用上要注意典型性，不能使用孤证，论据本身也必须可靠。

表述的科学性。学术论文中的概念、术语要做精确界定，要忠实于其本来的内涵和外延，不能错用或曲解。语言表述要精确、客观、清晰、严密，一般多用逻辑性强的长句子，多用一些带限定性成分的句子，如"在一定程度上可以说""大体而言"等，以保证论断的稳妥和留有余地。

（四）理论性

理论性是学术论文与其他反映科学研究内容的文章，如科普读物、实验报告、科技情报等的区别所在。学术研究不是从现象到现象，停留在具体现象的介绍和说明上，不能就事论事，而是要把科学研究的过程和结果上升到理性的高度，加以专门而系统的论说。因此学术论文应该具有一定的理论价值。具体来说，就是论文写作中必须进行基本原理方面的阐述，提出自己见解的各种理论依据，要运用概念、判断、归纳、推理等理论思辨的方法来进行思维。学术论文也要说理，但不是一般议论文所用的日常生活中的常情常理或者生活常识，而是科学的理论、规律、原理、定理等。因此，学术论文的表述应该是理论性的表述，而非情理性的表述，最好不用"常言道""俗话说"这样的表述方式。

第二节　学术论文的选题

选题，是指选择研究的课题，即选择论文所要论述的对象和范围。确定好选题，是写好论文的关键。所谓题好一半文，选题是否恰当，是否有价值，决定了论文能否完成、完成的质量，决定了论文的根本价值。由于选题的重要性，为了保证研究质量，少做无用功，高等学校的学生在论文选题时还要接受导师的指导，研究生还要经过开题报告与审批这一程序；各种学术机构组织的科研活动也往往要经过课题申报、评审这一程序。

课题的形成和选择是研究工作中最复杂的一个阶段。选题的形成，往往是研究者依据其所从事的专业和学术积累，结合自己的兴趣、才能、生活经历，以相关的资料条件和社会的需要为基础，采用由面到点、由浅到深地逐步缩小范围、逐步细化和明确的方法来选定。论文的选题一般应遵循下列基本原则：

第一，专业积累和兴趣相结合的原则。即兼顾兴趣，发挥所长。

兴趣是最好的老师。科学研究是需要人的热情投入和生命奉献的事业，结合自己的兴趣来选题就可以保证研究的热情和投入，就能激发研究者的潜能，发挥出较高的水平。有兴趣的课题，往往是已经有了相当了解的课题。如果对研究的课题毫无兴趣，就会味同嚼蜡，怠惰敷衍，难有成功。

发挥所长的选题原则。如今每个学科专业都是一个广阔的知识和学术领域，个体往往只对这个专业中的某个方向或某个问题了解较多或有所专长，因此应该从这些方面找课题。比如中文系的本科生，有的古典文学知识较多，有的接触外国文学较多，选题时就要选择所长。除非学术大家或学术功底深厚的学者，一般研究者最好不要涉足交叉学科领域里的选题。比如中文系的学生，如果对外国文学了解不多就不要搞比较文学的研究，否则很容易费力不讨好。

第二，社会需要或专业发展需要的原则。学术研究首先要满足社会实际需要和专业发展本身的需要。学术研究的最终目的往往是服务于社会，因此要注意选题的现实性，选择社会迫切需要解决的问题来研究。此外，要选择该学科发展中的关键问题和前沿问题，以期能跟上学科发展的进程并做出贡献，最好不选那些过于陈旧或边缘性的课题。

第三，可行性原则。作者选题时应当量力而行，即考虑选题的可行性。可行性具体表现在以下几方面：资料（设备）具备、时间许可、能力胜任。

要选择具备客观条件，如资料条件、物质条件（实验设备、实验耗材等）、时间条件的选题。论文写作离不开大量的文献资料，如资料不具备或很难获取就不能展开研究。如某学生想写一篇《中国的石油战略储备现状及对策》的论文就不可行，因为石油储备涉及国家机密，普通人不可能获取相关资料。有的学科研究需要某些设备，如果没有，也不可行。有的课题需要花费大量的人力物力，如搞调查和实验等等，需要花费较多时间和金钱，如果不具备这些条件，也最好不选这样的题目。

能力胜任主要是说选题者要正确估量自己的学科知识和专业水平，不好大喜功，选择过大过难、不能胜任的课题。否则只会是半途而废，浪费时间和精力。从能力胜任的角度，研究者要特别注意选题的难易适度。过于容易的选题无法发挥研究水平，也难以显示学术价值；太难的选题则力不能及，容易半途而废或者浅尝辄止。最好是选择略有难度，可以经一番努力和钻研之后完成的选题。

选题的难易程度跟选题的大小相关，与对象的复杂程度相关，与研究所需要的知识储备相关，也与前人的工作积累相关。应该根据自己的实际情况，参考这些因素来选题。大学生的时间、经验和能力有限，故课题的突破口要小一点、具体一点，要求深求细，不能铺摊子，尽量做到切口小、挖掘深。

第三节　学术论文的写作步骤

学术论文尤其是学位论文的写作是一项工程量很大的工作,不可能一蹴而就,因此必须制订严格的研究计划,按步骤循序渐进,这才能保证研究的顺利完成、确保论文质量。具体来说,可分为资料工作、构思工作、起草行文、修改润色这四大步骤。

第一,**资料工作**。指资料的搜集、整理和分析工作,这项工作从选题阶段即已开始,到行文阶段也还没有结束,可以说是贯穿于论文写作的整个过程之中。这是一项相当耗费时间和精力的工作,也是一项基础性、关键性工作,这一步若没有做好,以后的工作都将可能是无用功。所以王力先生在谈论文写作时说:"别看写出来的文章只有一万字、几千字,收集的材料却是几十万字,这叫作充分占有材料,材料越多越好,材料不够就写不出好文章。"(王力《谈谈写论文》)

资料工作大致包括如下步骤或内容:选题前的广泛浏览,选题后的定向搜集,搜集后的资料整理分析和研究。搜集资料要尽一切努力,充分利用所能获得的一切资源或条件。比如采用实验、调查、采访等手段,比如利用图书馆、档案馆、文史馆、互联网等文献资源。高校图书馆一般都有《中国期刊全文数据库》《中国学位论文全文数据库》《中文科技期刊数据库》等电子资源,都非常有用,稍加检索就能得到大量所需要的资料。对于自然科学和社会科学来说,资料搜集工作主要表现为反复的实验与大量的社会调查、定点调查等。搜集到资料之后,更重要的是对资料的整理和研究,包括资料可靠性的核实,做到去伪存真,去粗取精,剔除谬误,还要对所搜集到的资料专门进行研读和分析。研读本身既是对材料的筛选,也是对材料的理解和掌握。只有通过研读才能有所刺激,有所发现,萌发出观点和见解。

第二,**构思工作**。在资料研读基础上的思路形成以及观点提炼等,谓之论文构思。论文的主题或观点是作者在广泛阅读材料或进行调研、实验的基础上,经过比较、分析、概括、提炼而逐渐形成的,是深入思考、理论观照的结晶。王力先生在《谈谈写论文》中反复强调:"搞研究工作最忌的是先有结论,然后找例证,这是很有害的。""凡是先立结论,然后去找例证,往往都靠不住,因为你往往是主观的,找一些为你所用的例证,不为你所用就不要,那自然就错误了。"所以他提倡"我们搞科研工作,要先用归纳,再用演绎,不能反过来,一反过来就坏了。"

构思工作可借助拟提纲来进行,思路由粗到细、由朦胧到明确、由表面到深入的过程都可以借助提纲的修改调整来进行。拟提纲是论文写作必不可少的一个环节，拟提纲是将构思过程用文字呈现出来，既便于明确，又便于推敲、完善。学术论文的提纲多采用标题式提纲，即纲和目均以简短的标题形式出现，这就一目了然，便于推敲。

第三，起草行文。这是学术论文写作的重要部分，也是所有工作的焦点之所在。写作行文阶段主要是依照写作提纲来行文，包括组织材料、逻辑展开与观点表述等。为了行文的方便，提纲的编写就应该比较详细、清楚。一般来说，万字以内的短篇学术论文，其提纲应该细化到节和点；长篇的学术论文如学位论文的写作提纲则应该包含更多层级，包括章、节、点。作者在执笔起草时，对所搜集的材料已经熟记于心，思路也已清楚，此时最好集中精力，依照提纲思路一气呵成，迅速完稿，而不要为具体的细节或表述所阻滞。起草初稿时应该先易后难，哪个部分思考最成熟、最有把握，就先写哪个部分。比如可以先写主体部分，再回过头写绪论，最后写结论部分，以免因为开头踌躇，阻碍了起草工作。

初稿起草完毕，就进入了修改润色阶段，这个阶段在时间上很有弹性，如果截稿时间不紧迫，大可以慢慢修改，甚至是放一段时间再修改。初稿完成后要反复修改调整，有时要做大的调整甚至是部分推倒重来。有的论文从初稿经过二稿、三稿、甚至是四稿或更多，才最后定稿。修改阶段主要是调整完善思路、疏通论文各部分之间的关系；更换、补充材料；以及文字润饰，使表述更严密更准确；还要注意论文的格式要求。最后定稿阶段还需要重新核实所引用材料，查对其原文和原始出处，做到只字不差，甚至连标点符号也不容许出现差错。

第四节　学术规范与文体格式

学术论文的写作必须遵循学术规范和文体格式的要求。

一、学术规范

首先是不得剽窃和抄袭。学术论文把**原创性**作为一项基本学术伦理标准，学位论文还要求作者签署原创性声明，承担由此引起的法律责任。一般来说，凡是没有自己独立的思路、见解或研究方法与材料的文章，都可以说是缺乏原创性的论文，都有学术剽窃或抄袭的嫌疑。比较严重的剽窃和抄袭现象主要有：全文剽窃他人的某篇或某几篇论文，只把作者署名改成自己；论文大部分内容或者是基本结构、主要观点与大多数材料的使用都与别人的论文雷同或相似，这也是典型的剽窃和抄袭；论文中重要观点或关键性证据、主要研究方法都与前人的论文相同；整篇论文系由别人的数篇相关论文拼凑而成，只做了剪刀加糨糊的工作，即使大量注明资料或引文出处，交代了参考某人某文的思路，也属于剽窃和抄袭，因为没有自己的智力付出。不算严重但也属于剽窃和抄袭的情况：<u>论文中某些重要句子或数据资料引用了别人的但没有加以注明；故意将别人论文中的重要文字或资料加以改头换面的处理之后伪装成自己的</u>，等等。

其次是**来源清楚**。即<u>凡有参考和引用都必须注明出处，论文后面还应该附有所有的参考文献</u>，学位论文还应该专门有个《致谢》或《后记》的部分，在其中要说明论文写作过程中得到的他人的帮助和指导，不管是思路与观点方面的启发还是资料提供上的方便，都应该诚挚地说明并致谢。来源交代清楚，可以让读者了解此篇论文的写作质量，可以证明论文不是闭门造车或胡思乱想的结果，而是有许多同行研究的参考或是导师与同行的帮助。

再次是**引用规范**、**格式规范**与**表述规范**。学术论文的几个主要格式部分，如引言、参考文献、注释等是不可或缺的；所有的引用都必须规范，不能错引或误引，要忠实地引用；语言表述上也必须规范、讲逻辑。引用方面，文字的引用可以用全引，即完整地引用所有文字；也可以节引（节略地引用），但节引时不能断章取义，要忠实于原作者的真实意旨；也可以使用解释性转述，即由引用者对原文加以理解和消化之后换成自己的话来表述，可以不使用引号。不管是全引，还是节引与转述，都必须注明原文出处。关于引用时注明出处的具体标记法，可参见本书第一章的页底注。全引、节引、转述都是直接引用，还有间接引用，即转引，即经由B论文或专著来引用A论文（或专著）中的文字。这种做法是在确实看不到A作的情况下逼不得已才使用。一般来说，引用应该尽可能地找到原文原著原出处，忠实地引用（连错别字都不应该出现）。

二、文体格式

一般来说，一篇学术论文应由如下几个文体部分组成：标题、作者署名、内容摘要、关键词、序言（或导论）、正文、结尾、注释、参考文献。一般还要有标题、摘要、关键词的英文翻译。学位论文和学术专著还要有目录和致谢（或后记）。长篇的学位论文或学术专著一般还有"附录"部分，附录是正文主体的补充项目，下列内容可以作为附录：（1）为了整篇材料的完整，插入正文又有损于编排条理性和逻辑性的材料。（2）由于篇幅过大，或取材于复制件不便编入正文的材料。（3）对一般读者并非必须阅读，但对本专业人员有参考价值的资料。下面具体介绍论文各部分的内容及写法。

1. 标题

学术论文的标题（含全文标题和章节标题）要求简洁、明确、醒目，恰到好处地概括出论文的中心内容。有的学术论文只有一个标题，有的学术论文设有主标题和副标题，大部分学术论文的正文中还设有各章节标题。一般来说，标题要在20字以内，避免过长；全文标题应该包含论题（即研究对象），甚至论点的表述，应该出现论文的关键词。由于是实用文体，学术论文的标题应该平实、客观，减少文学色彩。

2. 作者署名

作者的署名一般写在标题之下，如果有多位作者合作，就按照作者对这项研究的贡献大小来先后排列。供期刊发表的论文还要求作者署名下面用括号注明作者工作单位、单位所在省份、城市、邮编等，还要有作者简介，作者简介主要交待论文作者的年龄、性别、籍贯、工作单位、学位、职称以及本人主要的学术研究方向。这是方便同行读者了解作者的学术背景，判断论文的来源，或者与作者直接联系、交流。

3. 内容摘要

又名提要。摘要用简短精练的文字概括性地写出全文的梗概，是论文的缩写。摘要文字需简短、精炼，一般为二三百字的短文。学位论文可长至2000字。摘要中应该概括介绍研究的基本对象、范围、研究目的、主要内容、主要观点、研究的角度、方法及意义等。摘要的重点是介绍自己的研究成果、结论，要说明与他人研究成果的不同之处、在前人基础上有何突破和创新，要把论文中最有价值、最能引人注意的东西介绍出来。

摘要的主要用途是：第一，帮助读者在检索文献时作出判断，使读者迅速而准确地鉴别文献的基本内容和价值高低，以便确定是否需要阅读全文；第二，摘要为编排二次出版物以及编制文献卡片等提供方便；第三，摘要对报道及采用电子计算机作情报检索也有一定价值。

4. 关键词或主题词

关键词是从文献的题名、摘要、正文中抽取出来的，对全文的中心内容来说，它是有实质性意义的一串词汇。关键词在检索文献的过程中起了关键性的作用，因此而得名。每篇学术论文应当选取3～8个词作为关键词。关键词应当以显著的字符排在摘要的左下方，另起一行；相应的外文关键词应当排在外文摘要的左下方。

关键词一般由研究对象、研究方法、基本概念、基本观点的概括性词汇组成。比如一篇名为《中国美术史研究法发微》的论文，其关键词就是"美术史""研究法""突破""会通""审美优先"，其中"美术史"与"研究法"是研究对象，是约定俗成的通用词汇，"会通"是专业中的基本概念，"突破""审美优先"则是作者的观点和见解，是作者自己提炼出的词语。

5. 序言

序言，又称前言、引言、引论、绪论、导论，是论文正式内容的开头部分，在短篇幅的期刊论文和会议论文中通常单独成一段，而在长篇的学位论文中则通常单独占一个章节。序言可以看作是对研究工作的附加按语，其内容大致有以下几项：（1）研究的理由、缘起和背景，包括问题的提出背景的说明，研究对象及其基本特征的说明，综述前人研究的成果及其不足等。（2）说明写作意图、试图解决什么问题，指出研究这一课题的价值和意义。（3）交代编写体例，概述全文的研究范围、基本内容。（4）理论依据、实验基础和研究方法。如果是沿用已知的理论、原理和方法，只需简单提及，或注出相关文献；若是要引出新的概念和术语，则应加以定义和阐释。（5）预期的结果及其地位、作用。

6. 正文

正文亦称本论，是论点、论据和论证展开的核心部分，是论文的主体。正文要求作者对所论及的问题，从各个方面、各个角度或层层深入地进行分析和阐述、论证，详细深入地阐明作者的研究发现。本论部分的写法大体上有两种，一种是按照研究工作的进程，即作者对研究对象的认识发展过程，依次安排论文的层次，这种顺序叫自然顺序，多用于自然科学的论文；另一种写法是按照事物或问题的内在联系，将中心论点分解为若干个分论点，中心论点居于统帅地位，分论点从不同角度、不同侧面、不同层次来支持中心论点，用这种方法展开论证，安排文章层次，称为逻辑顺序。正文的论证要充分，通常应有3个以上的论证章节（部分），各章节（部分）间要有逻辑联系，要层层深入地论证下去。

具体而言，自然科学论文的正文部分包括以下内容：①理论的叙述和分析；②试验的仪器、设备和原材料，调查的对象和观测方法；③实验或调查获得的资料、数据和结果，经过整理的图表，得出的论点和导出的结论等；④充分地、准确地、客观地概括出新的理论、方法和成果。社会科学论文的正文部分包括以下内容：①立论（或驳论）点及其依据；②理论阐述；③论证方法与步骤。

正文写作的成功与否，关键在于能否把论题主旨或中心论点说深说透。对于一个有意义的论题，作者进行全面研究，对其背景、本质、因果、过程、得失有了深入的把握，立论有根有据，论文的内容自然就比较充实，就会产生一定的学术价值。

为了清晰地体现正文的逻辑顺序，可以借助严密的序号来使正文的各部分及其所属层次依次呈现：社会科学、人文科学论文，章序号可按一、二、三、四……排列，其下节序号又可细分为（一）（二）（三）（四）……再下层级则是1、2、3、4……再小层级则标记为（1）（2）（3）（4）……自然科学的论文则常用1.1.1，3.1.2这样的三级序号。为了一目了然，可以给各个层次拟出一个小标题。小标题的运用可以起到眉目清楚、纲举目张的作用。

7. 结尾

论文的结尾部分一般以"**结论**"或"**讨论**"的形式结束全文。"结论"是在理论分析或实验结果的基础上，经过逻辑推理而得出，是文章全面性的总结，所得出的结论要求明确、精当、完整、准确，不能含糊其词模棱两可。研究工作如果得不出应有的结论时，为求严谨，也可以不写"结论"，而写成"讨论"，还可以对下一步工作提出建议、设想以及提出亟待解决的问题等。

论文的结尾能够反映作者的文风与科学态度，要把论文的不足之处和悬而未决的问题如实地告诉读者。结论的措辞行文应当严谨规范，逻辑严密，明确具体，切忌浮夸。论文的结尾可以是一条或一组结论，也可以是讨论建议、说明或总结，有时也常兼而有之。这主要取决于论文的内容与性质。

8. 注释

注释，过去指引用资料时对其出处的标注，与现在学术期刊通用的"参考文献"所指相同。但现在的学术期刊将"**注释**"变成行文中对相关背景资料的说明和解释，比如数据、图表的来源、统计方法等等，这种注释是为了保持正文行文的流畅，将某些不太重要的信息放在注释中，以作深入的说明，帮助读者了解更多附加信息，了解相关问题的来龙去脉。图书形态的学术著作则将这类说明解释性文字和引用出处都称为注释（注明出处、解释）。

注释可采用正文中夹注、页面脚注、章节末尾注与文尾注四种形式。正文中用括号夹注的文字一般不宜太长，20字以内为好。页面脚注、章节末尾注和文尾注一般用①②③这样的序号标注，每条注释其文字可以很长，有的多到数百字。详例可参见本书第96页之页底注。

9. 参考文献

参考文献原本指长篇的学位论文或学术著作（图书）在正文的结尾之后列出的，研究过程中所参考过或在论文中引用过的重要文献，泛指对一个信息资源或其中一部分进行准确和详细著录的数据，包括各类书籍、杂志、报纸及影像、声音、互联网资料。它既是作者进行研究的科学依据，又是作者推荐给读者参考的文献题录，使读者可以追踪溯源查找相关的文献，借此判断论文的观点、方法来源，并从中受到启发。后来，学术期刊将过去引用资料时的出处标注改称为"参考文献"。

列举参考文献的要求如下：

（1）所列举的参考文献应是正式出版物，以便读者考证。

（2）所列举的参考文献，要标明序号、作者姓名、著作或文章的名称、出版地、出版单位、出版年月（或卷期）、版次，文献的章节与页码也都要标明。

（3）期刊论文的参考文献置于文尾，应按论文参考或引证的文献资料的先后顺序，依次排序列出；学位论文和学术著作（图书）的参考文献一般置于文章之后或书末，先按载体形态（图书、期刊、报纸、学位论文、电子文献等）分类，每类之下再集中罗列相关文献名录。

参考文献可以按顺序编码制组织，即按引文的顺序排序；也可以按著者—出版年组织，即按著者姓氏字顺和出版年排序。参照GB/T 7714-2015《信息与文献 参考文献著录规则》。

表13-1 参考文献著录中的文献类型标识代码和电子文献载体类型标识代码

文献/载体类型	标识代码	文献/载体类型	标识代码
普通图书	M	计算机程序	CP
会议录	C	电子公告	EB
汇编	G	档案	A
报纸	N	舆图	CM
期刊	J	数据集	DS
学位论文	D	其他	Z
报告	R	磁带	MT
标准	S	磁盘	DK
专利	P	光盘	CD
数据库	DB	联机网络	OL

附：重要文献资料来源简介

一、CNKI中国知网数据库

简介：该库是目前世界上最大的连续动态更新的中国知识数据库，其下包括的几个主要学术类数据库有：（1）**中国学术期刊全文数据库**（收录国内学术期刊8000种，全文文献总量5400万篇，内容覆盖自然科学、工程技术、农业、哲学、医学、人文社会科学等各个领域，收录自1915年至今出版的期刊，部分期刊回溯至创刊）；（2）**中国博硕士学位论文数据库**（是目前国内相关资源最完备、高质量、连续动态更新的中国博硕士学位论文全文数据库，目前累积博硕士学位论文全文文献400万篇，覆盖基础科学、工程技术、农业、医学、哲学、人文、社会科学等各个领域）；（3）**国内外重要会议论文全文数据库**（由国内外会议主办单位或论文汇编单位书面授权并推荐出版的重要会议论文，重点收录1999年以来的重要国内学术会议上发表的文献，部分重点会议文献回溯至1953年，目前已累积文献总量300万篇，涵盖自然科学、社会科学与人文科学各领域）。

以上这些数据库是高等学校和科研机构常备的电子资源，使用率极高。使用者可以按学科专业类别，用刊名、作者、单位、主题、篇名、摘要、关键词等多种方式进行检索和下载使用。

二、《国家社科基金项目申报课题指南》（每年发布一次）

简介：它列出了每一年度申报国家社科基金资助项目的重点选题方向或推荐选题。通过浏览这个课题指南，我们可大致了解学术论文选题的当下性、实用性等基本原则。比如，2008年以来，美国发生了严重的金融危机并波及全世界，因此，2009年的课题指南就对此相当重视，分别在经济学、法学、国际问题研究等学科课题指南中列入有关这一问题的众多课题，如：美国金融危机的成因和教训研究、美国金融危机对世界金融和经济的影响研究、美国金融危机对中国的影响及应对措施研究、国际金融体系调整和我国对策研究、国际国内新形势下财政政策和货币政策取向研究等。

思维与写作训练

一、思考题

1. 思考学术论文与一般议论性文章、知识性文章的区别。
2. 每个学科专业都有自己特定的研究对象，试了解你所在的专业的研究对象（或者研究方向）有哪些？
3. 每个学科专业都有自己常用的研究方法，你知道有哪些？
4. 每个学科都有自己专用的基本概念和术语，你已知的有哪些？

5. 试去了解你所在学科专业的发展历史及出现过的著名学者、学术专著，列出一些来。

二、练习题

请你从图书馆的CNKI中国知网中的"学术期刊库"搜索本专业最近十年来发表的学术论文，将你感兴趣的选题找出来，做一个标题索引。

端午考·龙的节日
闻一多

现存及记载中端午的特点（包括风俗与传说），有一点最当注意，那便是和龙有关的节目极多。最明显的（一）龙舟竞渡，不用讲。和竞渡同等重要的一个节目（二）吃粽子，据说也和龙有一段交涉。

《类聚》四引《续齐谐记》："屈原五月五日自投汨罗而死，楚人哀之，每至此日，辄以竹筒贮米，投水祭之。汉建武中，长沙欧回，白日忽见一人，自称三闾大夫，谓曰：'君常见祭，甚善。但常所遗，苦为蛟龙所窃。今若有惠，可以楝树叶塞其上，以五彩丝缚之。此二物，蛟龙所惮也。'回依其言。世人五日作粽，并带五色丝及楝叶，皆汨罗之遗风也。"

《荆楚岁时记》："端午……以菰叶裹黏米，谓之角黍。……或云亦为屈原，恐蛟龙夺之，以五采线缠饭投水中，遂袭云。"

《记纂渊海》二引《岁时记·尔雅翼》一八引作"屈原以夏至日赴湘流，百姓竞以食祭之，常苦为蛟龙所窃，以五色丝合楝叶缚之。"

《太平寰宇记》一四五引《襄阳风俗记》："屈原五月五日投汨罗江，其妻每投食于水以祭之。原通梦告妻，所祭食皆为蛟龙所夺。龙畏五色丝及竹，故妻以竹为粽，以五色丝缠之。今俗其日皆带五色丝食粽，言免蛟龙之患也。"

夺粽子的不是鱼鳖，而单说蛟龙，必有某种传说的背景，不能仅仅说因粽子是投到水里的，便自然联想起蛟龙。此外还有些已经死去，而仅见于记载的风俗，也牵涉到龙，例如（三）扬州以端午日铸盘龙镜：

《锦绣万花谷前集》四引《异闻集》："天宝中，扬州进水心镜，背有盘龙。先有老人自称姓龙名护，至铸镜所，三日开户，已失所在。镜匠吕晖移炉置船，以五月五日于扬子江心铸之，背龙颇异。后大旱，祠龙，乃大雨。"

（四）并州因"龙忌"日，作寒食，纪念介子推，

　　《后汉书·周处传》"太原旧俗以介子推焚骸，有龙忌之禁，至其亡月，咸言神灵不乐举火，由是士民每冬日辄一月寒食，莫敢烟爨。"

但也有在五月五日举行的，

　　《类聚》四引《琴操》："介子绥……抱木而烧死，文公令民五月五日不得发火。"

　　《书钞》一五五引《邺中记》："并州俗以介子推五月五日烧死，世人为其忌，故不举饷食。"

而且介子推的故事中又有《龙蛇歌》，其词见于《吕氏春秋·介立篇》。北方关于端午的传说尽管和南方不同，它所暗示与龙的关系，却是一样，说详下。
（五）相传用守宫制成的一种保证贞操的秘药是在端午日制的，

　　《古今合璧事类前集》一六引□□□："汉武帝时，以端午日取蜥蜴置之器，饲以丹砂，至明年端午捣之。以涂宫人臂，有犯则消没，不尔则如赤痣，故得守宫之名。"

而守宫一名龙子，这也昭示着端午和龙的因缘。最后（六）端午日还有鱼变为龙的传说。

　　《水经□水注》："如深水有异鱼。按正光元年五月五日，天气清爽，闻池中鎗鎗若钲鼓声，池水惊而沸。须臾雷电晦冥，有五色蛇自池上属于天，久之乃灭。波上水定，唯见一鱼在，其一变为龙。"

　　根据以上六个事例的启示，我们本不妨就假定端午这节日的起源和龙有着密切的关系，并根据这前提，来对它的发展与意义，开始加以推测。但在确立前提

以前，对于那些庞杂的端午传说，我们最好再检点一番，看它们能否再为我们在建立那前提的工作中，添加点依据，抑或显出十分矛盾的现象，使我们的前提根本不能成立。杜台卿在《玉烛宝典》卷五叙述端午的风俗时，屡次暗示这节日起源于南方。他说"菹龟蒸鲔，南方妗（疑好）食水族耳，非内地所行"，又说"南方民又竞渡，……在北舳舻既少，罕有此事"，又引《吴歌》"五月节，菰生四五尺，缚作九子粽"，并说道"计止南方之事，遂复远流北土。"杜氏的观察，我们完全同意，并且还可以帮他一个证据。关于端午的起源，上面我们已经提到两种不同的说法，一是屈原，一是介子推。实则传说的分歧，尚不止此。又一说暗示这节日是起源于伍子胥的。

  《世说新语·捷悟篇》注引《会稽典录》："孝女曹娥者，上虞人，父盱，能抚节安歌，婆娑乐神，汉安二年五月五日，于县江迎伍君神，泝涛而上，为水所淹，不得其尸。……"

  《曹娥碑》："孝女曹娥者，上虞曹盱之女也。盱能抚节按歌，婆娑乐神，以汉安二年五月时，迎伍君，逆涛而上，为水所淹。"（《古文苑》八）

还有说是起于越王勾践的：

  《记纂渊海》二引《岁时记》："越地传云竞渡起于越王勾践。"

以上四说究竟那一说可靠，或都不可靠，暂时不必管，我们应注意的是传说的地域分布，四分之三（屈原、伍子胥、勾践）属于南方，这和竞渡与吃粽子两个主要节目的地方性正相符合，因为竞渡与粽子的先决条件，显然是多河港与产稻米，而这二者恰好都是南方的特色。再就三说看，其中三分之二又是属于吴、越的（伍子胥、勾践），而铸水心镜的扬州，也属于这个区域，这点消息也是值得玩味的。书传中关于端午的记载，最早没有超过东汉，而事实上吴、越一带的开辟也是从这时开始的。因此我们可以推测，端午可能最初只是长江下游吴、越民族的风俗，自从东汉以来，吴、越地域渐被开辟，在吴、越文化与中原文化的对流中，端午这节日才渐渐传播到长江上游以及北方各地。这是一个合理的推测，详细的论据，等下文再陈说，暂时我们只想借它为出发点，来再测验一下端午与龙的关系。如果我们能证明吴、越与龙有某种不可分解的关系，那么我们前面所拟定的前提，即端午的起源与龙有着密切关系的前提，便果真可以成立了。

  古传吴、越都是断发文身之国，这是大家熟习的事实。

《吴越春秋》（二）《阖闾内传》："越在东南，故立蛇门以制敌国。吴在辰，其位龙也，故小城南门上反羽（宇）为两鲵鱬，以象龙角。越在巳地，其位蛇也，故南大门上有木蛇北向首内，示越属于吴也。"

文身之文本是龙文，

《淮南子·泰族篇》许慎《注》："越人以箴刺皮为龙文，所以为尊荣之也。"

其目的在"像龙子"，以避蛟龙之害。

《说苑·奉使篇》："诸发曰：彼越……处海垂之际，屏外蕃以为居，而蛟龙又与我争焉，是以剪发文身，烂然成章，以像龙子者，将避水神也。"
《汉书·地理志下》应劭《注》："（越人）常在水中，故断其发，而文其身，以像龙子，故不见伤害也。"

所谓"像龙子"者，我认为是这些民族以龙为图腾的遗迹，前著《从人首蛇身像谈到龙与图腾》一文中有详细讨论。据《郑语》载史伯之说，祝融之后八姓中有芈姓，而越是芈姓四国之一。祝融前文已证明即烛龙。祝融又即陆终，（金文《郏公钘钟》作陆□，□即古融字。）以祝融八姓，《世本》《大戴礼记·帝系姓篇》及《史记·楚世家》均作六姓推之，恐怕陆终也就是所谓"六龙"。越是祝融六姓中的一个芈姓国，实际就等于六龙中的芈姓龙之后。这样说来，越人本是"龙子"，无怪他们要断发文身以"像龙子"。至于他们又称"禹之苗裔"，那还是离不开龙子的身份。禹也是一个龙图腾团族的代表，前文也已经证明了。《周语》上载内史过曰"昔夏之兴也，融降于崇山"，融即祝融，崇山即烛龙（祝融）所主的钟山，

《海外北经》："钟山之神，名曰烛阴。"郭注："烛龙也。"
《洞冥记》："东方朔北游钟火山，日月不照，有青龙衔烛，照山四极。"

可见禹和祝融还是一家。并且就在"融""禹"二字上，也可看出二人的关系来。融从虫，禹从禸，虫禸古为一字，即蛇的初文，而龙蛇古来本可以混称的。总之，越与龙的关系，无论从那一方面讲来，都是不容否认的。仔细说来，证据是举不完的，单是上面所谈的，已经够明白的了。

至于吴地的先住民族，也是断发文身的。我想就是越人，或他们的同族。越人的老家本在北方，后来逐渐南移，一部分停在如今江苏境内的，受着太伯仲雍的统治，便随着太伯仲雍的国号而被称为吴人，所以吴只是个政治区域的名词，论种族，他们与越人还是一家。《越绝书》（六）《越绝外传·纪策考》"吴越为邻，同俗并（并）土。"（七）《越绝外传·记范伯》"吴越二邦，同气共俗。"我们既已断定越人原本是一个龙图腾的团族，那么除太伯仲雍的后裔之外，所谓吴人者，也该是属于这龙图腾的团族。其实太伯仲雍逃到南方以后，既已改从当地断发文身的习俗，便接受了当地先住民族的图腾信仰，所以连太伯仲雍，和仲雍的后人，也当算作越人，因为所谓"种族"者，严格的（地）讲，本只是文化和信仰的分野，而不是血缘的分野。总之，吴与越是一个民族，他们都是"龙子"，所以都断发文身，以"像龙子"。

一方面端午节日的活动项目中，有那样多与龙有关，一方面这风俗流行的历史最久，保存的色彩最浓厚的区域，因之也可以判定为这节日的发祥地的吴越，正是古代一个龙图腾团族的分布区，然则，我们不但可以确定前面提出的假设，说端午的起源与龙有着密切的关系，并且还可以进一步推测，说它就是古代吴越民族——一个龙图腾团族举行图腾祭的节日，简言之，一个龙的节日。汉人记载胡、越有"请龙"的风俗。

《淮南子·要略篇》："操舍开塞，各有龙忌。"许慎《注》曰："中国以鬼神之事曰忌，北胡南越皆谓'请龙'。"

请字当训朝请，请龙实在就是祭龙。请龙的举动，一年之中似乎不只一次，端午可能就是越人一年中最盛大的一次请龙。请龙的风俗，胡越相同，而匈奴（即许慎所谓北胡）一年三次"龙祠"，以五月一次最为盛大，是我们最好的旁证。

《后汉书·南匈奴传》："匈奴俗岁有三龙祠，常以正月，五月，九月戊日祭天神。"

《史记·匈奴传》："五月大会茏（《汉书》作龙）城。"《索隐》引崔浩曰："西方胡皆事龙神，故名大会处为龙城。"

龙祠以五月的一次为最重要，还可以从它在戊日举行得到证明。《史记·匈奴传》又说他们"日上戊巳"，《月令》"中央土，其日戊巳，其帝黄帝……其数五"，戊巳和五在五行系统中是一套，而且黄帝即黄龙，所以祭龙重在五月，也是五行系统的安排。越和匈奴都奉龙为图腾，又都说是夏后氏的苗裔，他们本系同族，我们将另文讨论。在本题内，我们因越民族的史料缺乏，暂借匈奴的史料来解释越人的风俗信仰，是没有冒犯过大的危险的。

（摘自朱自清等编辑：《闻一多全集》第1卷，上海书店出版社，1982年，第221—228页）

第十四章　文学文体写作

文学文体是一个庞大的文体类别的总称，通常指诗歌、小说、戏剧、散文四大品种。诗歌这一品种，包括传统的诗词、散曲，也包括现代诗体；从诗歌的功能上又可分为抒情诗和叙事诗两大品种。散文这个品种包含的小类更多，既有叙事、抒情、描写类的散文，也有议论类的散文（如随感、杂文）和说明性的散文（文艺性说明文），此外，有些通讯报告类文章也被划入散文类别。对于散文、小说，中学生、大学生都比较熟悉且有一定的写作经验，文体上也没有特殊的要求和难度，因此我们不拟再讲。这里，我们只讲诗词和剧本这两项，因为学生们过往写作实践不多，最需要加强训练。

第一节　旧体诗词写作[①]

旧体诗词讲究**格律**，习惯**用典**，是要用最简短的文字和程式化的文体格式，来容纳尽可能丰富的思想情感或生活内容，是典型的"戴着镣铐跳舞"的精致艺术。因此，在现代社会，仍有不少拥有较高文化修养和传统文化趣味的人热衷于写作旧体诗词。

一、旧体诗写作

旧体诗是对中国古代诗歌体裁样式的称谓，中国古代诗歌有**自由体**（古诗）和**格律体**（近体诗），有歌、行、吟、赋等细分的品种，但自唐代以后其主体品

[①]　本节参考了王力先生的《诗词格律》（中华书局2001年版）、姚长浩的《学诗入门与诗词曲赏析》（九州出版社2015年版）。

种是格律体,包括四句的绝句、八句的律诗、不限句数的排律三大类,其中四句的绝句和八句的律诗最常见,它们都讲究**平仄**、**押韵**、**对仗**等格律形式。一般来说,用韵有专门规定的韵部,选字押韵有专门的韵书供参考;至于平仄,虽然古今汉字有音变,中间又有"入派三声"(入声字归进平、上、去三声),但今天人写旧体诗,一般是将现代的阴平、阳平调(即现代汉语四声的第一、二声)的字归入"平声",而将上声、去声调(即现代汉语四声的第三、四声)字归为"仄声"。

绝句

绝句每首限定四句,有五言(字)和七言两种。五言绝句称五绝,每句五字,共二十字;七言绝句称七绝,每句七字,共二十八字。绝句押韵限用平声字。五绝以首句不入韵为常例,首句入韵为变例;七绝以首句入韵为常例,首句不入韵为变例。

五绝 有四种平仄格式

(1)仄起平韵正格(△符号表示该小句句尾必须押韵,下同)

仄仄平平仄,平平仄仄平△。平平平仄仄,仄仄仄平平△。

如王之涣的《登鹳雀楼》:白日依山尽,黄河入海流。欲穷千里目,更上一层楼。

(2)平起平韵偏格

平平平仄仄,仄仄仄平平△。仄仄平平仄,平平仄仄平△。

如李白的《夜宿山寺》:危楼高百尺,手可摘星辰。不敢高声语,恐惊天上人。

(3)仄起仄韵正格

仄仄仄平平,平平仄仄平△。平平平仄仄,仄仄仄平平△。

(4)平起仄韵偏格

平平仄仄平,仄仄仄平平△。仄仄平平仄,平平仄仄平△。

七绝 有四种平仄格式

(1)仄起平韵正格

仄仄平平仄仄平△,平平仄仄仄平平△。平平仄仄平平仄,仄仄平平仄仄平△。

如李商隐的《夜雨寄北》:君问归期未有期,巴山夜雨涨秋池。何当共剪西窗烛,却话巴山夜雨时。

(2)平起平韵偏格

平平仄仄仄平平△,仄仄平平仄仄平△。仄仄平平平仄仄,平平仄仄仄平平△。

如王昌龄的《出塞》:秦时明月汉时关,万里长征人未还。但使龙城飞将在,不教胡马度阴山。

（3）仄起仄韵正格

仄仄平平平仄仄△，平平仄仄仄平平△。

平平仄仄平平仄，仄仄平平仄仄平△。

（4）平起仄韵正格

平平仄仄平平仄△，仄仄平平仄仄平△。

仄仄平平平仄仄，平平仄仄仄平平△。

律诗

五律　五言律诗以首句不入韵为正例，因此只逢双句用韵，共有四句押韵。以首句入韵为变例，这样就有五句用韵。

构成五律有四种平仄格式（**字外加圈表示可变动，可平可仄，下同**）。

（1）仄起第一式（仄起仄收，首句不入韵）：

　　㊣仄平平仄，平平仄仄平△。

　　㊣平平仄仄，㊣仄仄平平△。

　　㊣仄平平仄，平平仄仄平△。

　　㊣平平仄仄，㊣仄仄平平△。

例如：《春望》（唐）杜甫

　　国破山河在，城春草木深。

　　感时花溅泪，恨别鸟惊心。

　　烽火连三月，家书抵万金。

　　白头搔更短，浑欲不胜簪。

（2）仄起第二式（仄起平收，首句入韵）：

　　㊣仄仄平平△，平平仄仄平△。

　　㊣平平仄仄，仄仄平平△。

　　㊣仄平平仄，平平仄仄平△。

　　㊣平平仄仄，㊣仄仄平平△。

例如：《秋日赴阙题潼关驿楼》（唐）许浑

　　红叶晚萧萧，长亭酒一瓢。

　　残云归太华，疏雨过中条。

　　树色随山迥，河声入海遥。

　　帝乡明日到，犹自梦渔樵。

（3）平起第一格式（平起仄收，首句不入韵）：

　　㊣平平仄仄，㊣仄仄平平△。

　　㊣仄平平仄，平平仄仄平△。

　　㊣平平仄仄，㊣仄仄平平△。

㊁仄平平仄，平平仄仄平△。

例如：《山居秋暝》（唐）王维
　　空山新雨后，天气晚来秋。
　　明月松间照，清泉石上流。
　　竹喧归浣女，莲动下渔舟。
　　随意春芳歇，王孙自可留。

（4）平起第二格式（平起平收，首句入韵）：
　　平平仄仄平△，㊁仄仄平平△。
　　㊁仄平平仄，平平仄仄平△。
　　㊊平平仄仄，㊁仄仄平平△。
　　㊁仄平平仄，平平仄仄平△。

例如：《晚晴》（唐）李商隐
　　深居俯夹城，春去夏犹清。
　　天意怜幽草，人间重晚晴。
　　并添高阁迥，微注小窗明。
　　越鸟巢乾后，归飞体更轻。

七律　跟七言绝句同样，七言律诗也是以首句入韵为正例，全首共有五句用韵，首句起韵，第二、四、六、八句押韵；以首句不入韵为变例，全首有四句用韵，逢双句押韵。

七绝是五绝的扩展，同样七律是五律的扩展，不过在五律每一句的头上加两个字。它的平仄格式也只有四种：

（1）仄起第一式（仄起平收，首句入韵）：
　　㊁仄平平仄仄平△，㊊平㊁仄仄平平△。
　　㊊平㊁仄平平仄，㊁仄平平仄仄平△。
　　㊁仄㊊平平仄仄，㊊平㊁仄仄平平△。
　　㊊平㊁仄平平仄，㊁仄平平仄仄平△。

例如：《书愤》陆游
　　早岁那知世事艰？中原北望气如山。
　　楼船夜雪瓜洲渡，铁马秋风大散关。
　　塞上长城空自许，镜中衰鬓已先斑。
　　出师一表真名世，千载谁堪伯仲间？

（2）仄起第二式（仄起平收，首句不入韵）：
　　仄仄平平平仄仄，㊊平㊁仄仄平平△。
　　㊊平㊁仄平平仄，㊁仄平平仄仄平△。

㊂仄㊂平平仄仄,㊂平㊂仄仄平平△。
㊂平㊂仄平平仄,㊂仄平平仄仄平△。

例如:《登金陵凤凰台》李白
　　凤凰台上凤凰游,凤去台空江自流。
　　吴宫花草埋幽径,晋代衣冠成古丘。
　　三山半落青天外,一水中分白鹭洲。
　　总为浮云能蔽日,长安不见使人愁。

(3) 平起第一式（平起平收,首句入韵）:
㊂平㊂仄仄平平△,㊂仄平平仄仄平△。
㊂仄㊂平平仄仄,㊂平㊂仄仄平平△。
㊂平㊂仄平平仄,㊂仄平平仄仄平△。
㊂仄㊂平平仄仄,㊂平㊂仄仄平平△。

例如:《登庐山》毛泽东
　　一山飞峙大江边,跃上葱茏四百旋。
　　冷眼向洋看世界,热风吹雨洒江天。
　　云横九派浮黄鹤,浪下三吴起白烟。
　　陶令不知何处去,桃花源里可耕田?

(4) 平起第二式（平起仄收,首句不入韵）:
㊂平㊂仄平平仄,㊂仄平平仄仄平△。
㊂仄㊂平平仄仄,㊂平㊂仄仄平平△。
㊂平㊂仄平平仄,㊂仄平平仄仄平△。
㊂仄㊂平平仄仄,㊂平㊂仄仄平平△。

例如:刘禹锡《酬乐天扬州初逢席上见赠》
　　巴山楚水凄凉地,二十三年弃置身。
　　怀旧空吟闻笛赋,到乡翻似烂柯人。
　　沉舟侧畔千帆过,病树前头万木春。
　　今日听君歌一曲,暂凭杯酒长精神。

　　五律、七律在平仄上"一三五不论,二四六分明",即每小句偶数位置的字（第二、四、六字）平仄固定,而除句脚以外奇数位置的字,平仄可以任意变换,但要避免一句中出现孤平（除韵脚外只有一个平声字）和三同尾（结尾三字同平或同仄）。

用韵

　　格律诗非常讲究平仄和用韵。关于诗的用韵,宋代刘渊（平水人）将韵书整理为107韵。称平水韵，元代及明代沿用。清康熙修订《佩文韵府》，分韵为106韵，一直沿用至今。

上平声，包括一东、二冬、三江、四支、五微、六鱼、七虞、八齐、九佳、十灰、十一真、十二文、十三元、十四寒、十五删。

下平声，包括一先、二萧、三肴、四豪、五歌、六麻、七阳、八庚、九青、十蒸、十一尤、十二侵、十三覃、十四盐、十五咸。

上声，包括一董、二肿、三讲、四纸、五尾、六语、七麌、八荠、九蟹、十贿、十一轸、十二吻、十三阮、十四旱、十五潸、十六铣、十七筱、十八巧、十九皓、二十哿、二十一马、二十二养、二十三梗、二十四迥、二十五有、二十六寝、二十七感、二十八琰、二十九豏。

去声，包括一送、二宋、三绛、四寘、五未、六御、七遇、八霁、九泰、十卦、十一队、十二震、十三问、十四愿、十五翰、十六谏、十七霰、十八啸、十九效、二十号、二十一个、二十二祃、二十三漾、二十四敬、二十五径、二十六宥、二十七沁、二十八勘、二十九艳、三十陷。

入声，包括一屋、二沃、三觉、四质、五物、六月、七曷、八黠、九屑、十药、十一陌、十二锡、十三职、十四缉、十五合、十六叶、十七洽。

其中上平声例字如：

一东
东同童僮铜桐峒筒瞳中衷忠虫冲终忡崇嵩（崧）戎狨弓躬宫融雄熊穹穷冯风枫丰酆充隆空公功工攻蒙蒙朦幪笼胧聋栊龙珑洪红虹鸿丛翁忽葱聪骢通棕蓬

二冬
冬彤农宗锺钟龙春松冲容溶庸蓉封胸凶汹凶匈雍浓重从逢缝峰锋丰蜂烽纵踪茸邛筇慵恭供

三江
江缸窗邦降双泷庞肛撞（绛韵同）
……（略）

中华书局上海编辑所于1965年4月出版《诗韵新编》，把106韵简为18个韵部，易于现代人应用。1984年再修订：

一麻，新华字典里的韵母a、ua、ia同属一个韵部。

二波，韵母o、uo。

三歌，韵母e。

四皆，韵母ie、ue。

五支，韵母i（属zh、ch、sh、z、c、s声母，与七齐有别）。

六儿，韵母er。

七齐，韵母i（属声母b、p、m、f、d、t、n、l、j、q、x、y，有别于五支）。

八微，韵母ei、ui。

九开，韵母ai、uai。

十姑，韵母u。

十一鱼，韵母ü。

十二侯，韵母ou、iu。

十三豪，韵母ao。

十四寒，韵母an、ian、uan。

十五痕，韵母en、in、un、vn。

十六唐，韵母ang、uang、iang。

十七庚，韵母eng、ing。

十八东，韵母ong、iong。

要写好旧体格律诗，必须熟读韵书和掌握韵部，即便不能严格遵守古代106韵，也必须大体遵守现代18韵部来用韵选字。

二、词的写作

词是诗的一种变体，又被称为"诗余"或"长短句"，每句字数不等，长短错杂是其主要特点。词都有词牌，每种词牌都有固定的词牌名和字数规定，如《沁园春》《声声慢》《水调歌头》《减字木兰花》等都是词牌名。古代的苏轼、辛弃疾、李清照，现代的毛泽东都是著名的词家。最初的词只有一段，称"单调"，后发展为两段，称"双调"。第一段称"上阕"（或叫上片），第二段称"下阕"（或叫下片）。也有三段的词，称"三叠"（或叫"三阕"），写的人很少。

写词又叫作填词，是按照词谱填入文字。词谱原都是合乐的。最初的词都是供歌唱的，后来才发展到不可唱的书斋化的文人词。清代陈廷敬、王奕清等合编的《钦定词谱》，收唐、宋、元词826调，2306体，是最完备的词谱。现代人杨文生所编《词谱简编》（四川人民出版社1981年版）收录120个最常用的词牌及词谱，很便于今天填词者使用。

依谱填词，必须押韵。清代戈载编的《词林正韵》为近代与现在人填词所多用。现代王力先生编的《诗韵常用字表》可作填词时用韵参考。词的押韵，通常规定：平声（阴平、阳平）独押；仄声韵的上声、去声通押；仄声字的入声独押。填词用字要讲平仄。词的句子结构一般和律诗相同。因此词句的平仄一般合于律诗的平仄。

词谱举例于下：

（1）单调仄起

如词谱《捣练子》（李煜）

平仄仄		深院静，
仄平平		小庭空△。
仄仄平平仄仄平	叶韵	断续寒砧断续风△。
ⓂⓂ平平仄仄		无奈夜长人不寐，
仄平平仄仄平平	叶韵	数声和月到帘栊△。

（2）单调平起

如词谱《渔歌子》（张志和）

ⓂⓂ平平仄仄Ⓜ	韵	西塞山前白鹭飞△，
Ⓜ平ⓂⓂ仄平Ⓜ	叶韵	桃花流水鳜鱼肥△。
平仄仄		青箬笠，
仄平Ⓜ	叶韵	绿蓑衣△，
Ⓜ平ⓂⓂ仄平Ⓜ	叶韵	斜风细雨不须归△。

（3）双调平起仄韵（上下片全同）

如词谱《卜算子》（毛泽东）

ⓂⓂ仄平平		风雨送春归，
ⓂⓂ平平仄△	仄韵	飞雪迎春到△。
ⓂⓂ平平仄仄平		已是悬崖百丈冰，
ⓂⓂ平平仄	叶韵	犹有花枝俏△。
ⓂⓂ仄仄平平		俏也不争春，
ⓂⓂ平平仄△	仄韵	只把春来报△。
ⓂⓂ平平仄仄平		待到山花烂漫时，
ⓂⓂ平平仄	叶韵	她在丛中笑△。

（4）双调仄起平调

如词谱《西江月》（毛泽东）

| ⓂⓂ仄Ⓜ平Ⓜ仄 | | 山下旌旗在望， |

⊕平⊗仄平平△	韵	山头鼓角相闻△。
⊕平⊗仄仄平平△		敌军围困万千重，
⊗仄⊕平⊗仄△	换仄韵	我自岿然不动△。
⊗仄⊕平⊗仄		早已森严壁垒，
⊕平⊗仄平平△	平韵	更加众志成城△。
⊕平⊗仄仄平平		黄洋界上炮声隆，
⊗仄⊕平⊗仄△	换仄韵	报道敌军宵遁△。

第二节　新诗的写作

新诗，又称现代诗，是"五四"以来形成的以白话作为基本语言手段的一种诗歌体裁。新诗有**自由体**、**格律体**（如十四行诗），还有按诗形、诗语风格等命名的阶梯式诗、口语体诗等多种品种。自由诗的押韵、句式、章法都较为随意，但这并不等于绝对的自由，它仍然具有语音和节奏形成的内在的韵律感。格律诗有讲究严格格律的，如从西方传来的限定了用韵和音步、行数的十四行体，也有不那么严格的、只是要求押韵的**半格律体**。

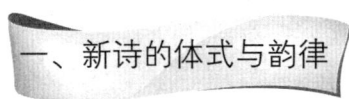

一、新诗的体式与韵律

（1）分行分节

现代诗的最明显的体式特征是分行分节。一行诗末的断行或诗节之间的空隙，必须赋以某种价值。

断行代表意思、逻辑的切断与变化、跳跃，或是节奏上的间隔，在表意和音律上都有特别的价值。下面例诗中的断行形象地再现了时间、空间上的切断和跨度。

【例诗】《失乐园（节选）》（约翰·弥尔顿）：

他何以跌落
天界，相传被暴怒的宙夫猛推一记
滚过水晶城墙直落而下：自清晨
到正午，又自正午到露水浸淫的黄昏，
整整过了一天，伴随着落日

坠自天穹之巅顶，宛若一颗流星，
落在爱琴岛的莱姆诺斯地境。

诗节的建构通常采用意象聚焦或主题聚焦式，即主要是以一个中心意思或一个主干意象为依据来建构诗节。余光中的《乡愁》即分别围绕邮票、船票、坟墓等意象来建构诗节：

小时候，
乡愁是一枚小小的邮票，
我在这头，
母亲在那头。

长大后，
乡愁是一张窄窄的船票，
我在这头，
新娘在那头。

后来啊，
乡愁是一方矮矮的坟墓，
我在外头，
母亲在里头。

而现在，
乡愁是一湾浅浅的海峡，
我在这头，
大陆在那头。

（2）韵律与节奏

现代诗虽不必讲求处处押韵，但如果有韵律感，肯定要比不讲韵律、句子松散的诗更具审美价值。有韵律美的诗歌读起来就像音乐一样：英国诗人柯勒律治说："心灵里没有音乐，绝不能成为一个真正的诗人。"雪莱说过："一个受过音乐陶冶的心灵若能把这种韵律加以安排，使其谐和有致，则能产生雄辉绮丽的音响。"朱湘说："诗无音乐，那简直是与花无香气，美人无眼珠相等了。"

现代诗的韵律可以通过**押韵**来获得，也可以不通过押韵而仅靠**音步**（句中的停顿节奏）和选词造句所达到的声调和谐来获得。现代诗押韵，当然不必像旧体诗词那样严格按照平仄、韵部来选字填字，而只需要注意诗行的最末一个字的押韵即可，就是把韵母相同的字，放在句末韵脚的位置。一般来说，现代诗多采用隔行押韵，韵脚一般放在偶数诗行，而且还可以中途换韵，不必一韵到底。

现代诗的韵律也常常通过音步和节奏来体现，即每一行诗句内部要有鲜明的顿逗（音步、音顿）及抑扬的节拍感（一句中的各音步在声调上的抑扬的配合），亦如音乐的节拍和旋律感。有节奏感的诗，读起来朗朗上口，和谐有序。一般来说，现代汉语以双音节的词居多数，再加上必要的助词"的""地""得""了"之类，所以现代诗每行通常以三字或二字为一顿，由此构成音步。且看徐志摩《再别康桥》的音步、节奏和韵律：

　　　　轻轻的/我走了，（平/仄）
　　　　正如我/轻轻的/来；（仄/平/平）
　　　　我轻轻的/招手，（平/仄）
　　　　作别/西天的/云彩。（仄/平/平）

《再别康桥》除了通过音步和音调（平仄）来构成韵律，也通过押韵（来、彩……）来构成韵律。

二、意象使用和结构展开

1. 营造意象

意象是指用来表达某种意思和含义的客观事物的形象，是寄寓了诗人某种情感或意思的物象。意象是诗歌常用的表意手段，它使诗具有了形象、含蓄等审美特性和一定的审美想象空间，是诗的灵魂与生命符号。意象也常常是建构诗行、诗节的手段，有时，每个意象构成一行，一组相关、相类意象构成的多行诗句构成诗节；有时候则围绕着一个意象来形成诗节，数个意象的依次罗列构成数个诗节的铺排展开。余光中的《乡愁》即如此。

有些先锋派和现代主义风格的诗歌常常热衷于构造奇特的意象，以给读者强烈的印象。如意象派代表诗人庞德的著名诗作《地铁车站》就使用了树上的花瓣这样的奇特意象：

　　　　人群中这些面孔骤然显现，
　　　　湿漉漉的黑树上纷繁的花瓣。

2. 结构展开

（1）时间展开模式

即按时间发展来展开诗行与诗节。余光中的《乡愁》即按照"小时候""长大后""后来""现在"的时间演变来展开诗节。下面这首诗也是以时间为线索来展开诗行。

【例诗】《季候》（邵洵美）：

> 初见你时你给我你的心，里面是一个春天的早晨。
> 再见你时你给我你的话，说不出的是炽烈的火夏。
> 三次见你你给我你的手，里面藏着个叶落的深秋。
> 最后见你是我做的短梦，梦里有你还有一群冬风。

（2）空间展开模式

即按照空间、地点转换来依次建构诗节，展开诗歌。如郭小川的诗《甘蔗林——青纱帐》：

> 南方的甘蔗林哪，南方的甘蔗林！
> 你为什么这样香甜，又为什么那样严峻？
> 北方的青纱帐啊，北方的青纱帐！
> 你为什么这样遥远，又为什么这样亲近？（下略）

（3）意识流模式

即按照诗人的心理活动的轨迹来建构诗节和展开诗意。如余光中的《春天，遂想起》：

> 春天，遂想起
> 江南，唐诗里的江南，九岁时
> 采桑叶于其中，捉蜻蜓于其中
> （可以从基隆港回去的）
> 江南
> 小杜的江南
> 苏小小的江南
> 遂想起多莲的湖，多菱的湖
> 多螃蟹的湖，多湖的江南

吴王和越王的小战场
（那场战争是够美的）
逃了西施
失踪了范蠡
失踪在酒旗招展的
乾隆皇帝的江南
……

（4）逻辑展开式

即按照"因为……所以……""虽然……但是……""如果……就……"这类语法逻辑或是"总——分——总""分——总"这类思维逻辑来建构诗行和诗节，展开全诗。如艾青的《我爱这土地》：

假如我是一只鸟，
我也应该用嘶哑的喉咙歌唱：
这被暴风雨所打击着的土地，
这永远汹涌着我们的悲愤的河流，
这无止息地吹刮着的激怒的风，
和那来自林间的无比温柔的黎明……
然后我死了，
连羽毛也腐烂在土地里面。

为什么我的眼里常含泪水？
因为我对这土地爱得深沉……

海子的《面朝大海，春暖花开》则是一种先排比分述（"从明天起……""从明天起……""从明天起……"），再总说的结构模式：

从明天起，做一个幸福的人
喂马，劈柴，周游世界
从明天起，关心粮食和蔬菜
我有一所房子，面朝大海，春暖花开

从明天起，和每一个亲人通信
告诉他们我的幸福

那幸福的闪电告诉我的
我将告诉每一个人

给每一条河每一座山取一个温暖的名字
陌生人，我也为你祝福
愿你有一个灿烂的前程
愿你有情人终成眷属
愿你在尘世获得幸福
我只愿面朝大海，春暖花开

《你见或者不见我》（扎西拉姆多多）也是先铺排（"你见……""你念……""你爱……""你跟……"）再总结的"分——总"结构模式：

你见，或者不见我
我就在那里
不悲　不喜

你念，或者不念我
情就在那里
不来　不去

你爱，或者不爱我
爱就在那里
不增　不减

你跟，或者不跟我
我的手就在你手里
不舍　不弃

来我的怀里
或者
让我住进你的心里
默然　相爱
寂静　欢喜

第三节　话剧剧本的编制

话剧是现代戏剧的基础品种和重要样式。话剧虽然是一种综合性艺术，要以演员的舞台演出为中心，但演出又离不开剧本，所以说，剧本是一剧之本，是戏剧演出用的脚本，是演员塑造舞台形象的依据。剧本写作为戏剧表演奠定了基础。这里我们要谈的就是话剧剧本的编制。

话剧按故事容量大小可分为独幕剧、多幕剧。多幕剧是根据时间的间隔、地点的转换或人物关系的变化，将全部剧情分成若干段落进行表演的大型戏剧，因此剧本结构上包括序幕、开端、发展、高潮、结局等几个环节。独幕剧的全部剧情只用一幕演完，其剧本篇幅较短，容量较小，人物较少，情节也较简单，矛盾的过程也比较短促，但往往要求精选剧情和巧妙设置矛盾冲突，引人入胜，迅速征服观众。

话剧是通过剧中人的**台词**（对白或独白）和表情动作来塑造人物、展开冲突、揭示主题的戏剧样式。主要特征是采用日常生活中使用但又经过艺术加工的人物语言以及动作造型为主要手段来刻画人物形象。此外，话剧演出也离不开必要的布景（包括人物装扮和舞台环境）。因此话剧剧本写作包括设计故事情节、人物独白和对白，描写人物神态和动作，交代人物装扮、场所环境等任务。

一般来说，话剧中人物台词是剧本文字的主干，需要特别用心设计，而关于人物的穿着、表情、动作的说明性文字以及关于舞台布景的说明性文字，都作为附属性文字（用括号括起来），附着和穿插在台词之间。且看曹禺话剧《雷雨》中的一个片断：

午饭后，天气更阴沉，更郁热。低沉潮湿的空气，使人异常烦躁……
…… 周朴园　（点着一支吕宋烟，看见桌上的雨衣，向侍萍）这是太太找出来的雨衣么？
鲁侍萍　（看着他）大概是的。
周朴园　不对，不对，这都是新的。我要我的旧雨衣，你回头跟太太说。
鲁侍萍　嗯。
周朴园　（看她不走）你不知道这间房子底下人不准随便进来么？
鲁侍萍　不知道，老爷。
周朴园　你是新来的下人？
……

周朴园　（徐徐立起）哦，你，你，你是——

鲁侍萍　我是从前伺候过老爷的下人。

周朴园　哦，侍萍？（低声）是你？

鲁侍萍　你自然想不到，侍萍的相貌有一天也会老得连你都不认识了。

周朴园不觉地望望柜上的相片，又望侍萍。半晌。

周朴园　（忽然严厉地）你来干什么？

鲁侍萍　不是我要来的。

周朴园　谁指使你来的？

鲁侍萍　（悲愤）命，不公平的命指使我来的！

周朴园　（冷冷地）三十年的工夫你还是找到这儿来了。

鲁侍萍　（怨愤）我没有找你，我没有找你，我以为你早死了。我今天没想到到这儿来，这是天要我在这儿又碰见你。

周朴园　你可以冷静点。现在你我都是有子女的人。如果你觉得心里有委屈，这么大年纪，我们先可以不必哭哭啼啼的。

一、戏剧冲突的设计

所谓戏剧冲突，是指最足以展示人物性格、人物关系和反映社会生活本质特征的高度典型化了的矛盾冲突。要围绕这些矛盾冲突来设计台词、角色等内容。戏剧冲突有四种基本形式：

1. 人与人的冲突

人与人的冲突主要表现为人与人之间意志和性格的冲突，这是戏剧冲突的本质。如《雷雨》中周朴园和侍萍的性格冲突、蘩漪和周萍的性格冲突，等等。

2. 人物内心的冲突

人物内心的冲突，是人物内心矛盾因素的相互撞击，是人物潜意识中积淀着的矛盾二重性的表现，它显示出了人物内在的复杂性。如《雷雨》中周朴园的内心冲突：一方面怀念旧情，深感愧疚，另一方面又极力掩饰，拒绝承认，害怕这种旧情给自己带来损失。

3. 人与社会的冲突

比如易卜生的话剧《国民公敌》，其中主人公斯铎曼医生就面临与整个地区的人们为敌的困境。他发现了当地的公共洗浴池中有传染病的微生物传播疾病，要求重新改造浴池。但改造浴池须要花费许多钱，又要把浴池闭歇一两年，严重影响本地的商务，所以本地人全体反对他的提议，还全体一致表决，宣告他是国民的公敌。本地政府革了他的官医；本地商民发了传单不许人请他看病；他的房东请他赶快搬出屋去；他的女儿在学堂教书，也被校长辞退了。他只能以一人之力来对抗全体。

4. 人与自然的冲突

曹禺话剧《原野》第三幕，仇虎杀死焦大星之后，被人追捕，携情人花金子逃进了一座森林。夜半的森林黑幽幽的，花金子和仇虎身陷其中，感到害怕和紧张。他们怎么也找不到走出林子的路，在林中转来转去，又渴又累，仇虎还陷入幻觉之中无法自拔。这就是人与大自然的冲突。

二、场次设计

1. 场的排序与转换

在戏剧中，场面的转换一般并不是平行的，而是按照顺序分成头、身、尾三个部分，或分成起（开端）、承（发展）、转（高潮）、合（结局）四个阶段，这些阶段是互相联系、互相推动的。

如《上海屋檐下》（夏衍）第二幕开始时，黄家楣想挽留父亲多住几天，黄父却执意要回乡下，谈话陷入了僵局。这时，场面就转到匡复对杨彩玉的指责上。匡复遭到杨彩玉的抢白以后，无话可说，于是场面转到黄家楣与妻子桂芬在另一个场合下又开始了口角，口角到不了了之时，匡复和杨彩玉又旧话重提，矛盾再次展开……

2. 各场的冲突、人物、场景

在起（开端）这场戏中，一般要完成四项任务：
（1）交代人物活动的典型环境。
（2）交代人物和人物关系。
（3）向观众交代先行事件（前事）。
（4）组成矛盾纠葛，形成悬念，使观众明确剧情发展的方向。

在场（幕）与场（幕）之间要注意自然衔接，有时候还要在上一场的结尾留下悬念，以便在下一场中展开。

三、台词设计

1. 情节化

即是说人物台词（独白、对白）具有动作性，能配合动作或引发动作。下面的台词符合情节化的要求：

【例文】老舍《茶馆》第一幕：

> 刘麻子：……松二爷，（掏出个小时表来）您看这个！
> 松二爷：（接表）好体面的小表。
> 刘麻子：您听听，嘎登嘎登地响。
> 松二爷：（听）这得多少钱？
> 刘麻子：您爱吗？就让给您！一句话，五两银子！您玩够了，不爱再要了，我还照数退钱！东西真地道，传家的玩艺！
> ……
> 刘麻子：……松二爷，留下这个表吧，这年月，戴着这么好的洋表，会教人另眼看待！是不是这么说，您哪！
> 松二爷：（真爱表，但又嫌贵）我……
> 刘麻子：您先戴两天，改日再给钱！

2. 典型化与性格化

（1）人物的语言要有鲜明的时代色彩和社会阶层色彩。即人物的台词要符合其生活环境。

（2）人物语言要能反映出人物的社会职业和性别、年龄、出身、经历、文化修养、身份地位以及兴趣、爱好、气质与精神风貌等，让观众具体形象地认出他是怎样一个活生生的人。如曹禺《日出》中百无聊赖却自视"高雅"的富孀顾八奶奶，正是她那满口"顶悲剧，顶痛苦，顶热烈的"文明词儿，恰到好处、活灵活现地再现了她那庸俗不堪的暴发户的典型性格。

（3）人物语言不仅要表现人物的思想、感情，而且要反映出他说话特有的方式、语调、习惯用语和说话的神态等。老舍的《茶馆》就做到了这一点。请看唐铁嘴上场的第一句话：

唐（惨笑）： 王掌柜，捧捧唐铁嘴吧！送给我碗茶喝，我就先给您相相面吧！手相奉送，不取分文！（不容分说，拉过王利发的手来）今年是光绪二十四年，戊戌，您贵庚是……

一个油滑而可怜的江湖相士的嘴脸，已经活灵活现地呈现在观众面前了。

3. 口语化

话剧是"话"，是"说"和"听"的交流方式，因此台词要尽量口语化而不是书面化，否则不利于舞台演出。虽然话剧中也发展出一种不供演出而供案头阅读的"案头剧"，但毕竟不是话剧的正体。

此外，虽然是话剧，台词也应该尽量精简，不能冗长和啰唆。要注意在人物出场的三言两语中表现出人物性格或交代出事情。

四、舞台指示

舞台指示是作者为了把剧本搬上舞台，便于指导排演而写的一些文字参考材料。舞台指示包括：布景说明、人物外形设计、时间地点的转换说明、环境气氛的渲染、人物特征与状态的描述、人物上下场的要求、对演出节奏与表演幅度的要求等。舞台指示对演出的成败至关重要。

【例文】《家》（曹禺话剧）：

觉新：（立刻走到床前，向帐檐凝了一刻，回头）你绣的？

瑞珏：（低头腼腆地）嗯。

觉新：（不由得低声称赞）好。（望望窗户迟疑一下，忽然去把妆台上油灯吹熄，像是征问她的赞许）吹了灯？

（灯熄了，窗外月光如水，泻进屋内。屋里只有桌上龙凤烛的低弱的光，照着一角。）

瑞珏：（没有惊讶，自然而宁贴地）嗯，吹了灯好看月亮。

第四节　影视剧本的编制[1]

影视剧也属于戏剧中的一种，但它毕竟有一些特殊性，可以使用更丰富和复杂的声光电化的手段，不同于舞台演出的话剧等，因此专设一节来讲。

影视剧本的编制，大部分内容和要点与话剧剧本相同，特殊之处是在于下面几点：

一、蒙太奇

影视剧相较于其他戏剧形态，最突出的特点就是其画面性和画面的超时空的自由组合性，因此，蒙太奇这种画面剪接、组合手法就成为影视文学特有的一种表达方法。我们的影视剧编剧应该注意蒙太奇手法的运用。

蒙太奇原本是建筑学上的一个术语，意为装配、安装。借用到影视艺术中后，指影视作品创作过程中的剪辑组合。在影视制作过程中，需要把全片所表现的内容，分解成许许多多不同的镜头，分别拍摄完成后，再按原定的创作构思，把这许多分散的、不同的镜头，按照故事情节的发展线索，艺术地加以剪辑、组合。镜头与镜头之间产生紧密连贯、呼应、悬念、对比、暗示、烘托，以及快慢不同的节奏，从而构成一部有机的、自然流畅的、能表达一定思想内容的影视片。当声音和色彩作为影视的构成元素进入影视艺术后，又增加了画面与声音，画面与色彩，以及声音与声音等各种各样的组合方式和组织技巧。这就是影视制作中的蒙太奇方式。

蒙太奇有广义和狭义两方面的含义，广义的蒙太奇不仅指画面、声音及色彩间的组合方式，也指从剧作构思到作品完成过程中，艺术家的一种独特的艺术思维方式。狭义的蒙太奇，是作为一种影视语言符号系统而出现的专指镜头画面、声音、色彩诸元素编排组合的手段。编剧对蒙太奇的运用，不能限于处理片断生活画面中，而应在处理一个"场面"，一个"段落"以至整体影视内容的结构上。也就是说，影视编剧不能仅仅把蒙太奇作为一种镜头间的剪辑手法，而应掌握蒙太奇的"艺术思维"。

例如，把以下A、B、C镜头以不同的次序连接起来：

A. 一个人在笑。

B. 一把手枪直指着。

---

[1] 本节内容参考了袁军《影视剧本的灵魂》（中国戏剧出版社，2008年版）等著作。

C. 同一人脸上露出惊惧的表情。

改变一个场面中的镜头次序，就改变了一个场面的意义，收到完全不同的效果。由此可见，使用蒙太奇可以使镜头的衔接产生新的意义，从而大大丰富影视艺术的表现力，增强影视艺术的感染力。

1. 人物蒙太奇

就是利用同一剧中人的出画和入画，来巧妙地改变场景。人物蒙太奇技巧，干净利落，节奏明快，富于戏剧性，它是一种连接两段戏或不同场景的艺术技巧。

范例：故事片《小城春秋》中，主人公吴坚被国民党严刑拷打后，在刑讯室倒下。下一个镜头就是吴坚倒入牢房之中。

2. 物件蒙太奇

这是通过某些道具或物件，把不同场景的戏连接起来。

范例：苏联故事片《列宁在十月》中，列宁为揭露加米涅夫等人的叛徒行径，伏案疾书《给布尔什维克党党员的信》。接着的镜头是这封信登在《真理报》上；下一个镜头是报纸传到工厂，工人在群众大会上读报。紧接着的镜头变为"阿芙乐尔"巡洋舰上，水兵们在甲板上读报。以后，又转为前线战壕里士兵们读报的镜头。这里的物件式蒙太奇联接法，既简洁又生动地把列宁起草的这一文件的历史意义表现出来，同时又概括地表达出这封信在群众中造成的巨大影响，为十月革命的成功做了铺垫。

物件式蒙太奇，还可起到引出回忆的作用。

范例：故事影片《巴山夜雨》中，13号船舱里，秋石手捧野菊花凝视着。接着的画面上出现了几年前的秋石，他手举着一束野菊花晃动着，在他的前面是一位端庄秀丽的姑娘，她手里也举着一束野菊花，飞快地跑着……

3. 呼应式蒙太奇

也就是"说曹操，曹操到"的镜头连接法。即一个镜头说到什么人或事物，下一个镜头马上就出现什么人或事物。这种蒙太奇前呼后应，转接自然，紧凑明快。

4. 并列式蒙太奇

也叫交替式蒙太奇或平行式蒙太奇。这是将同一时间里，在不同地点发生的事情，交替连接起来，使观众好像同时看到了两个以上平行发展的事物，造成气氛，加强悬念。

范例：影片《南征北战》中，我军高营长率部队向摩天岭挺进，敌张军长也带兵强占摩天岭，镜头交替表现敌我双方抢占摩天岭的场面，增强了紧张气氛。

5. 错觉式蒙太奇

就是上一个镜头故意暗示出下一个镜头，而下一个镜头却与暗示相反，这种手法主要利用观众心理上的反差取得一种出乎意料的艺术效果。

范例：《蝴蝶梦》中，影片开始不久，克西姆神情肃穆地站在崖边，崖下是万丈深渊，观众以为他要自杀，心情不由得为之一紧，但随即知道，他只不过是被眼前景物勾起往事。但这里产生的错觉，起了吸引观众的作用，使其产生寻根究底的强烈愿望。

6. 相似性蒙太奇

就是将前后两个镜头，根据其相似之处加以连接的方法。它可以是形体的相似，动作的相似，心理相似，也可以是物件的相似，音响的相似，色彩的相似。还可以是画面结构的相似。

范例：《城南旧事》中，从英子家的油灯过渡到疯女人的火炉。

7. 对话式蒙太奇

这是将上一镜头中某个人的话语，巧妙而自然地连在下一镜头中的另一个人的话语上，这就往往使相隔了一定时间的两段剧情，转换得流畅自如，而且平添一种趣味。

范例：《槐树庄》中，前一个镜头是郭大娘屋里，当听说刘志成请假不出席党的会议时，忧虑地说："他又请假！——又是什么事儿啊？"紧接着的镜头是刘志成蹲在房顶上，手拿瓦刀说："我那萝卜还没刨呢……开会什么事？"立在街上的郭大娘仰面回答道："今天这个会重要，传达总路线。"这里省略了郭大娘去找刘志成开会的经过，使笔墨显得十分简练。

8. 细节式蒙太奇

它着重在细节与细节之间的联系。它充分运用表现细节的画面，在特写与特写的连接中强调、突出这一细节。

范例：故事片《牧马人》中，描写许灵均结婚的一场戏。第一个镜头，特写：一支红烛燃烧着，李秀芝对着镜子梳头，她沉浸在梦幻般的幸福中。接着的镜头还是特写：一支点燃着的红烛，许灵均穿着一件半新的灯芯绒上衣。下一个镜头还是特写：门框上方已贴好一个红纸剪的鸳鸯。秀芝又贴上一张，她深情地看着。这些细节组接在一起的含义超过了两个镜头本身之和的意义。因为它诱发了观众的联想。

二、影视剧的修辞技巧

（1）比喻

电影的比喻是借助两个画面的相似点，突出画面的本质特征，给观众以鲜明深刻的印象。

范例：在影片《红旗谱》中，当朱老忠将运涛下狱的消息告诉严志和时，志和一怔，手一松，油灯落地，一片漆黑，它暗示严志和的心，亦如落地油灯，一片黑暗。

（2）比拟

就是将有生命的东西当作无生命的东西来表现，或将无生命的东西当作有生命的东西来描写。这种修辞手段使电影能将许多抽象的事物具体化，使观众展开想象的翅膀，对电影所表现的形象产生鲜明的印象。

范例：在科教片《生命的秘密——人工合成胰岛素》中，以穿戴不同的人的排列、连接，来比拟说明胰岛素分子链的结构、人工合成原理和合成经过。

（3）夸张

就是通过对人物或事物尽力作扩大或缩小的渲染铺张，以达到加深观众印象，引起观众的联想，深入揭示影片中人物的内心世界，突出事物本质特征的艺术效果。

范例：在戏曲片《徐九经升官记》中，徐九经蒙眬睡眼里，只见一个穿着红袍的小徐九经要他秉公而断，一个穿着紫袍的小九经要他权衡个人利害。这些极度的夸张手法，形象地刻画了人物的内心矛盾。

另外，夸张在电影喜剧片中更是广泛地加以运用。

范例：在美国影片《大独裁者》中，卓别林扮演的希特勒演说时，愈吼愈歇斯底里，甚至连麦克风都弯折下去了。夸张还常常通过梦境、幻觉来表现。

（4）双关

就是利用电影画面所蕴含的丰富内涵，有意使画面同时兼有两种意思。在电影中恰当地运用双关手法，可使内容表达得更含蓄、丰富，也可增强电影的表现力。

范例：在影片《如意》中，描写金绮文与石义海的一次约会：鼓楼斜阳晚照，湖上箫声悠扬，远方是正在游玩的青年男女。金绮文微笑着说："这晚景真好！"此处"晚景"既是指夜幕黄昏、人景交融的美，又双关着这对迟暮恋人的幸福生活。

（5）对比

就是把两个相互对立的画面，放在一起相互比较，以便更鲜明地刻画事物的不同性质、状态和特征。

范例：电影《打击侵略者》中，前一个镜头表现美、伪军为了夺路，几乎火拼，紧接着的镜头是中朝人民军有秩序地、雄赳赳气昂昂地向前线开拔。

（6）省略

人们常说电影是省略的艺术，就是说：编剧要对情节的主要部分进行精雕细刻，而将其次要部分省略掉，调动想象力去补充。如描写电影主人公的成长，只需要通过三四个镜头（婴儿诞生——童年或少年——青年时代）就可以表现出这个孩子长大了。

（7）反复

指相同或相似的镜头反复出现，如开头与结尾前后呼应的反复，情节的反复，还有场景、细节等反复。电影的反复具有强调、渲染、加重情节细节分量、增强艺术感染力的作用。

范例：《林则徐》中的"八千斤"大炮，在影片中出现了十六次。它连接着剧情的发展，连接着主人公林则徐、关天培的命运，连接着电影的主题——鸦片战争的发生与失败。观众随着大炮的兴建而高兴，随着大炮的毁灭而悲哀。

（8）排比

就是把画面相同或相似，意义密切相关联的镜头连接起来，烘托气氛，增强气势，把情感淋漓尽致地抒发出来。

范例：在描写影片中正面主人公牺牲时，经常出现这样的排比镜头：天空中乌云翻卷、电闪雷鸣、倾盆大雨、狂涛巨浪等镜头交织在一起，有力地渲染了悲剧气氛。

（9）铺陈

就是有意用一些画面渲染、突出某些事、景、情，从而使观众入情入境，深入认识这些事、景、情的意义，引起观众内心的极大共鸣和感情的激动。

思维与写作训练

一、用《水调歌头》这个词牌名写一首词。

二、以暨南大学的湖为抒情、描写对象，写一首旧体诗（律诗）和一首新诗。

三、以发生在大学校园中的故事或现象为素材，写一篇千字左右的小小说。

四、以大学生生活为题材编写一则短剧（话剧）。

附录："思维与写作训练"参考答案

第二章
第一题参考答案：

以对甲（要走）和乙（要留）两名推销员的看法和评价为基准来确定如下四种价值角度：

第一种角度：肯定乙而否定甲，相应的解释和说法包括以下B、E、F

第二种角度：肯定甲而否定乙，相应的解释和说法包括以下D、G、H、I、J

第三种角度：同时肯定甲和乙，相应的解释和说法包括以下C、M

第四种角度：同时否定甲和乙，相应的解释和说法包括以下A、K、L

A. 推销之前应先做好市场调查，不要盲目行动。

B. 要有知难而上，从零开始的创业精神。

C. 对同一现象，不同的思维方式会得出不同的结论。

D. 看问题要全面，既要看到有利的一面也要看到不利的一面。

E. 要勇于向新事物挑战。

F. 要善于换一个角度，换一种思维看问题，善于发现机会。

G. 不要一棵树上吊死，此路不通走彼路。

H. 不要违背客观规律与事实，一味蛮干。

I. 不要强行推销，既然岛上的居民没有穿鞋的习惯就不要强迫他们改变。

J. 要善于知难而退，不做无意义的事情。

K. 推销之前要先了解当地风俗民情，做好功课，不要轻率地选择推销地。

L. 遇到未预料到的特殊情况要沉着应对，先调查研究，不要仓促做决定。

M. 事物往往具有两面性，既有利又有弊。

第三章
第一题参考答案：

（一）第1、2、5则材料要舍弃；

（二）第1、4则材料不典型。

第二题参考答案：

提示：需对"职工的住房非常困难"和"影响职工的工作积极性"这两句话

进行举例，用具体的事实材料、统计数据来说明这两点。注意材料使用的概括性，注意公文的语体特点。

第四章
第一题参考答案：
开头：（1）何谓"高水平大学"；（2）建设高水平大学的必要性和意义。
主体部分：
一、国家和政府层面
（一）国家的政策、方针和导向；
（二）国家和各级政府的经费投入；
（三）国家和各级教育部门的管理模式变革。
  1. 去行政化的高校管理体制。
  2. 保障高校自主办学方面的措施。
  3. 办学质量评估和监督。

二、社会层面
（一）企事业单位的支持
  1. 合作办学、合作科研、产学研合作。
  2. 捐赠，以改善大学条件、支持教学科研、资助和奖励学生。
  3. 善待大学实习生和毕业生。
（二）社会舆论的支持
  1. 媒体和公众对于大学的正面宣传和理性监督。
  2. 学生家长对于学校管理的配合。

三、学校内部
（一）学校管理方面
  1. 科学的发展方向和管理体制。
  2. 科学合理的分配激励制度。
  3. 校风、学风建设。
（二）教师方面
  1. 端正教学态度，提升教学水平。
  2. 提升科研能力，教研相长。
  3. 良好师德、师风。
（三）学生方面
  1. 端正学习态度，形成良好学风。
  2. 提升学习能力，品学兼优。
  3. 注重社会实践，学以致用、学用相长。

结尾

第二题参考答案：

一、为何要"问"

（一）"问"能求得知识；

（二）"问"能解决疑难。

二、"问"什么

（一）问真相和事实，而不是问皮毛；

（二）问方法和技巧，而不是问答案。

三、怎样"问"

（一）"问"的态度：耐心虚心，恭敬有礼；

（二）"问"的方法：

    1. 想而后问，问不忘思。

    2. 反复请问，问准问深。

结论："问"是打开科学宝库的金钥匙，必须"敢问""好问""勤问""善问"。

第五章

第一题参考答案：

括号中依次填入：精品、精当、精练、精美、精细、精彩、精深、精明、精巧、精到

第二题参考答案：

括号中依次填入：挟、送、遭、近、歇、漫、露、极、循、入

第七章

参考答案：

鲁迅《故乡》：白描

宋玉《登徒子好色赋》：侧面描写、白描

第八章

第三题参考答案：

1. 归谬法；2. 归谬法。

第四题参考答案：

1. 三段论的大前提错误；2. 偷换论题；3. 强加观点；4. 三段论的大前提错误。

第九章

第二题"病例析改":

题1:此公文内容不完整,存在的缺漏和应该补充的内容包括:(1)董事会、监事会提出的有关事项是什么,应该有具体的说明和介绍,对重要事项的详细内容应该提前发布给股东们,供其审议。(2)股东大会上有哪些需要股东投票表决的事项?应该列明。(3)除了现场投票,是否还有网络投票的安排?应该加以说明。(4)股东大会的具体时点和预期时长需要加以说明。(5)股东,尤其是小股东如何参与股东大会应该加以说明。(6)股东大会的接待工作没有交代。

题2:此《通知》中废话和不当措辞较多,应修改删除。通知的内容不具体、有缺漏,应该补充,如:(1)开会的具体时点和预计时长。(2)要大致介绍会议的流程安排,如火灾情况的报告、相关责任的调查和分析、处理决定、改进措施等等。(3)参会人员在会前应该准备的事项,如发言稿的准备、调查报告与整改方案的准备,由谁负责这些工作,等等。

第三题"根据材料拟写公文":

题1应为请示文种:《关于增加办公经费10万元的请示》(公文标题)。

题2应为通报文种:《关于王强同志见义勇为的嘉奖通报》(公文标题)。

题3应为函:《关于邀请××大学校领导和学生就业负责同志参加校企合作见面会的函》(公文标题)。